새로운 교회를 세워 가는 이들을 위한
개척 6년 차 목사의 생산적 말 걸기

그래도 교회를 시작합니다

새로운 교회를 세워 가는 이들을 위한 개척 6년 차 목사의 생산적 말 걸기

김동환 지음

NEWS&JOY

추천의 글

제가 아는 김동환 목사는 자신의 신앙 양심에 충실하게 생각하고 실천하는 정직한 목회자입니다. 특히 돈과 힘과 권위 앞에서 자신이 옳다고 생각하는 바, 소신을 쉽게 포기하지 않는 고집과 근성이 있습니다. 그리고 희생을 감수하고서라도 자신의 소신을 삶 속에서 구체적으로 살아 내려는 열정과 의지가 있습니다. 김동환 목사와 같은 사람을 만나는 일은 기대만큼 그리 많지 않습니다. 그래서 그의 이러한 정직한 자세, 고집과 근성, 열정과 의지는 저를 포함해 주변 사람들에게 적지 않은 도전이 됩니다. 때로 아슬아슬해 보이는 김 목사의 모험에 조바심과 걱정을 거두어들이지 못하면서도 계속해서 응원과 지지를 보내는 것도 같은 이유 때문일 것입니다.

저와 김동환 목사의 교제는 십여 년 전 그가 제 수업 시간에 두 학기 연속 반장으로 수고해 준 것이 인연이 되어 시작되었습니다. 이후 김동환 목사가 제도권 교회 사역을 그만둘 때에도, 새로운 교회 운동을 시작할 때에도, 중단을 고민할 때에도, 잠시 동역자와 함께 했을 때에도 고민을 나누는 시간을 가졌습니다. 솔직히 고백하자면, 김동환 목사와 제 생각이 항상 같지는 않았습니다. 제가 걱정하는 마음에 몇 차례 조언을 했지만, 김동환 목사는 자신만의 길을 묵묵히 계속해서 걸어갔습니다. 그런 모습이 저에게 깊은 인상을 남겼습니다.

    이 책 원고를 받아 읽으며 든 첫 번째 생각은, 지난 십여 년의 시간이 헛되이 지나가지 않았구나 하는 것이었습니다. 그간 김동환 목사가 치열하게 고민하고 분투하며 살아 낸 시간의 열매를 책 여기저기서 발견할 수 있었기 때문입니다. 더불어 처음에는 그저 무모하게만 보였던 김동환 목사의 도전과 실험이 어쩌면 위기의 한국 개신교 교회에 작은 희망의 씨앗이 될 수도 있겠다는 생각도 들었습니다. 반대로 김동환 목사의 정직한 고뇌와 치열한 분투를 기꺼이 품지 못하는 제도권 교회의 모습이 새삼 안타깝게 다가왔습니다.

    부디 이 책이 교회에 대한 소망을 잃은 많은 작은 이들에게 희망의 싹을 다시 심어줄 수 있길 기대합니다.

__ 김정형 (연세대학교 연합신학대학원 종교철학과 교수)

김동환 목사가 글을 쓰고 있는 현 시점, 목회자의 길을 걷기 위해 새로운 세대가 해야 하는 선택은 기존 세대가 했던 선택과 다르다. 그가 담담하게 풀어낸 이 책에는 녹록치 않은 시대와 치열하게 씨름하며 녹여 낸 현실적이고도 실존적인 신학이 배어 있다. 교회에 대해 안타까워하며 새로운 지혜를 구하던 이들이 찾던 목소리가 이 책에 담겨 있지 싶다.

__ 박희규 (이화여자대학교 기독교학과 실천신학/목회상담학 교수)

김동환 목사가 자랑스럽습니다. 내가 그의 모교회 목사였기 때문만은 아닙니다. 그의 삶과 행보가 완벽해서만도 아닙니다. 그의 이야기에 다 동의해서도 아니고요. 예수님과 교회에 대한 그의 사랑과 실천이 진심으로 느껴져서 그렇습니다. 작은 개척교회에서, 만나고 떠나는 일이 수도 없이 반복되어도 사람들에 대한 신뢰를 접지 않고, 다시 다가가는 그 마음이 귀해서입니다. 믿는 대로 살아보고자 하는 실천 의지와 솔직하게 자신의 생각을 드러내 공론의 장을 만들려는 용기에 박수를 보내고 싶은 겁니다. 어떤 변명이나 핑계를 대고 망가진 현실에 적응하려고도 하지 않고, 이길 수 없어 보이는 현실에 물러서지 않고 무모해 보이는 실험을 쉬지 않는 인내와 지혜가 소중해서이지요. 보다 나은 길을 찾으러 끊임없이 연구하고 경청하는 겸손이 있기에 그렇습니다. 나는 그런 그가 존경스럽고 또 한편으론 안쓰럽습니다.

모두가 아는 바와 같이 기독교 신앙과 교회는 본래 예수님의 복음 운동에 기반을 둔 것이었습니다. 복음 운동에는 결코 제도로 가둘 수 없는 성령으로 충만한 생명이 약동합니다. 그 운동의 지속을 위해 어쩔 수 없이 제도를 가져온다 해도 복음 운동은 제도에 다 담을 수 없습니다. 제도는 시대의 제약과 담당 인간의 한계에 절대적으로 영향을 받습니다. 아무리 완벽해 보이는 제도라도 시대와 인간이 바뀌면 늘 새롭게 개혁되어야 합니다. 그걸 하지 않을 때 기독교 신앙은 병들고, 껍데기만 남은 진부한 전통에 얽매입니다. 교회는 타락하고 더 이상 예수님과는 상관이 없게 됩니다. 아무에게도 필요 없게 되고, 자정능력을 상실한 채 이전투구의 이익집단이 되어 버립니다. 천민자본주의에 함몰되고 신앙의 권력화에 매몰된 오늘날 한국 기독교 신앙과 교회가 직면하고 있는 위기와 쇠락의 본질이라 하겠습니다.

"교회가 미워서 교회를 시작한다"는 말은 역설적인 경우입니다. 너무나도 사랑하기에 미워하기도 하는 거지요. 교회가 예수님과 점점 멀어지고, 복음 운동의 능력은 사라지고 모양만 남아 가는데도 그런 교회를 미워하지도 절망하지도 않는다면, 이는 참으로 교회를 사랑하지 않기 때문이라고 말할 수밖에 없겠지요? 김동환 목사는 뜨거운 사랑으로 교회를 다시 시작하고 있습니다. 생존의 위협을 받으면서도, 불확실한 미래에 흔들리면서도, 질타와 매장의 위협을 느끼면서도, 타협 없이 예수님의 복음 운동과 이 시대의 온전한 교회를 향해 자신을 던져 헌신하고 있습니다. 그가 힘써 공부하며 말을 걸어 오는 주제들은 우리 시대의 사람들과 교회들이 예수님의 복음 운동이 되기 위해 풀어 가야 할 과제들이라 하겠습니다. 복음과 교회를 사랑하는 사람이라면 누구라도 이 생산적인 말 걸기에 기꺼이 동참하리라 믿어 의심치 않습니다.

— 서성환 (단독수도원-일상의 하나님나라 수도원 수사, 사랑숨결교회 은퇴목사)

맛있는 냉면을 먹을 때면 줄어드는 그릇 속 면발이 아쉽곤 한데, 이 책을 읽는 제 마음이 그랬습니다. 재미있어 빨리 다음 페이지로 넘기고도 싶고, 남은 얘기가 줄어드는 것이 서운해 다시 차분히 읽게 되는 그런 책이었습니다. 읽고 나니, 간혹 여는 세미나와 강의에 필독서로도 넣고 싶고, 신학과 교회 정체성에 관심이 있는 평신도분들에게도 소개하고 싶어집니다.

'한국예수교회연대'를 통해 이어진 관계이지만 '그래도 교회를 시작'한 동환 님의 이야기가 궁금했습니다. 이 책은 제게 비친 그의 진중하고 성실한 모습과 닮았습니다. 동환 님은 감정적으로 무거워질 법한 교회 비판 이야기는 특유의 직설법을 쓰되 경쾌한 도전으로 소화하고, 머리가 복잡해질 법한 신학적 이야기는 평소 차분하게 풀어 정리한 해답 노트처럼 정갈하게 담아냈습니다. 경험 좀 있다는 사람들의 조언이나, 컴퓨터 자판에 대충 키워드 몇 개 두드려 얻을 수 있는 정보들이 가득 찬 가상공간을 뒤로 하고, 마치 입으로 맛보고, 손으로 집어 보고, 발로 걸어 보고 그려 낸 길섶교회의 자화상 같은 책이 나왔습니다.

그 자화상에는 최소한의 존엄성조차 포기해야 하는 것이 기본값인 현실 교회의 오랜 자화상과는 전혀 다른 질감과 색감이 어우러져 있습니다. 그가 본문 속에 던진 질문들 즉, '다양성을 존중하면서도, 현실적으로 지속가능성을 확보할 수 있는 교회를 어떻게 만들 수 있을까요?' '돈에 관한 이야기를 하는 걸 가장 터부시하는 교회에서, 돈에 관한 문제가 가장 많이 발생하는 이유가 무엇일까요?' '강의실에서 신학 이론만 공부하고 있는 분들을 생각하면 조금 젊으셔서 부럽기는 한데 너무 위험한 것은 아닐까요?' 등에서 저는 개신교 개혁의 책임적 순례를 시도하는 사람의 묵직한 하나님 사랑을 느낍니다. 이런 다양한 교회, 공동체, 예수인들의 순례가 역시 다양한 형태로 교류되기를 바랍니다.

돌아보니 책의 추천사를 쓰는 일은 처음입니다. 선택해 주셔서 감사합니다. 청년 신학자의 성숙한 글을 먼저 읽게 되어 기쁘기도 합니다. 이 기쁜 마음이 추천사에 잘 전해져서 많은 분들이 이 책을 읽게 되면 좋겠습니다. N잡을 구하는 중인 동환 님 형편을 조금 아니까요. 추천서에 책 내용 소개를 자제한 이유는 동환 님이 시작한 길섶교회가 어떤 신학적 탐구와 대화를 이어가고 있는지, 어떤 것을 포기하고, 무엇을 여전히 꿈꾸는지 스포일러가 되고 싶지는 않아서였습니다. 그 대신 여러 곳에서 이 책으로 대화하고 토론하는 일은 주선하고 싶습니다.

청년 목회자요, 신학자인 김동환 님! 당신의 삶 속에 중요했던 '소명'의 자리에 '무력감'이, '상호돌봄 공동체'인 교회의 자리에 '각자도생'이라는 악취나는 것들이 자리 잡기 전에 그래도, 교회를 시작해 주어 고맙습니다. 교회 안과 밖의 경계가 그리 중요하지 않다는 것을 대부분 나온 뒤에 아는데, 교회 안에서 알아차리고 새로운 길을 내시는 동환 님을 존경합니다. '생존이냐 소명이냐'가 선택지로 등장한 21세기 한국교회의 이상한 시험 문제지 앞에서 그 문제지를 풀지 않아도 된다는 것을 살아가는 모습으로 보여 주셔서 저도 흥이 납니다. 그런 삶을 살아가는 이에게는 단 하나의 신앙이면 충분하고, 그리 살지 못하는 사람에게는 수만 가지 고뇌와 핑계가 있음에, 우리의 생이 앞으로도 단촐하고 가볍기를 바랍니다. 참, 이 책이 많이 많이 읽혀 '길섶교회'보다 '그래도 교회'로 더 알려 지면 어떡하죠? 함께 순례함께평화!

__ 오현선 (한국예수교회연대 공동대표, 공간엘리사벳 대표)

코로나19와 더불어 교회의 위기에 관한 담론들이 부쩍 늘었다. 이러한 담론은 교회 뿐 아니라 기독교 자체의 위기와 더불어 목사의 생존 위기를 말하는 것으로까지 확산됐다. 교회가 존속할 수 있을까? 오늘의 사회에서 기독교는 유지될 수 있을까? 목사는 그 직업을 계속 이어 갈 수 있을까? 수많은 질문이 쏟아져 나왔다. 최근 많은 이들의 관심을 끌었던 이중직 목회자 논란은 교회와 목사가 마주하고 있는 심각한 위기를 상징적으로 보여 주는 사건이었다.

이러한 위기를 분석하고 진단하며 나름 해결책을 제시하려는 책들도 쏟아져 나온다. 눈만 돌리면 도처에서 교회 위기를 다루는 유형의 책들을 발견할 수 있다. 그런데 김동환 목사의 「그래도 교회를 시작합니다」는 매우 독특하다. 30대 후반의 젊은(?) 목회자인 저자는 기성 교회의 부교역자를 거쳐 5년 전 교회를 개척하고 지금까지 버텨 온(?)인물이다. 그는 교회가 몰락해 가는 위기 현장의 한복판에서 교회와 기독교의 위기를 삶으로 직접 부딪히며 생존한 인물이다. 그러기에 저자가 들려주는 교회 이야기는 남다르다. 그의 이야기는 살아 있고 현장의 끈적거림이 있다.

먼저 그는 목사라는 직업인으로서의 삶을 성찰한다. "개척교회목사입니다만, 아직 살아 있어요"라는 그의 말은 이중직 목사를 비롯하여 살벌한 생존 경쟁의 장에서 목사의 직업을 가지고 살아가는 한 생활인의 고뇌와 몸부림을 그대로 보여 준다. 그러나 저자의 고민은 생존에 머물지 않고 그 너머에 있는 성경과 교회 자체를 향한다. 그는 이렇게 묻는다. "다양성을 존중하면서도, 현실적으로 지속 가능성을 확보할 수 있는 교회를 어떻게 만들 수 있을까?" 기존 교회를 비판하는 것만으로는 충분하지 않다. 비판을 넘어 대안을 마련하는 것이 더 중요하다.

저자는 기존의 제도권 교회를 부정하지 않는다. 제도권 교회의 역할을 충분히 인정한다. 그러나 그는 제도권 교회를 넘어 불안정하지만 자유롭고 다양한 교회를 지향한다. 그리고 이 두 유형의 교회는 선의의 경쟁을 하면서 서로 '교회다움'을 찾아 나가야 한다고 주장한다. 이러한 그의 주장은 흑백논리에 젖어서 '도 아니면 모' 방식으로 살아가는, 그래서 갈등 구조에서 벗어나지 못하는 오늘 우리의 모습을 돌아보게 한다. 그는 교회의 다양성을 존중한다. 그 다양함을 통하여 좀 더 유연하고 창의적인 모습을 갖추어 갈 수 있다고 강조한다. 그러기에 이 책은 신앙과 목회의 길에 접어드는 초보(?) 교인과 목회자뿐만 아니라 기존의 관록을 자랑하는 교인과 목회자에게 도전과 성찰의 기회를 제공한다.

그는 교회의 가능성을 본다. 쓸모 있는 교회는 사라지지 않음을 믿는다. 그래서 다시 교회를 시작했고, 1%의 가능성을 높이려고 한다. 교회의 가능성을 높이기 위해 구체적이며 현실적인 방안을 모색하지 않으면 안 된다. 이 책을 통하여 우리는 그가 현장에서 경험한 구체적이고 현실적인 방안들, 다시 말하면 신학 이론이나 교회 개척 이론에서 만날 수 없는, 우리 옆에서 숨 쉬며 살아 있는 내용을 만나게 된다.

「그래도 교회를 시작합니다」는 코로나19 이후의 교회를 다루는 기존 책들과는 근본적으로 다르다. 이론적인 것 같으면서도 그렇지 않다. 교회 운영의 기법을 알려주는 매뉴얼 같아 보이지만 그렇지 않다. 이론과 매뉴얼을 넘어 우리의 지성과 마음과 영성을 울린다. 그것은 살아 있는 그의 경험이자 5년 동안 교우들과 함께 고민하고 숨 쉬며 살아 낸 기록이기 때문이다. 이 책은 정말 독특하다. 그래서 쓸모가 있다. 쓸모가 있는 것은 사라지지 않는다.

— 홍인식 (한국예수교회연대 공동대표, 한국기독교교회협의회 인권센터 이사장)

차례

5   추천의 글
14   들어가는 말

1부 개척교회 목사입니다만, 아직 살아 있어요

22   1장   어쩌다 보니 개척교회를 하고 있네요
34   2장   온라인 교회는 교회가 아니라고요?
46   3장   목사도 'N잡'을 해야 할 것 같아요
56   4장   목사입니다만, 무슨 일을 하면 될까요?

2부 '누구나 참여 할 수 있는 교회'가 되기 위한 고민들

68   5장   과학자는 사탄의 자녀가 아닙니다
79   6장   서로 다른 젠더가 모이려면 논의해야 하는 것들
95   7장   민주적인 교회, 불가능할까요?
105   8장   정치 이야기, 교회에서 해도 될까요?

3부 성경을 어떻게 해석해야 할까요?

116   9장   사실의 책에서 신앙의 책으로: 문자주의 넘어서기
137   10장   내 해석만 옳을까요?: 교조주의 넘어서기
159   11장   성경 해석은 어떤 효과를 만들어 낼 수 있을까요?

4부 교회, 다시 세워 볼까요?

- 188 12장 설교가 세뇌가 되지 않으려면?
- 200 13장 매너리즘에 빠지지 않는 예배가 되려면?
- 220 14장 포스트모던 시대에도 영성 공동체가 가능할까요?

5부 교회의 지속 가능성 1% 높이기

- 242 15장 쓸모 있는 공동체는 사라지지 않는다
- 260 16장 공동체의 진심은 운영에서 드러난다

- 282 나가는 말

부록

- 294 [1] 길섶교회 교인들 이야기
- 304 [2] 길섶교회 정관

들어가는 말

    10년 전, 신학교에 입학했을 때는 제가 이런 글을 쓰게 될 거라고 상상도 못 했습니다. 교회에서 배운 대로, 신학교에서 훈련받은 대로 성실하게 일하는 목사가 되려고 했기 때문입니다. 어쩌다 보니 30대에 개척교회를 시작했고, 코로나19 기간을 지나며 읽는 책도 만나는 사람들도 달라졌습니다. 제도권 교회에서 일을 할 때와 다르게 교회에 대해 다양한 생각을 하는 분들을 계속 만나게 되었습니다.

    제도권 교회에서 배운 것을 그대로 하기 보다는, 현재 교회에 참여하는 분들에게 도움이 되는 공동체를 만들고자 노력했습니다. 여러 시행착오를 거치며 5년을 지내고 보니 어느새 제가 전에 속했던 장로교의 틀에는 맞지 않는 교회가 되었습니다. 그래서 제도권 교회를 사랑하시는 분들은 저의 글을 보면서 '이게 무슨 교회냐?'라고 질문하실 수도 있을 것 같습니다. "이것도 교회입니다, 그리고 더 다양한 교회가 앞으로 시작되었으면 좋겠습니다"라는 답변을 하는 마음으로 책을 썼습니다.

목사이기 때문에 교회를 하고, 글을 쓴다고 생각하지 않습니다. 저도 한 사람의 신앙인입니다. 목사가 되고 보니 믿음이 더 좋아지거나 거룩해지거나 하는 변화는 제게 없었습니다. 신앙인들의 모임을 꾸려 가기 위한 훈련을 받고, 자격증을 받았을 뿐입니다. 중요한 것은 '신앙으로 인해 나는 지금 어떤 활동을 하고 있는가'라는 질문에 대한 답변입니다. 저는 한 사람의 신앙인으로서 할 수 있는 것을 할 뿐입니다. 모든 교회를 위한 솔루션을 제공할 수도 없고, 모든 사람을 위한 교회를 창조해 낼 수도 없습니다. 교회일을 하며 새로운 분들을 만나다 보니 이런저런 질문이 생겼을 뿐입니다.

교회는 왜 똑같을까, 교회에 오면 모두가 같은 생각을 해야 할까, 교회가 꼭 필요할까, 사람들은 왜 교회에 올까, 왜 떠날까, 목사는 무슨 일을 해야 할까, 교회는 어떻게 변해야 할까…. 절대적인 정답은 찾지 못했지만, 교회를 사랑하는 사람은 누구나 품고 갈 수밖에 없는 질문들이 많습니다. 교회를 사랑하는 사람은 많은데, 왜 이런 질문들을 지속적으로 제기하고, 토론하고 적용해 보는 교회는 적을까요?

교회가 지켜 오던 관습과 틀, 전통을 중요하게 생각하는 분들은 이런 질문들이 교회를 공격하기 위한 도구라고 보실 수도 있을 것 같습니다. 반대로 교회에 참여하는 분들은 이런 질문을 해도 교회가 바뀌지 않을 거라고 체념해서 더 이상 질문하지 않는지도 모르겠습니다. 그냥 하던 대로 해도 어려움이 없는 분들은 교회에 남아 있겠지만, 그렇지 않은 분들은 교회를 떠날 수밖에 없습니다.

제3의 길, 교회를 함께 만들어 가는 길, 교회의 관습과 전통 중에 본받을 만한 것은 가져오고, 새로운 세대와 시대 정신에 맞게 재구성해야 할 것은 적극적으로 재구성하며 '교회다움'을 재창조하는 길이 필요해 보입니다. 이것은 비단 한국교회만의 숙제가 아니라, 세대 단절을 겪고 있는 세계교회 대다수의 고민이라고 생각합니다.

특히나 한국교회는 너무 똑같은 교회가 많은데요. 조금만 생각이 달라도 이단·사이비로 몰아가는 분위기가 강해서 그런 것 같습니다. 말조심해야 한다는 압박이 강하다 보니, 창의적이고 개성 있는 목사님들이 많으셔도 유튜브 같은 곳에서조차 자유롭게 활동을 할 수가 없습니다. 항상 검열받을 수 있다는 압박이 있어서 개척을 하는 목사님들도 그전에 배웠던 것을 답습만 하게 되는 게 큰 문제라고 생각합니다. 앞으로 태어나실 예비 목사님들을 위해서라도 조금은 유연한 분위기를 만들어야 할 것 같습니다. 또 제도권 교회에서 훈련받았더라도 그 틀에 얽매이지 않고 창의적인 교회를 만들어 갈 수 있는 안전하고 현실적인 과정도 마련되었으면 좋겠습니다.

책에 있는 내용 중에 신학적으로 너무 보수적이거나, 또는 너무 진보적이라고 생각되는 내용이 있을 수 있습니다. 하지만 신학과 신앙의 색깔도 다양성을 보장받아야 한다고 생각합니다. 거기에 운영을 어떻게 할지, 즉 교회의 예배 특성, 리더십 및 조직 편성, 재정 운영 등에 있어서도 다양성을 존중받아야 합니다. 모든 가능성을 펼쳐 놓았을 때, 다양한 조합을 통해 특성 있는 교회들이 창조될 확률이 높아지기 때문입니다.

이것은 생태계의 생물 다양성이 확보되어야 하는 것과 비슷한 원리입니다. 생태계에 생물 다양성이 높을수록, 재난으로 인해 어떤 생물 종이 개체수가 줄어도 생태를 복원할 능력이 커집니다. 교회에 참여하는 분들이 몇몇 교회에서 반복적으로 같은 문제에 직면하게 되면, 교회 자체를 포기하게 될 확률이 높아집니다. '어딜 가도 교회'는 다 똑같다는 생각은 교회를 찾아가 보고자 하는 열정마저 없애 버리기 때문입니다.

제도권 교회는 제도권 교회대로의 특유의 안정성을 가지고, 과거와 현재와 미래를 잇는 공교회로서의 역할을 감당할 수 있습니다. 반면에 자유롭고 창의적인 교회들은 제도권 교회의 역사를 재료로 삼고, 자기만의 개성을 만들어서 신앙의 순롓길을 걷는 분들과 새롭게 연대할 수 있습니다. 이러한 교회는 자유로운 만큼 불안한 교회일 수밖에 없을 텐데요. 각각의 교회가 서로의 장단점을 보완하기 위해 노력하며, 자기 나름의 '교회다움'을 꾸며 나가는 선한 경쟁의 장이 만들어졌으면 좋겠습니다. 지도 사유로운 교회를 하고 있지만 제도권 교회에 남아 있는 친한 동료 목사들과 존경하는 선배 목사님들도 많이 있기 때문에, 서로 간의 건강한 연대도 충분히 가능한 일이라고 생각합니다.

책을 쓰면서 가장 중요하게 생각했던 한 가지 질문을 꼽으라면 이렇습니다.

'다양성을 존중하면서도, 현실적으로 지속 가능성을 확보할 수 있는 교회를 어떻게 만들 수 있을까?'

다양성을 강조하며 기성 교회를 비판하는 것만으로는 새로운 교회를 만들 수 없습니다 교회에 대한 비판이 새로운 교회를 시작하려는 첫 열정이 될 수는 있겠지만 그 자체로 길을 만들어 내지는 않습니다. '교회다움'을 어떻게 만들어 갈 것인지, 어떤 매너를 지켜야 할지, 모임의 적극적 참여자는 어떻게 해야 늘어날 수 있을지, 목사는 이런 교회에서 어떤 일을 해야 할지, 때때로 지루하게 느껴지는데도 불구하고 교회 민주주의를 추구해야 하는지, 가장 말하기 어렵지만 꼭 이야기해야 하는 재정 운영의 규칙은 어떻게 정해야 할지 등 교회를 현실화시키기 위해서 구체적인 방향을 찾고 실천해 내야 하는 일이 많습니다.

신학 이론을 다양하게 섭렵하는 것도 중요하지만, 어쩌면 이러한 규칙을 만들고 그것을 재조정하는 운영의 방법은 신학 공부보다 더 어려운 일로 다가오기도 합니다. 이런 부분은 새로운 방식으로 개척교회를 하면서 시행착오를 겪는 분들(목사이든 성도이든)이라면 피할 수 없는 고민일 것입니다. 그런데 이런 이야기를 공유할 공간이 부족하다는 것이 현실적 문제입니다. 제도권 교회의 동료 목사님들을 만나면 서로를 부러워하거나, 위로할 뿐입니다. 저도 기성 교회로 돌아갈 마음이 없고, 기성 교회에서 일하는 분들도 저처럼 모임을 하기는 쉽지 않기 때문입니다.

그러다가 〈뉴스앤조이〉에서 저희 교회의 고민들을 좋게 봐주셔서 연재 글로 담아 낼 기회를 얻었습니다. 그리고 그 연재 글을 재구성하고 확장시켜 책을 쓸 수 있게 되었습니다. 연재에는 담지 않은 신학적인 고민을 책에 많이 추가했는데요. 생각이 조금 다르시더라도 긍휼히 여겨 주시고 재미있게 읽어 주셨으면 좋겠습니다. 아마도 이 책의 내용에 100% 동의한다고 하실 분은 제 어머니밖에 없을 것 같습니다. DNA를 많이 공유했기 때문에 응원 차 그렇게 말씀하시는 거지 진짜 동의는 아닐 거라고 생각합니다. 심지어 저희 교회 교인분들의 생각도 모두 다를 것 같은데요. 독자 여러분도 자유롭게 비판하시면서 자신의 생각을 더 보완해 가시면 좋겠습니다.

   좋은 기회를 주신 〈뉴스앤조이〉와 책이 나오기까지 수고해 주신 김은석 팀장님께 감사의 마음을 전합니다.

2023. 8. 1 김동환

1부

개척교회 목사입니다만, 아직 살아 있어요

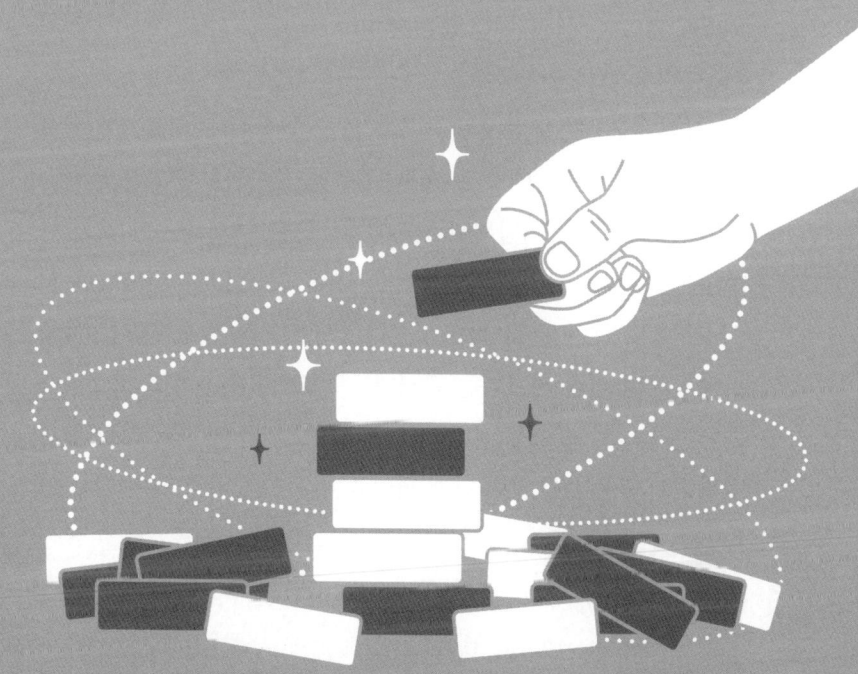

1
어쩌다 보니 개척교회를 하고 있네요

'생산적인 말 걸기'를 해 보고 싶습니다

목사가 되기 위해 신학교에 입학한 지 10년이 되었습니다. 지난 10년간 많은 것이 바뀌었지요. 신학교 다닐 때도 '나중에는 교회가 어려워질 수 있겠다'라는 생각은 했지만, 이 정도로 빠르게 상황이 바뀔 줄은 몰랐습니다. 그때 누군가가 "10년 후에는 교회가 이렇게 됩니다, 이런 이런 준비를 미리 하세요"라고 가이드를 해 주었으면 얼마나 좋았을까요?

물론 저도 30대 초중반까지는 한창 믿음이 뜨거웠기에(지금은 따뜻합니다) 누군가 그런 이야기를 해도 듣지는 않았을 것 같습니다. 교회에 대한 이런저런 이야기를 하면 그냥 '믿음이 없는 사람이네' 하고 흘려들었을 것 같네요. 그런 '근거 없는 자신감'은 신학교를 졸업하고 개척교회를 5년 하면서 다 사라졌습니다. 근거없는 자신감이 많은 것보다는 근거가 있는 자신감이 아주 조금이라도 있는 상태가 좋다고 생각합니다. 개척교회를 하면서 이상과 현실 사이의 균형감을 많이 잡게 되었습니다. 그래서 교회에 대해 이야기할 때 현실화될 수 없는 공상적인 이야기는 줄이고, 가능하면 현실적이고 생산적인 이야기를 하려고 노력하게 되었습니다.

여기서 '생산적인 이야기'라는 말은 대화와 토론을 토대로 어떤 실천과 변화가 일어난다는 의미입니다.[1] 특히나 개척을 하고 보니, 기존에 다니던 교회에 대한 안타까움에 이런저런 이야기를 하는 분들을 많이 만나게 되었습니다. 다 맞는 말씀이었고, 타당한 이이야기였는데요. 문제는 화만 내다가 아무 일도 못하고 끝나는 경우가 많다는 것입니다. 물론 그러면서 마음이 풀어지고, 새로운 관계가 형성되었다면 그것만으로도 귀한 일입니다. 하지만 그러한 대화는 지속되기 어렵고, 또 새로운 변화가 일어나지 않는다면 이야기의 참여자들도 쉽게 무력감에 빠질 수 있을 것입니다.

큰 시야로 볼때 개신교 교회가 변화되려면, 목사의 교육 수준, 목사의 임금 동결 및 노후 지원, 목회를 그만두었을 때 재직업 교육 등에 관한 토론과 대책 마련이 필요할 것입니다. 하지만 이런 큰 주제의 이야기는 저와 같은 '듣보잡' 목사에게는 생산적인 주제가 아닙니다. 토론을 해 봤자, 반세기 안에는 변화가 이루어지기 어려워서 대화를 통한 효능감을 갖기 어렵기 때문입니다.

하지만 큰 구조를 바꿀 수는 없더라도, 실천 가능한 작은 대안들을 찾는다면 어떨까요? 신학을 전공하지는 않았어도 교회를 사

---

[1] 교회로부터 마음이 멀어진 이유 중 하나로, 교회 모임에서 이루어지는 대화가 '생산적이지 않아서'라는 이야기를 들은 적이 있습니다. 그래서 대화의 '생산성'에 대한 고민을 하게 되었는데요. 교회 모임에서는 의미 있는 신앙에 관한 정보(성경 해석, 또는 신앙과 관련된 다양한 지식), 정서적인 공감, 참여자가 실천해 볼 수 있는 적용적에 관한 아이디어를 얻는 것과 같이 이야기의 발생 효과를 고려해야 하는 것 같습니다. 교회에 대한 담론도 마찬가지일 텐데요. 새로운 교회 운동에 도움이 되는 방향성을 찾아서 현실적인 이야기를 하는 게 조금이라도 생산적인 대화가 될 수 있고, 그래야 지속적인 대화를 하는 의미가 만들어진다고 생각합니다.

랑하고, 오래 참여했던 분들의 노하우들이 모여서 작은 교회들이 하나둘, 시작되는 공간이 있다면 저는 그곳은 생산적인 대화가 있는 곳이라고 생각합니다. 기성 교회가 '너희는 교회가 아니야'라고 손가락질 하는 건 신경 쓸 필요가 없다고 생각합니다. 그냥 사람들이 하나둘 모이고, 모이는 사람들이 서로의 신앙생활에 긍정적인 힘을 주고받고 있다면, 어떤 활동을 하든 예수님과 함께하는 교회라고 할 수 있지 않을까요?

저는 그런 작은 실천들, 작은 변화들이 일어나는 데 조금이라도 도움이 되는 '말 걸기'를 해 보고 싶습니다. 최대한 솔직하게 이야기해 보겠습니다. 저는 제 이야기에 100% 동의하는 사람은 없다고 생각하니 편하게 비판해 주세요. 글을 읽으시는 분이 새롭고 다양한 교회를 만드는 이끔이가 되시길 기도하는 마음으로 이야기를 시작해 보겠습니다.

교회가 미워서 교회를 시작합니다

저는 길섶교회라는 작은 개척교회에서 일하는 목사입니다. 개척교회를 시작한 지 만으로 5년이 되었고, 30여 명이 모이고 있습니다. 책의 부록에 담긴 '길섶교회 교인들 이야기'를 보시면 아시겠지만, 삶의 영역에서나 신학/신앙의 영역에서나 제가 배울 점이 많은, 매우 다양한 분들이 모여 있습니다.

아쉬운 점이 있다면 지난 5년간 교회를 찾아왔다가 떠난 인원이 생각보다 많다는 점입니다. 삶의 자리가 쉽게 바뀌는 20~30대 교인분들이 많았던 것도 하나의 이유겠지만, 사실은 작은 교회가 극복하기 어려운 현실적인 한계점들이 큰 이유였던 것 같습니다.

교회를 시작할 때, 멤버를 찾는 일도 중요하지만, 교회로 찾아오신 분들이 오래 함께할 수 있는 여건을 고민하는 게 더 중요한 일이라고 생각합니다. 작은 교회일수록 교회에 한 번 방문해 본다는 게 더 큰 부담이 될 수밖에 없을 텐데요. 어렵사리 교회에 정착하신 분이 다시 떠난다는 건 작은 교회에게는 너무 슬픈 일입니다.[2]

저는 대한예수교장로회 통합 교단에서 목회자 훈련을 받았습니다.[3] 신학교 다니던 시절, 너무 행복했습니다. 지금도 제가 다닌 신학교가 있는 서울 광나루 쪽에 가면 기분이 좋습니다. 하나님을 사랑해서 자신의 삶을 바치고자 하는 사람들이 전국 곳곳에서 모여들었던 곳, 수많은 종교 고정관념이 깨지고, 신념이 새롭게 형성되며, 예비 목회자들이 운명 공동체를 만들어 가던 곳. 광나루는 제게 그런 공간이었고, 지금도 제2의 고향과 같습니다.

하지만 신학교를 졸업한 지 8년이 되는 현재까지, 저는 제 주변에서 '제도권 목사'로서 행복을 충분히 느끼는 사람을 만나 보지 못했습니다. 목사에게 행복은 돈이 쌓이고 명예를 날리는 게

---

[2] 많은 교인분들을 떠나 보낸 경험을 토대로, 새로운 교회를 시작하는 목사님, 새로운 교회를 찾는 분들에게 제안드리자면, '교회를 떠나는 이유'를 잘 알려주는 게 교회에 큰 도움이 됩니다. 그리고 꼭 제가 속한 교회가 아니더라도, 교회를 사랑했던 분들이 교회를 떠나는 이유에 대해서 솔직한 이야기들을 들을 수 있다면, 대안적 교회의 방향성에 대한 고민은 떠난 사람들의 이야기에서부터 시작해야 한다고 생각합니다.

[3] 개신교의 목회자 양성 과정은 이렇습니다. 보통 신학대학원의 M.Div 과정 3년을 마친 후 교회에서의 2~4년 정도 예비 목회자로 일을 하고, 목사 고시를 봅니다. 목사 고시를 통과하면 교회에서 목회자 안수를 받고 교회들이 소속되어 있는 노회에 소속된 목사가 됩니다. 저의 경우에는 신학대학원 3년 교육 과정으로는 부족해서 숭실대학교에서 성서신학 석사 과정에 더 참여했는데요. 공부를 더 하고 싶었지만 학비가 문제였습니다. 개신교 목사가 교육을 지속적으로 받으려면 자본이 필요한데, 교육받을 수 있는 자본을 받으면서 교회 일을 하려면 아무래도 규모가 있는 교회에서 일을 해야 하는 역설적인 문제가 있습니다.

아니겠죠. 하나님의 일을 하며 자신이 의미 있게 쓰임받고 있고, 누군가의 신앙생활에 도움이 된다고 체감할 때 목사로서 행복할 것 같은데요. 제가 주로 만났던 친구들이 제도권 내부의 30~40대 목사들이어서 그런지는 모르겠지만, 대부분 교회 안에서의 정치 문제와 경제적 불안으로 인한 우울감, 그리고 목회자로서 효능감을 느끼지 못해서 오는 무력감에 시달립니다. 하지만 이런 목사들도 교인들을 만날 때, 설교를 할 때는 갑자기 달라집니다. 초월자가 되어서 모든 것을 알고 있고, 모든 것을 할 수 있는 신의 대변자가 된 것 같아 보입니다. 그러나 예배를 마치면 다시 무력감에 빠지죠.

처음에는 목사는 원래 그렇게 살아가는 것이라고, 그러니까 목사들이 서로 돌볼 수 있는 공동체가 필요하겠다고만 생각했는데요. 교회의 문제점이 하나둘 눈에 들어오면서 점점 이건 아니다 싶었습니다. 문제점이야 사람이 둘 이상 모이면 어디에나 생기기 마련입니다. 제가 속한 길섶교회에도 있고요. 하지만 그 문제들을 처리하는 절차와 방식이 문제의 내용 자체보다 더 심각한 문제였습니다. 설교를 할 때 약간의 환상 효과가 생기는 것까지는 이해할 수 있겠는데, 일의 처리 방식까지 설교 내용과 너무 다르니 마음에 스크래치가 쌓이기 시작했습니다.

제가 교회를 개척한 이유는 '생존' 때문입니다. 경제적인 생존을 말하는 건 아닙니다. 개척한 지 5년이 지났지만, 수입은 5년 전을 따라가지 못합니다. 그냥 보통 사람으로 살고 싶고, 보통 사람으로 살면서도 '직업 종교인'으로 교회를 위해 일하고 싶은 겁니다. 최소한의 존엄만 보장되면 됩니다. 자기 생각을 말할 수 있으면 되고, 신학 공부를 제한받지 않은 채 하고 싶은 대로 할 수 있으면 되고, 사람들이 서로 속고 속이는 방식으로 종교 모임을 운영하지 않아도 됩니다. 모두가 서로에게 100% 솔직해질 수야 없겠지만, 그래도 종교 모임이니 사회의 다른 여러 집단보다는 비교적 솔직한 모임이었으면 좋겠고, 문제야 당연히 생기겠지만 그 문제를 해결하는 방식이 종교의 내용과도 어느 정도 어울릴 수 있는 방식이 되길 바랄 뿐입니다.

이러한 공동체가 자신이 목회자로 훈련받은 제도권 공간에서도 조금씩 실현 가능하다고 판단하는 사람은, 그 안에 남아 있거나 혹은 제도권 전통의 방식으로 개척하면 될 것 같습니다. 제도권 교회는 제가 만들어진, 제가 사랑했던 체제였지만, 저는 그동안 훈련받았던 모든 것에 의구심을 품고 원점부터 다시 생각해 보는 방식으로 개척을 하게 되었습니다. 이렇게 말하니까 굉장히 거창해 보이는데요. 제도권 교회의 눈치를 보느라 할 수 없는 것('N잡', 평신도 설교 등)은 없다는 정도의 의미로 드리는 말씀입니다.

저와 아주 가까운 친구들 중에도 제도권 교회 목사로 살아가는 분들이 있고, 그분들은 아마도(?) 제 평생 친구들로 남을 거라고 생각합니다. 누군가는 제도권 안에서 개혁을 해야 하고, 교회 구성원이 안전함을 느끼며 신앙생활 할 수 있도록 힘써야 하니까요.

목사를 그만두려 했습니다

개척교회를 처음 시작했을 때, 여기저기서 많은 연락을 받았습니다. 잘하든 못하든 교회를 시작했다는 이유 하나로, 어떤 계기로 어떻게 시작했는지 궁금해하는 분이 많았습니다. 그때 한창 이야기를 나누며 제가 '이 분도 새로운 모임을 시작하면 좋겠다'고 응원했던 분 중에, 지금 교회를 개척한 사람은 한 명도 없습니다. 5년이 되도록 아무도 새로운 모임을 시작하지 않는다는 것은, 한편으로는 이해가 되면서도 한편으로 씁쓸한 현실입니다.

저도 할 말이 없는 게, 사실 개척교회를 시작한 지 2년 차에 목회를 그만두려 했습니다. 무언가 큰 사건이 있던 것은 아니었습니다. 제도권의 틀에서 벗어나 '정신적인 생존'이 가능해져서 정말 좋았지만, 이제는 '현실적인 생존'의 문제가 닥쳐 왔습니다. 지금 당장 1~2년은 괜찮더라도 앞으로 30대 후반, 40대를 어떻게 준비해야 할지 전혀 감이 잡히지 않았습니다.

당시 교회에서 함께하던 분들도 대체로 20~30대 청년이었고, 자신들의 삶 또한 방향이 정해지지 않은 분이 많았던지라, 교회 공동체에 더 헌신하라고 요구할 수도 없는 상황이었습니다. 그래서 교회 시작한 지 2년 차 때는 회의를 통해 '앞으로 1년만 더 모이면서 교회 구성원들이 다닐 수 있는 다른 교회를 찾아보기'로 결정하기도 했습니다.

그렇게 2년간의 개척교회 경험을 끝으로, 목사 일을 그만두고 초등 교사 임용 고시를 준비하려 했습니다. 이미 교대를 졸업했고, 대학 생활 중 신앙생활을 시작해서 신학교에 진학한 것이기 때문에 언제든지 임용 고시를 볼 수 있었으니까요.

다만, 서울이 아닌 타 지역으로 생활권을 옮기게 되면 마음에 드는 교회를 찾기가 어려울 것 같았습니다. 아마 '가나안 교인'으로 살아야 하지 않을까, 혼자 그렇게 생각했습니다. 제도권 신학교에서 훈련받고 목회를 하던 사람조차도 '가나안 교인'을 생각하는 것이 오늘날의 현실 같습니다.

제가 교회를 그만둔다고 했을 때, 이미 오랫동안 개척교회를 담임해 오신 선배 목사님 한 분을 제외한 제 주변 30~40대 목사들은 하나같이 진심으로 축하해 주셨습니다. 제게 다른 일을 할 수 있는 안전장치가 있다는 것을 다들 부러워했는데요. 그 누구도 교회를 더 해야 한다고 말하지 않았습니다. 아직 코로나19가 터지기 전 상황이었는데도 말이죠. 물론 '교회 세습'과 '성소수자 인권 탄압' 문제가 불거지던 때이긴 했지만, 제 주변 30~40대 목사들 중에는 그런 이슈들과 상관없이 코로나 이전에 이미 '탈교회'를 고민하는 사람이 많았습니다. 그리고 실제로, 조금 다른 목소리를 내려던 분들은 대부분 목사를 그만두거나 해외로 떠났습니다.

목사를 그만두기로 결정하고, 제1의 고향(?) 제주에 내려가서 모교회 목사님·사모님을 만났습니다. 두 분은 맛있는 음식과 기도로 저를 유혹하셔서 목사를 계속하도록 권면하셨는데요. 특히 군사정권 시절 장로회신학교 선배님들의 이야기를 듣게 되었습니다. 신학생들이 모여서 기도회 하고, 시위를 나가기로 했는데 많이들 안 나오시고, 목사님은 앞서 나갔다가 경찰들에게 잡히게 된 이야기였습니다. 그런 말을 들으니, 제가 고생을 하긴 했어도 예전 선배 목사님들만큼 고생한 건 아니라고 인정이 되더라고요. 때마침 우리나라 군사정권 시절을 다룬 영화가 개봉을 해서, 목사님과 그 영화를 보고 또 이야기를 나누다 보니 시청각 효과까지 더해져서 설득을 당했습니다. 조금만 목회를 더 해 보겠노라고 하고 서울로 복귀했습니다.

제주의 모교회 목사님, 사모님께서는 세계 곳곳을 돌면서 교회 개척을 여러 번 하셨습니다. 그런 삶을 살아 오신 분의 권면이다 보니 저도 가볍게 흘려보내기 어려웠었네요. 지금은 뭔가 힘든 것 같기도 하고 아닌 것 같기도 하면서, 어디에 열심을 내야 할지 아무도 정답을 모르기에 오는 고단함이 있다면, 군사정권 시대의 목사님들은 생명이 오고 가는 좀 더 위급한 고난의 시간을 보낸 것 같습니다.

앞서서 열정적으로 목회를 하셨던 분들의 의지를 아주 조금만(!) 이어받아서, '목회를 바로 그만두지는 말자, 다시 힘을 내 보고 이번에도 아니면 탈출이다'라는 마음으로 돌아왔는데요. 서울에 도착하니 공항에서 사람들이 마스크를 쓰고 있더라고요. 코로나19 팬데믹이 그렇게 시작되었습니다. 일단 다시 마음은 붙잡았는데 재난은 시작되었고, 어찌 할 바를 모르고 있었는데 한 분, 두 분 교회를 찾아오는 분들이 생겨나서 모임이 아직까지 이어지고 있습니다.

이제 선생님은 그만 찾으려고요

저는 어려서부터 선생님을 잘 따랐습니다. 학교생활이 너무 즐거웠기 때문입니다. 공부도 하나의 게임 같아서, 수업 듣고 문제 풀고 하는 것 자체를 즐거워했습니다. 하지만 제가 주도적으로 해 보고 싶은 것은 없었습니다. 제 진로 또한 선생님의 추천을 따라 선생님이 되는 쪽으로 정했습니다. 교대에 가서도 입학 장학금을 받고서야 입시 전형이 어떻게 되는지 살펴봤을 정도로, 그냥 '선생님이 이야기해 주신 게 최선이겠지' 하고 생각했습니다.

장로교 전통의 신학교에 진학한 것도, 그 학교에 가야 한다는 목사님 말씀에 따라 아무것도 알아보지 않고 결정했습니다. 칼뱅이 좋아서도 아니고, 몇 년 다닌 교회의 장로정치 제도가 마음에 들어서도 아니었습니다. 그렇게 장로회신학대학교 신학대학원에 입학한 후로는 장로교 목사가 되기 위해 나에게 도움을 줄 수 있는 가장 좋은 '선생님'이 누구인지 찾는 데 시간을 많이 썼습니다.

또한 장로교 목사가 된다는 것은, 500년 개혁교회 전통과 장로교 교리라는 범주 안에서 성경을 가르치는 자격증을 얻는 것이기에, 다른 공부보다도 조직신학(교리) 공부에 열심을 냈습니다. 무엇이 정통이고, 무엇이 이단인지 분별해 줄 수 있는 것이 목사의 역할이라고 생각했기 때문입니다.

하지만 지난 4~5년간의 상황을 보며 생각이 바뀌었습니다. 성소수자를 향한 교회의 배타적인 태도, 세습 문제에 대한 애매모호한 대처, 코로나 19 기간에 보여 준 이기적인 모습, 무엇보다도 제가 그 긴 시간 '선생님'이라고 쫓아다녔던 사람들의 '침묵'은 제게 '이제 선생님은 없다'라는 확신을 주었습니다.

'선생님은 없다'라는 말이 더 이상 누군가에게 배우지 않겠다는 말은 아닙니다. 이전에 제가 생각한 '선생님'은 '영적 지도자'와 같은 느낌이어서, '이 분야에서는 저 사람만 따라가면 되겠다'고 판단할 만큼 의미를 과잉 부여했었다면, 지금 제게 '선생님'은 그냥 '배울 점이 있는 좋은 사람' 정도의 의미가 될 것 같습니다.

본래 이렇게 가볍게 생각해야 하는데, 종교의 세계에서는 '선생님' 또는 '지도자'에 대한 환상을 갖게 만드는 이상한 현상이 있는 것 같습니다. 기독교라는 장場 안에서는 리더를 '예수님화化' 해 버리는 환상 효과가 작동되기 쉬워 보입니다. 예전에는 이런 환상 효과를 일으켜서 자신을 따를 사람을 모으는 방식으로 개척이 가능했다면, 이제는 이런 방식의 개척이 점점 통하지 않는 시대가 된 것 같습니다. 물론 종교성을 탁월하게 다루는 사람은 여전히 그렇게 할 수 있겠지만, 저나 제 주변 목사들을 생각해 보면 그런 방식의 개척은 목회자 본인의 정신 상태에 심각한 손상을 줄 것 같습니다. 그런 목사는 겉으로는 강력한 파토스(pathos)를 가진 사람처럼 보일지 모르나, 속으로는 가장 무력감을 느끼는 사람이 되지 않을까 추측해 봅니다.

살아 있는 사람뿐만 아니라, 어떤 교리나 과거의 인물 자체가 절대적 의미의 '선생님'이 될 수도 있습니다. 제가 신학교에 다닐 때는 카를 바르트(Karl Barth), 볼프하르트 판넨베르크(Wolfhart Pannenberg)같은 신학자를 좋아했는데요. 유명한 신학자의 글을 공부하면 할수록 교회에서 안전한 이야기를 할 수 있게 될 거라고 생각했습니다.[4] 그리고 교단 신학의 틀 안에서 삼위일체·이신칭의·성화 등 교리를 가르치고, 설교는 교회력에 맞춰서 하면 되겠거니 생각했습니다.[5]

---

4   카를 바르트(1886~1968), 판넨베르크(1928~2014)는 독일 개신교의 유명한 조직신학자입니다. 조직신학은 성경과 신앙의 주제들을 종합적이고 체계적으로 정리하는 신학분과를 말합니다. 신론, 삼일체론, 계시론, 인간론 등의 내용을 신학자가 속한 신학 전통의 틀 안에서 종합하는 일을 하기 때문에, 교단 신학의 정체성을 빠르게 배우기 위해서는 이러한 교단 전통에 깊이가 있는 학자들의 책을 읽어야한다고 생각했었습니다. 지금은 그러한 종합보다는 성경의 다양한 해석을 살펴보고 공동체에 유의미한 해석을 발견해 내는 데에 더 관심이 있다 보니, 성경 텍스트를 독립적으로 연구하는 성서학자들의 연구로 관심이 바뀌게 되었습니다.

5   교회력은 예수님의 탄생, 삶, 고난, 죽음과 부활, 이후의 성령강림과 같은 신앙의 주제들을 토대로 만든 교회의 달력입니다. 주일에 교회가 읽어야할 본문이 정해져 있어서 교회력에 맞추어 설교를 하면 다양한 본문을 살펴볼 수 있다는 장점이 있는데요. 저는 교회력 본문으로 하면 공동체 상황과 어울리는 이야기를 준비하기 힘들어서 사용하지 않고 있습니다.

5년간 개척교회를 하면서 이 부분에 대한 생각도 많이 바뀌었습니다. 교회에 처음 온 새 신자분의 말 속에 카를 바르트의 생각보다 더 뛰어난 이야기가 있을 수 있다고 생각합니다. 일상을 성실히 살아가는 분의 수다 속에 마르틴 루터(Martin Luther)의 생각보다 뛰어난 신학적 통찰이 있을 수 있다고 생각합니다. 아무도 이해하지 못하는 삼위일체 교리를 가르치는 것보다, 요즘 뭐가 힘든지 듣는 시간이 더 의미 있다고 생각합니다. 칭의나 성화에 대해 강의하는 것보다, 저 스스로 변화된 모습을 보여 주거나 교회 구성원들이 자신의 삶을 자율적으로 조금씩 바꿔 갈 수 있도록 돕는 실천적인 전략을 짜는 게 더 중요하다고 생각합니다.

　이런 변화는 책으로 배운 게 아니라, 교회 분들에게 얻어맞으면서(물리적으로 맞은 것은 아닙니다) 배웠습니다. 뭐든지 책으로 배우기를 좋아하는 저는, 이런 감각을 갖는 데 10년이 걸렸습니다. 솔직히 제가 조금 구제불능의 책 중독자였는데(지금도 책을 좋아합니다만), 길섶교회 교인분들이 아니었으면 그런 책 집착에서 구원받지 못했을 것입니다. 이론만으로 안 된다는 걸 알려 주신 교인분들께 감사의 마음을 전합니다.

2
온라인 교회는 교회가 아니라고요?

우리는 이렇게 모입니다

지난 몇 년의 팬데믹 기간 동안, 대부분 온라인으로 교회 모임에 참여해 보신 적이 있으실 것입니다. 그리고 '온라인으로 예배를 드려도 될까? 온라인으로 소모임을 해도 될까?'라는 질문을 가지고 아마도 대부분의 교회에서 토론을 하지 않았을까 상상해 봅니다. 제 주변의 목사들에게 물어보면, 고민을 하다가 결국에 코로나19가 잠잠해지면서부터는 다시 오프라인 교회로 돌아간다고 하더라고요. 당연히 저도 교회의 대다수는 오프라인으로 운영되는 게 맞다고 봅니다. 오프라인 현장에서 생생하게 느껴지는 예배의 감격과 사람들과의 실시간 만남은 온라인으로 대체되기 어려운 면이 있으니까요.

하지만 그럼에도 불구하고, 우리는 이제 일상생활에서 '온라인' 소통을 더 많이 하게 되었습니다. 코로나19 기간 전에는 화상 채팅 한 번 안 해 보았던 저조차도 줌(Zoom)으로 미팅을 할 일이 많고, 직접 만나기보다 다른 방법으로 사람들과 소통하는 시간이

더 많으니까요. 그렇다면 평소에 사용하는 온라인 도구를 사용해 장소의 제약을 받지 않는 온라인 교회 공간도 조금 더 늘어나면 좋지 않을까요?

제가 참여하는 길섶교회는 팬데믹 기간을 지나면서 '온라인 교회'가 되기로 결정했습니다. 사람마다 생각하는 '온라인 교회'의 의미가 다를 텐데요. 저희가 어떻게 모이는지를 먼저 말씀드리는 게 좋을 것 같습니다.

위 사진은 주일 모임(2023년 2월) 사진입니다. 저희가 주로 줌으로 모임을 하다 보니, 오프라인으로 모이는 단체 사진이 많지는 않은데요. 교인분들 얼굴이 안 나오도록 찍은 설정샷을 하나 공유해 봅니다. 평소에는 온라인으로 참여하는 분이 더 많은 편입니다. 이날은 예배 시간 온라인·오프라인 참여자 수가 비슷했고, 예배 후 모임 시간에는 오프라인 참여자 수가 더 많았네요.[6] 그래서 오프라인 참여자 중 다섯 분은 옆방으로 가서 소모임을 하고, 나머지 세 분은 온라인 참여자들과 함께 이야기를 나눴습니다. 이 날은 온라인 참여자분이 예배 사회를 봤는데, 누군가가 오프라인 현장에서 예배를 진행하는 것과 큰 차이가 없었습니다.

길섶교회는 수요일 저녁에도 모임을 하는데요. 온라인 참여자가 대부분입니다. 목회자인 저는 주일이나 수요일에 오프라인 공간에 가서 오프라인 참여자들과 손님을 맞이합니다. 오프라인 공간으로 찾아오는 손님들도 보통은 제 유튜브 채널 '믿는생각'을 통해 알고 오는 경우가 많아서, 오래 대화하지 않아도 금방 친해지는 느낌을 받습니다. 온라인으로 소통하던 분들이 오프라인에서 오랜만에 만나면, 처음 3초(?) 정도만 낯설어하다가 금세 가까워지고요.

'온라인 교회'를 정의할 수 있는 여러 가지 말이 있겠지만, 제가 생각하는 온라인 교회는 이렇습니다.

> "교회의 공식 모임(길섶교회의 경우 주일예배와 소그룹, 수요 모임, 기타 교회 전체 행사)에 온라인 참여자가 항상 자유롭게 참여할 수 있는 교회."

온라인 교회라고 오프라인 모임을 하지 않는 게 아니라, 오프라인 참여자와 온라인 참여자가 모임에서 동등한 권리를 누리면

---

[6] 2023년 4월, 5월에는 해외에 계신 분들이 한국에 잠시 들어오시는 일이 많았습니다. 그래서 그 두 달간 오프라인 참여자가 많았고, 글을 쓰고 있는 6월에는 다시 온라인 참여자가 많아졌네요.

서 함께 운영해 나갈 수 있는 교회가 온라인 교회라고 생각하고 있습니다. 오프라인 교회에만 익숙한 분들은 "그게 되겠느냐"고 반문할 수도 있으시겠습니다. 그런데 저는 온라인 커뮤니티에 익숙한 20~30대 분들에게는 "100% 온라인으로만 모여야 하고, 실시간이 아닌 게시판·댓글·메신저를 통한 소통이 메인이어야 온라인 교회 아니냐"는 비판을 받기도 했습니다. 저희 교회는 '온라인 교회란 무엇인가'를 이론적으로 정리해서 방향을 정한 게 아니라, 팬데믹 기간에 어쩌다 보니 온라인 교회가 돼 버린 경우여서, 중도(?) 노선을 걷게 되었습니다. 그래서 저는 '온라인-오프라인 교회'라고도 하는데요. 말이 길어서 그냥 '길섶교회는 온라인 교회다'라고 생각하고 있습니다.[7]

온라인 교회가 되기로 한 이유

교회를 시작하고 1년 정도는 100% 오프라인 교회로 운영했습니다. 온라인으로 예배에 참여하거나 소그룹을 운영하는 방식의 교회는 신학교에서도 들어보지 못했습니다. 개인적으로도 온라인으로 친구를 사귀어 본 경험이 없어서, '온라인 교회'는 생각하지 못했던 개념이었습니다. 그런데 코로나19로 인해, 교인분들을 만날 수가 없다 보니, 이전에 영상 몇 개 올리다가 포기했던 유튜브 채널이 생각났습니다. 교회 오프라인 공간에 모이지는 못하더라도 설교 영상을 유튜브에 올려야겠다고 판단했습니다. 팬데믹이 그

---

7 소통을 위해 '디스코드', '슬랙'과 같이 20~30대분들이 많이 사용하는 플랫폼도 사용해 보았지만, 다양한 연령대가 모이기 시작하다 보니 조금 더 간단한 플랫폼을 찾게 되었습니다. 현재는 카카오톡 채팅방, 유튜브, 줌, 네이버카페를 주된 온라인 소통 공간으로 사용합니다.

렇게 오래 갈 줄은 몰랐기에 처음 두세 달은 설교 영상만 올렸었네요. 그러다가 유튜브로 예배를 방송하게 되었습니다.

예배나 설교 영상 뿐만 아니라, 성경 묵상과 여러 주제의 이야기들을 함께 공유하다 보니 유튜브 채널을 통해 교회를 궁금해하는 분들이 생겨났습니다. 특히 다른 영상들 보다, 설교를 꾸준히 봐 주시는 분들 가운데 후원 의사를 먼저 표해 주시는 분들이 생겼습니다. 후원을 하시다가 모임에 참여하시는 분도 계셨고, 모임에 참여는 하지않지만 응원하는 마음으로 후원하는 분도 계셨습니다. 도움을 받다 보니 자연스럽게 저 또한 받은 만큼 다른 자료들을 살펴보고 도움이 될 만한 내용을 찾는 데 동기부여가 되었습니다. 유튜브라는 것이 주로 혼자 하는 활동이긴 하지만, 사람들과 주고받는 소통이 있었기에 코로나19 기간 내내 활동을 지속할 수 있었던 것 같네요.[8]

시간이 지나며 교회 구성원이 많이 바뀌었습니다. 온라인으로 교회의 콘텐츠를 공유하다 보니, 서울이 아닌 여러 지역에서 참여하는 분들이 생겨났습니다.[9] 특히 해외에 거주하는 분들도 모임에 참여하게 되면서 교회의 '온라인성'이 더 강해졌는데요. '오프라인

---

8 유튜브를 통해 교회에 오신 분들 이야기를 들어 보면, 채널명이 'ㅇㅇ교회'였다면 구독을 하지 않았을 거라고 합니다. 요즘 교회 이미지가 안 좋다 보니 개척교회 채널명이 'ㅇㅇ교회'인 경우 구독자 수를 늘리기가 쉽지 않을 것 같습니다. 저는 코로나19가 길어질 줄 모르고 개인 유튜브 채널에 설교를 올리다가 교회 채널과 개인 채널이 합쳐져 버렸는데요. 그래서 오히려 채널이 성장할 수 있었던 것 같고, 교회가 더 성장하면 교회 채널을 따로 운영할 수도 있을 것 같습니다.

9 이렇게 말하니 유튜브 채널이 큰 채널 같아 보일 수 있는데, 전혀 그렇지 않습니다. 글을 쓰는 시점에서 구독자가 1,300명 정도 있고, 실제 조회수는 평균 100회 정도로 적은 편입니다. 해외에서 참여하신 분의 이야기를 들어보면 구독자 100명 정도 될 때 혹은 처음 유튜브를 시작할 때부터 보았다는 분도 계시니, 유튜브 채널의 크기가 그렇게 중요한 것은 아닌 것 같습니다. 물론 채널이 클수록 코드가 맞는 사람을 만날 확률은 높아지겠습니다.

으로는 모든 구성원이 모일 수 없다'는 생각이 당연해졌고, 이제는 모임을 할 때 서로의 시차를 고려하게 되었습니다.[10]

2023년 초에 교회에 오프라인으로 참여하던 한 분이 캐나다로 어학연수를 떠났습니다. 그분이 토론토에 잘 도착했다고 교회 단톡방에 안부 인사를 올리신 지 한 시간 후에 토론토에 사는 다른 분에게 교회에 관한 문의를 받았습니다. 토론토는 한국과 시차가 워낙 커서 두 분 다 자주 참여는 못하시만, 가능하실 때 여러 방법으로 소통하고 계십니다. 그 이전부터 계셨던 분들까지 하면, 프랑스, 캐나다, 스리랑카에 계신 분들까지 해서 해외 멤버가 다섯 분이었네요.

한국에 계신 분들 중에도 서울에 거주하지 않는 분들이 많아졌습니다. 경기도, 충청도, 제주도에서 온라인으로 참석하는 분들이 계시는데요. 그래서 온라인 교회를 안 하면 제가 잘릴(?) 상황이 됐습니다. 교회 운영 방향은 낭연히 교인문들이 정하는 것이라고 생각하기에 길섶교회는 코로나19와 상관없이 앞으로도 온라인 교회로 가기로 결정하고, 공동의회를 통해 정관까지 수정했습니다.

단점은 극복하라고 있는 것 아닌가요?

온라인 교회의 단점은 무엇일까요? 어떤 것이 먼저 떠오르시나요? 오프라인으로 만났을 때의 생동감, 친밀감, 현장감의 부족은 분명한 단점입니다. 줌에서 여럿이 모이면 서로의 이야기에 즉각

---

10 아직 교회의 교인은 아니지만, 교회에 관심을 가지고, 소통하는 분들중에 미국, 멕시코에 계신 분들도 있습니다. 시차가 워낙 많이 나는 곳이라, 온라인 모임을 한국시간 기준이 아닌, 해외에 계신 분들이 참여하기 편한 시간대의 모임도 월 1회 진행하고 있습니다. (2023년 6월 시작)

적으로 반응하기 어렵고, 발언 순서를 정하지 않으면 말하는 사람만 계속 말하게 되는 문제가 생길 수도 있습니다.

그런데 생각해 보면, 저도 교회에서 사람들을 많이 만나 왔지만 꼭 오프라인이어야만 진정한 관계가 형성되는 것은 아닌 것 같습니다. 오프라인으로 아주 많이 만났던 교회 분들도 이미 남남이 된 경우가 많다 보니, 때로는 '내가 목회를 잘했던 게 맞나' 하는 자괴감이 들기도 했습니다. 그런데 교회를 떠난 청년들을 만나 보니, 저만 그런 게 아니라 다들 관계망이 끊어져 있더군요. 제가 목회를 못했다기보다는 '보통의 교회 관계에 지속 가능하기 어려운 점이 있구나' 하는 생각이 들었습니다.

반면, 온라인 공간에서는 시차와 지역 차를 넘어서 언제든 편하게 만날 수 있기에, 오프라인보다 친밀감은 떨어진다 해도 좋은 매너를 갖추면 오히려 더 지속 가능한 관계를 만들 수도 있겠다는 생각이 듭니다. 예전 같으면 오프라인 모임을 하다가 다른 지역으로 이사를 가면 교회와 이별해야 하는데, 교회에 온라인 모임이 있으면 그분이 지역 오프라인 교회를 찾을 때까지 더 참여할 수도 있고, 혹은 지역 오프라인 교회를 메인으로 참여하면서 가끔 이전의 온라인 모임에도 참여할 수 있겠습니다.

길섶교회에 온라인으로 참여하는 분들은 스타일이 다양합니다. 종교 모임에 참여하는 것은 길섶교회 온라인 모임 정도로 충분하다고 생각하는 분도 있고, 오프라인 교회의 예배가 필요하다고 판단하는 분은 지역 교회 예배에 참여하고 가끔씩 길섶교회 온라인 모임에 참여하는 분도 있습니다. 혹은 길섶교회만 다니면서 주로 온라인으로 참여하지만, 한 달에 한 번 정도는 서울 현장 모임에 참여하는 분도 있고요.

교회는 어떤 형태로든 신앙생활을 하려는 의지가 있는 분들을 돕고 그 삶을 응원하려는 모임입니다. 그러므로 각자가 여건과 상황에 맞게 자기만의 교회-라이프 스타일을 만들어 가는 것을 인정해 줘야 한다고 생각합니다. 제가 하는 일은 다양한 신앙생활 스타일의 데이터를 공유해 드리는 일이고요. 제가 정답을 주는 게 아니라, 사람들이 어떻게 교회를 사용하는지, 다양한 활용의 예시들을 소개하는 가이드 역할을 하면 되지 않을까 생각하고 있습니다.

온라인으로 참여하는 분들에게 가장 중요한 원칙은 '1/N로 시간 쓰기'입니다. 온라인 대화 모임에서 서로 말하는 시간을 1/N로 지켜야 한다는 것은 제가 코로나19 기간에 일했던 '솜니움기독교정치사회연구소'에서 배운 팁입니다. 솜니움기독교정치사회연구소는 사회·정치철학적 주제를 두고, 기독교인뿐 아니라 일반 시민이 함께 어울려 공부하고 토론하는 세미나를 하는 곳입니다. 기독교인이 아닌 분들, 다양한 연령대의 분들이 토론에 참여하기 때문에 대화와 토론의 매너에 관해 오래 고민할 수 있었던 곳이었습니다.

1/N 원칙은 20~30대 분들이 다양한 종류의 온라인·오프라인 모임에서 중요하게 여기는 부분입니다. 저도 더 배우고 발전시켜 나가야 할 부분이라고 생각하는데요. 나이가 많거나, 어떤 분야에 지식이 많거나, 사회적 지위가 있는 경우, 아무래도 모임 중에 이야기를 더 많이 하게 되는 경향이 있습니다. 그렇게 되면 아무래도 20~30대 분들의 참여율이 줄어들게 되지요. 학교에서도, 사회에서도 암묵적으로 발생되는 위계의 힘은 1/N 대화 원칙이 실현

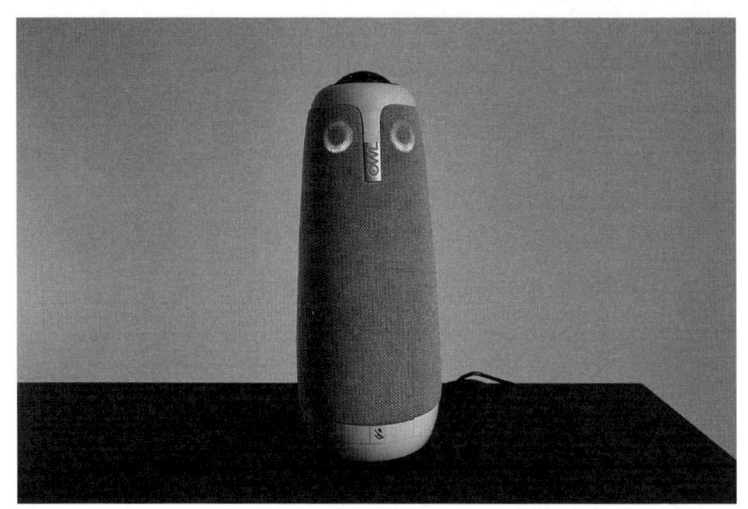

되기 어렵게 만듭니다. 이 원칙으로 모임을 진행하려 하는데도, 분기별 피드백을 받아 보면 이런 부분이 아쉽다는 피드백을 받습니다. 저뿐 아니라, 교회 모임의 진행자 역할을 하는 분들이 함께 고민해야 하는 주제 같습니다. 특히 온라인에서는 이 현상이 더 도드라지기 때문에, 소그룹 안에서 이야기가 동등하게 나눠질 수 있도록 함께 노력해야만 온라인 모임이 지속 가능할 것 같습니다.

  길섶교회는 온라인·오프라인 모임을 병행하고 있습니다. 그걸 가능하게 해 준 것은 '미팅 오울 프로(Meeting Owl Pro)'라는 카메라였는데요. 해외에 있는 분이 추천해 주셔서 알게 됐습니다. 오프라인 공간에 모인 사람들이 서로를 바라보며 이야기해도 카메라가 알아서 얼굴을 화면에 잡아 주는 360도 카메라입니다. 이런 카메라가 없으면 서두에 올린 사진처럼 오프라인 공간에 앉은 사람이 모두 영상 화면을 응시해야 하지만, 이 카메라가 있으면 오프라인 현장에 있는 사람들이 서로 마주 보며 이야기할 수 있습니다. 그만큼 온라인·오프라인이 함께하는 모임을 할 때 아주 유용한 카메라입니다. 다만 가격이 100만 원대 초반 정도인데요. 길섶교회에서 몇 년 전에 이 카메라를 준비해 보자는 이야기가 나왔을 때, 갑자기 외부에서 100만 원을 후원받게 돼서 '(아무도 모르지만) 하나님의 뜻인가 보다' 하고 구매했습니다. 사진 속 카메라가 '미팅 오울 프로'인데요. 온라인-오프라인 모임을 병행하는 모임이 있다면 꼭 추천하고 싶은 카메라입니다.

온라인 교회, 왜 안 되나요?

약간은 부담되는 가격의 카메라이지만, 그럼에도 불구하고 이런 장비가 있다면 전체적으로는 작은 자본으로 교회를 시작할 수 있습니다. 꼭 온라인 교회가 아니더라도, 현실적으로는 온라인이 병행되는 모임이 개척을 할 때, 가볍게 시작할 수 있는 방법이라고 생각하기 때문입니다. 팬데믹이 마무리 되어서 오프라인 모임에 제한이 없다고 해도, 온라인으로 참석할 수 있는 방법을 갖추는 것은 큰 도움이 될 수 있습니다.

팬데믹 초기, 길섶교회를 제가 속한 대한예수교장로회 통합 교단에 등록하려고 노회 사무실을 찾아간 적이 있었는데요. 교회를 교단에 등록하려면 1억 원 이상의 보증금을 들여서 일주일 내내 쓸 수 있는 교회 공간이 있어야 한다는 이야기를 들었습니다. 이 기준은 교단 안에서도 노회마다 조금씩 차이가 있었습니다. 제가 찾아갔던 노회가 원래는 기준이 낮은 편이었는데, 팬데믹 기간에 오히려 교회 등록의 문턱이 높아졌습니다. 이미 문 닫게 되는 교회가 많다 보니, 교회 지원금을 충당하기 어려운 상황이고, 개척교회가 어느 정도 준비되어 있지 않으면 현실적으로 살아남을 확률이 크지 않다는 노회의 판단 때문에 기준이 바뀌었던 것 같습니다.

하지만 교회를 함께할 사람을 구하는 것도 어려운 일인데, 억 단위의 대출을 받아 공간을 마련해야 한다면, 저처럼 이름 없고, 경험 없고, 돈은 더 없는 목사는 어떻게 교회를 시작할 수 있을까요? 한국교회는 자산을 너무 많이 쌓아 둬서, 그 누구도 제어할 수 없는 욕망의 싸움 때문에 스스로 몰락해 버렸다는 걸 모두가 알고 있는데, 제도권 교회는 왜 다른 방법으로 교회를 시작할 수 있는 길을 열어 주지 않을까요?[11]

길섶교회는 주일과 수요일 두 번의 모임만 하고, 온라인으로 참여하는 분이 더 많기 때문에 고정된 교회 건물이 필요하지 않습니다. 그 시간대에 사용할 수 있는 공유 공간을 빌려서 사용하면 되는 거죠. 그래서 적은 비용으로 교회 공간을 준비할 수 있었습니다. 저희보다 온라인을 더 잘 활용하는 교회라면, 아예 물리적인 공간 없이 교회 모임을 할 수도 있지 않을까요?

모든 교회가 온라인 교회가 돼야 한다고 생각하지는 않습니다. 온라인 모임에도 분명 단점이 있고, 오프라인 현장에서 느껴지는 특별한 감각을 신앙생활의 아주 중요한 요소로 여기는 분도 있

11   제도권 교단마다 교회를 승인하는 기준이 조금씩 다를 것 같습니다. 제가 속했었던 장로교 교단도 노회마다 교회 승인에 필요한 자산의 기준이 달랐습니다. 교회가 교단 소속이 되기 위해 필요한 최소한의 기준은 무엇이어야 할까요? 또는 제도권 교단이 아니더라도 다양한 교회 연대체에 교회가 가입하려 할 때, 최소한의 교회 가입 조건은 어떻게 정하는 것이 좋을지도 고민해 볼 만한 주제 같습니다.

을 테니까요. 저도 공간에 대한 애정이 있어서 반복적으로 가는 오프라인 공간들이 있습니다. 하지만 교회는 좀 더 다양해졌으면 좋겠습니다. 오프라인을 중심으로 모이는 교회가 많은 만큼, 온라인 공간에서 새로운 매너로 소통하는 교회도 늘어나야 한다고 생각합니다.

신약성경에서 가장 먼저 쓰인 글은 '편지'입니다. 바울이 이 공간 저 공간을 넘나들며 새로운 모임들을 시작하려 할 때, 물리적 거리의 한계를 넘어서며 소통하고자 노력한 결과물이 신약의 편지들입니다. 10~50명 사이의 지역 커뮤니티들을 연결하는 온라인 네트워크를 만드는 과정에서 생겨난 것이 바울의 편지들이죠. 어쩌면 복음서들 또한 지역 신앙 공동체의 실존에 기초한 신앙고백문들이지만, 서로 다른 공동체가 각자 소유하고 있는 예수님에 대한 고백을 교환하기 위해 글로 기록한 소통 도구였을지도 모릅니다. 그렇다면 현대를 살아가며 서로 소통할 수 있는 많은 도구를 가진 우리가 한 공간 안에 갇힌 교회만 고집할 필요가 있을까요? 온라인 모임의 단점을 보완해 줄 수 있는 도구들은 앞으로도 무궁무진하게 생겨날 텐데 말이죠.

3
목사도 'N잡'을 해야 할 것 같아요

저는 얼마 버느냐면요

목회를 하며 다른 직업 노동도 하는 분들을 '일하는 목회자', '이중직 목회자'라고 부릅니다. 저는 스스로를 'N잡' 하는 목사로 생각하고 있습니다. N잡이라는 말은, 지금은 부족하지만 다양한 직업 전문성을 키워 나가고 싶다는 소망을 담은 표현입니다. 이미 교회 밖 직업인 중에는 N잡으로 살아가는 분이 많지요.

제게 'N잡 목회'를 한다는 것은, 교회에서는 어느 정도 '열정 페이'를 감수하고 그 대신 다양한 일을 해 보겠다는 의미입니다. 제 학력이나 경력, 노동시간을 다 따져서 교회에 사례비를 청구하는 게 아니라, 공동체가 지속 가능한 선에서 사례를 받는 것이죠. 길섶교회는 2018년 9월에 시작했고, 이제 만 5년이 되었습니다(2023년 9월 기준). 처음에는 사례비를 받지 않다가 작년에 60만 원을, 올해는 65만 원을 받게 됐습니다. 올해는 종교인 소득 신고를 하면 세금·연금 관련 추가 지출이 생길 수 있어 5만 원만 인상했는데요. 신학대학원에 처음 들어가서 전도사로 일할 때 받는 금액이 70만 원 정도이니, 초심으로 돌아가서 새롭게 시작하는 기분도 듭니다.

길섶교회에 교인으로 참석하는 경우, 월정 헌금은 5천 원 이상 자율적으로 냅니다. 전통적인 십일조 개념은 한국에 교회가 뿌리내리는 데 아주 중요한 역할을 했다고 생각합니다. 그 전통을 그대로 유지하는 교회도 존중해야 한다고 생각하고요. 저는 수입의 10%를 나눠서 이런저런 기관이나 좋아하는 정당에 보내고, 직접 만나는 친구들을 돕기도 하고, 또 교회에도 필요한 만큼 내는 게 십일조 정신의 현대적 해석이라고 생각합니다. 그랬을 때, 헌금을 최소 기준만 정하고 자율적으로 운영하려면 N잡 목회가 현실적인 선택이지 않나 싶습니다. 개척교회 사례비만으로는 목회자의 최저 생계비가 충당되지 않을 확률이 매우 높기 때문입니다.

제 주변에 개척교회를 하고 있는 선배 목사님들을 만나, 송구스럽지만 사례비를 얼마나 받는지 확인해 봤는데요. 오랫동안 목회한 분 중에서도 150만 원 이상 받는 경우는 몇 분 없었습니다. 10년 이상 목회한 분들도 저 정도라면, 저 같은 '쪼렙' 목사는 개척해서 생계비 충당하겠다는 생각은 안 하는 게 정신 건강에 좋겠다 싶었습니다.

다행히 팬데믹 기간에 교회가 생존했습니다만, 앞으로 교인분들이 더 늘어난다 해도 교인 헌금 기준은 5천 원이기 때문에, 제가 부자가 돼서 집도 사고 땅도 사고 하는 일은 없을 것 같습니다. 사례비가 매년 월 5~10만 원 정도 규칙적으로 늘어난다고 해도, 10년을 생존해야 150만 원 정도가 되기 때문에, N잡을 해서 나머지 필요한 생계비를 버는 게 현실적인 선택이라고 생각합니다.

다양한 'N잡' 경험을 공유하면 좋겠습니다

교회 사례비 외에 제 추가적인 수입원은 개인 후원과 한국예수교회연대라는 단체에서 받는 사례비입니다. 둘 다 교회 사례비와 비슷한 수준입니다. 개인 후원자 중 절반은 제 오랜 지인분들입니다. 제가 혼자 이상한 짓을 벌이고 있다며 후원금을 보내 주시죠. 나머지 절반은 유튜브를 통해서 알게 된 분들입니다. 그래서 후원받은 만큼 공부를 열심히 해서 좋은 내용을 공유하는 것도 제가 해야 하는 업무 중 하나입니다.

한국예수교회연대[12]는 2022년 4월에 시작한 교회 연대 단체입니다. 순례 영성, 생명 존중, 교회의 수평적 구조, 성소수자 인권 보호 및 성평등 지향, 환경 보전 등의 가치를 존중하는 신앙인·교회의 연대입니다. 현재까지 회원으로 80명 모였는데, 목회자분들이 조금 더 많은 편입니다. 교단과 상관없이, 교리보다는 교회가 지향해야 할 가치와 매너를 더 중요하게 생각하는 분들의 모임이고, 저는 여기서 사무국 일을 하고 있습니다. 제가 N잡 목회를 하고 있다 보니, 이와 관련한 주제도 한국예수교회연대 안에서 함께 고민해 볼 수 있는 중요한 주제라고 생각하고 있습니다. 개척교회를 하면서 유튜브 영상 촬영·편집을 하고 인터뷰를 하다 보니, 시작 단계에 있는 한국예수교회연대에 필요한 일을 할 수 있겠다 싶

---

12   2023년 6월 기준 한국예수교회연대에는 80여 명의 회원이 참여하고 있습니다. 참여자의 70%정도는 목회자이고, 30%정도는 목회자가 아니지만 한국 기독교의 새로운 운동에 관심이 있는 분들이십니다. 한국예수교회연대 안의 위원회(신학과 교육위원회, 젠더-섹슈얼리티위원회, JPIC위원회, 2030청년위원회, 지역위원회)가 중심이 되어 다양한 활동을 하고 있습니다. 2023년 하반기 또는 2024년 상반기에는 교회나 단체 연대도 받아서 '교회 연대'로서의 기능을 갖추고자 합니다. 유튜브에서 한국예수교회연대를 검색해 주세요.

어서 직무를 맡았는데요. 좋은 분을 많이 만나다 보니 목회와 병행하기에도 시너지가 나는 일 같습니다.

다만 기독교 관련 단체에서는 일을 오래 한다고 해서 그 다음 직업을 찾는 데 도움이 된다거나 특출한 전문성이 생기지 않은 경우가 많다는 점에서 고민이 됩니다. 전문성이 만들어지지 않는데 그 지위에만 계속 있으면, 결국엔 자리싸움·권력투쟁으로 끝나는 경우가 많기 때문입니다. 그래서 누구든 이 교회 연대에 더 좋은 영향을 줄 수 있는 분이 계시다면, 그분이 역할을 하실 수 있도록 해야 한다고 생각합니다. 이것도 제가 N잡 모드이기 때문에 편하게 생각할 수 있는 부분이겠지요?

교회를 처음 시작할 때는 주중에 초등학교에서 시간강사 일을 했습니다. 교대를 졸업하고 10년 만에 학교 현장에 갔습니다. 기간제 교사나 정교사는 공무원이기 때문에 교회 일과 병행하기 어려웠고, 수업만 하고 퇴근하는 시간강사 일은 어렵지 않게 시작할 수 있었습니다. 2년 반, 5학기를 일했는데요. 자주 갔던 학교에서는 제가 말을 하지 않았는데도 교장·교감 선생님 모두 제가 목사인 걸 알고 계셨습니다. 제가 학교에서는 종교적인 이야기를 전혀 하지 않기 때문에 목사여도 일하는 데 지장은 없었습니다. 오히려 30대에 시간강사를 하려는 분이 별로 없다 보니, 한 번 일을 하면 학교에서 계속 연락해 일을 맡겨 주었습니다.

개척 2년 차에 교회를 접어야겠다고 생각했던 계기 중 하나가 학교에서 받은 '환대'였습니다. 10년 만에 학교 현장에 갔는데도 선생님들께서 친절하게 대해 주시고, 학생들도 제가 만만하다 보니 좋아해 주었습니다. 또 학교에서는 열정 페이가 아니라 일한 만큼의 대가를 받을 수 있었습니다. 제가 몇 년간 일했던 '종교 동네(?)'와 비교했을 때 차이가 있다 보니 순간적으로 흔들리기도 했습니다. 교회를 떠나서 돌아오지 않으려는 분들, 목사 자체를 전혀 신뢰하지 않기 때문에 새로운 교회 운동을 하려는 그 어떤 목사도 신뢰하지 않는 분을 몇몇 만나다 보니, 제가 필요로 하는 곳이 교회인지 학교인지 더 고민하게 됐고요.

현재는 학교 일을 쉬고 있습니다. 시간강사를 오래 하려면 서울 쪽에 살아야 하는데(지방에서는 상대적으로 기간제 교사 채용이 많아 보입니다) 제가 가진 자산으로 서울에서 계속 살기는 어려워 보여서 또 다른 일을 준비해야 할 것 같습니다. 그래서 교회 일과 한국예수교회연대 일을 하면서 시간과 장소에 구애받지 않은 소일거리(종교와 관련 없는)를 준비하는 게 올해의 목표입니다.

N잡을 이미 하고 있는 목회자 분들의 경험은 저마다 다를 것입니다. 새로운 직업은 잘 찾았는데 그 일의 강도가 너무 세서 목회를 시작하기 어려운 분도 만났고요. 몇 년째 자신에게 맞는 직업을 찾는 데 어려움을 겪는 분도 있었습니다. N잡에 관한 이야기는 현재 목사를 준비하는 20대분들에게 가장 필요한 이야기가 아닐까 싶습니다. 30대가 되고, 40대가 지나갈수록 종교 문화에 익숙한 사람이 새로운 직업 전문성을 갖는 것은 더욱 어려운 일이기 때문입니다.

신학이 돈을 이길 수 있을까요?

N잡에 대한 고민을 이렇게 나눈 이유가 있습니다. 저는 적어도 한국 개신교에 한해서는 '교회가 돈에 졌다'는 것을 인정하고

'그다음에 어떻게 할 것인지' 방법을 찾아야 한다고 생각하기 때문입니다. 돈에 관한 이야기를 하는 걸 가장 터부시하는 교회에서 돈에 관한 문제가 가장 많이 발생하는 이유가 무엇일까요? 평생 가난하게 살던 목사가 담임목사가 돼서 갑자기 더 좋은 차를 요구하고 더 좋은 집을 요구하는 이유가 무엇일까요? 수십 년간 청빈을 설교하던 목사가 은퇴 자금 수십 억 원을 요구하는 이유는 무엇일까요? 저는 종교인의 소득에 관한 합리적인 토론과 약속이 없었기 때문이라고 생각합니다. 돈에 대해 말을 하지 않았기 때문에 돈에 진 거죠. 일단 개신교는 돈에 졌다는 걸 겸허히 받아들이고, 그다음 단계를 준비해야 합니다.

가톨릭처럼 사제의 생활 수준이 엄격히 정해져 있고, 모두가 그것을 따르는 조직 체계를 갖춘 교회는 어느 정도 신뢰를 담보할 장치가 있다고 생각합니다. 은퇴 후 생계비와 살 공간의 수준이 비종교인이 보더라도 수긍할 수 있는 정도의 기준으로 맞춰져 있다면, 신학이 보수적이라고 할지라도 그 진정성 때문에 종교 체계를 신뢰할 수 있기 때문입니다.

독일에서 오래 유학하고 온 친구에게도 비슷한 이야기를 들었습니다. 독일개신교교회협의회(Evangelische Kirche in Deutschland, EKD) 소속 교회는 국가로부터 시민들이 자율적으로 낸 종교세를 전달받기 때문에 목회자들 생계비를 중앙 차원에서 지급한다고 합니다. 이런 견고한 시스템에도 장단점이 있는데, 목사의 급여 체계가 고정되는 만큼 대체로 앞선 세대가 해 왔던 노동만을 해서 새로운 세대에게 필요한 교회 갱신이 일어나기 어려운 문제가 있다고 합니다. 하지만 그런 문제가 생길지언정, 가톨릭이나 EKD 소속

교회는 적어도 돈에 지지는 않을 것 같습니다.

물론 독일에서도 EKD 소속이 아닌 자유로운 스타일의 역동적이고 자율적인 교회들이 있다고 하는데요. 이렇게 견고한 조직 체계의 교회도 필요하고, 자율적이고 현대인의 다양한 요구에 맞출 수 있는 작은 교회 운동도 함께 있어야 할 것 같습니다.

지난 몇 년을 돌아보면, 신학교와 신학교 소속 신학자들이 보여 준 미온적인 태도는 '신학이 돈에 졌다'는 걸 방증한 것과 다름없다고 생각합니다. 제가 만나 온 동료 목사 중에 '동성애는 죄'라고 생각하는 분은 아무도 없습니다. 하지만 그분들은 교단 신학교 입학이나 목사 안수 과정에서 '반동성애 서약'을 요구받아도 아무런 목소리를 낼 수 없었습니다. 이건 그들의 신학적인 판단에 문제가 있어서가 아닙니다. 생존권 보장이 안 되니 말을 할 수가 없었던 거죠. 목사가 그 정도 용기도 없냐고 말하실 수도 있겠지만, 10년을 이 공간에서 공부하고 훈련받으며 모든 관계망이 만들어지고, 또 가족까지 돌봐야 하는 상황이 된다면, 목사여도 할 말을 할 수 없게 됩니다. 그러니 목사 개개인을 정죄하기보다, 이 상황이 계속되지 않게 할 수 있는 방법, 목사들이 자기 소신을 지키며 살아갈 수 있는 방법을 찾는 게 더 중요한 일 같습니다.

가톨릭이나 EKD처럼 견고한 조직을 만들 게 아니라면, 지금 목회자들과 앞으로 목사가 될 예비 목사 후보생들에게 N잡의 길을 열어 주는 방법밖에 없지 않나 싶습니다. 교단이 해야 할 일은, 신학교에서 직업교육 할 생각하지 말고, 학비를 줄여서 가난한 사람도 신학 공부를 할 수 있는 길을 열어 주고, 목회자가 다른 일을 하면 안 된다는 법적 제한을 풀어 주는 것입니다. N잡 목회를 하려는 모두가 살아남을 수는 없겠지만, 적어도 교단법이 막지만 않는 다면 사람들이 자유롭고 창의적인 방법으로 해법을 찾아낼 수 있지 않을까요?

'N잡러'의 현실적인 고민들

제가 20대 후반 신학대학원 M.Div 과정에 들어갔을 때 만났던 예비 목사님들 중에는 사회 경험을 하고 오신 분들도 많았습니다. 신학대학교를 졸업하고 바로 신학대학원으로 올라오지 않는 이상, 대부분 다른 공부를 하셨거나 직장생활을 하다 오셨습니다. 대학에서 가르치다 오신 분, 영화계에서 일하셨던 분, 의료계에서 일하셨던 분 등 다양한 분야에서 자신의 전문성을 가지고 일하셨던 분들이 저만의 소명 의식을 가지고 신학대학원 목회학 과정에 들어오셨습니다.

그런데 목사가 되는 제도권 과정에 들어서면, N잡이라는 가능성이 열려 있지 않다 보니 대부분 '신학'이라는 이론에만 집중하게 됩니다. 그리고 교회에 취직을 해서 생활비와 집을 제공받는 한 가지의 길만을 두고 경쟁 아닌 경쟁을 하게 되는 것이죠. 이 과정을 몇 년 거치다 보면 신학교에 들어오기 전 지녔던 자신만의 특별한 전문성들이 사라집니다. 이제는 교회에 취직을 해서 생활비를 받는 방법 말고는 다른 길이 없게 되는 것이죠. 저는 이게 심각한 문제라고 봅니다. 10년 전에 신학교를 다녔던 대부분의 신학생들이 공통적으로 받은 피해라고 생각합니다.

30대 후반, 40대가 되어서 갑자기 새로운 전문성을 갖춘다는 것은 어려운 일입니다. 한국에서는 나이가 어느 정도 있으면 아르

바이트도 하기 어렵기 때문에 전문성은커녕, 생존을 위한 일자리를 찾는 것도 쉽지 않습니다. N잡을 위해 미리 고민하고, 목회와 병행 가능한 옵션을 여러 가지로 물색하지 않으면 자칫 돈을 벌 수단을 찾다가 목회 활동을 할 에너지를 완전히 잃어버릴 수 있을 것 같습니다. 교회를 시작하는 데에도 상당한 에너지가 들어갈 수밖에 없고, 새로운 직업 전문성을 갖추는 데에도 그에 못지않은 에너지가 들어갑니다. 이것이 N잡러를 시작하는 이들이 겪는 현실적인 문제이지요.

제가 개척을 할 수 있었던 중요한 이유 중 하나가 교사 자격증이 있었기 때문입니다. 교대를 졸업하고 10년이 지나 처음으로 학교에서 아이들을 가르쳐 보았는데요. 신학교를 다니다 보니 저는 시간강사나 기간제와 같이 임용 고시를 보지 않고도 학교에서 일할 방법이 있다는 것을 전혀 생각하지 못했습니다. 그러다가 교회에 대한 고민이 깊어질 즈음, 교회에 새로 온 청년 중에 초등학교 선생님이 두 분 계셨고, 그분들과 이야기하다가 그런 정보를 들었습니다. 10년 만에 초등학교에 이력서를 내고 교무실에 들어가는데, 많이 긴장되었습니다. 하지만 3년 정도 시간강사 일을 하고 보니, '신학교를 다닐 때부터 이런 경험을 미리 했으면 얼마나 좋았을까, 목회에 대한 다양한 가능성을 생각할 수도 있었을 텐데' 하는 아쉬움이 생기더라고요.

어떤 스타일의 교회 공동체를 만들어 갈 것인지에 따라, 목사가 교회를 위해 일해야 할 물리적인 시간과 에너지가 다 다를 것입니다. 그리고 목사들도 개인의 성향과 자질에 따라 어떤 일이 자신과 맞는 두 번째 노동이 될 수 있는지는 오랜 시간을 두고 다양한 경험을 통해 찾아가는 게 좋을 테고요. 어떤 분들은 신학생이 돈 버는 일에 관심을 가지면 되겠느냐, 그러다가 돈을 너무 많이 벌면 목회에 집중할 수 있겠느냐고 비판을 하실 수도 있겠습니다. 제 생각에는 돈을 많이 벌 수 있는 신학생은 거의 없을 것 같습니다. 신학은 현실감각을 마비시키는 이상한 힘(?)이 있어서 현실 생존 능력을 떨어뜨리기 때문입니다. 설령 다른 직업으로 돈을 많이 벌어서 목회에 대한 마음이 줄어들었다면, 그냥 다른 일을 하라고 하는 게 좋지 않을까요? 목회를 하다가 돈에 빠져서 이상한 죄를 짓는 것보다는 훨씬 괜찮아 보입니다. 돈을 많이 벌었는데도 목회를 하려고 이런 저런 노력을 한다면, 그것도 참 대단한 일이 아닐까요? 돈을 더 버는 데 모든 에너지를 쓰려는 게 아니라, 어쨌든 자기가 할 수 있는 선에서 자기 나름의 신앙 활동을 하려는 것이니까요.

 한국교회는 지금 20대인 신학생분들이 나중에 교회에서 일할 공간이 얼마나 남아 있을지 예측이 되지 않는 상황입니다. 강의실에서 신학 이론만 공부하고 있는 분들을 생각하면 조금 젊으셔서 부럽기는 한데 너무 위험한 것은 아닐까요? 열 명 중에 일곱 명 정도는 30대에 일할 곳 찾기가 쉽지 않아 보이기 때문입니다.

4
목사입니다만, 무슨 일을 하면 될까요?

스무 살에 처음 교회를 가 보았습니다

저는 대학생이 된 스무 살에 처음으로 교회를 가 보았습니다. 태어나서 처음으로 예배라는 것에 참여한 기억이 생생합니다. 신앙심이 있어서 간 것은 아니었습니다. 대학교 1학년이었을 때, 기독교에 대한 호기심은 있었지만 교회까지 가고 싶은 마음은 없었습니다. 그런 저를 보고 교회 다니는 친구가 예배에 한 번 가보면 영화를 보여 준다고 한 거예요. 그래서 경험도 쌓고 영화도 볼 겸 가벼운 마음으로 갔던 기억이 납니다.

이후에 무슨 영화를 봤는지는 기억 나지 않지만, 처음 예배에 참석했던 기억은 선명합니다. 평범한 장로교 교회였음에도 사람들이 종교 노래를 함께 부르는 모습이 상당히 충격적이었습니다. 앉았다 일어나고 무언가를 함께 소리내어 읽는 모습도 불편했습니다. 앞에서 기타 치며 노래를 부르는 모습을 보고, '저런 방법으로 사람들을 선동하고 있구나'라고 생각했습니다. 별로 친해 보이지 않는 사람들이 서로 '사랑합니다' 인사하는 모습도 이상해 보였습니다.

　예배는 조금 충격적이었지만, 그래도 그 교회는 과거에 잠깐 들러 본 적이 있고, 또 혼자 찾아와서 담임목사님을 만난 적도 있었습니다. 그러니까 두어 번 교회를 들른 경험이 있었는데, 그럼에도 불구하고 첫 예배가 좋은 인상을 주지는 않았습니다. 결론부터 말씀드리면 저는 이 교회를 통해 신앙생활을 배웠고, 제가 유일하게 성도로 다녔던 교회가 되었습니다. 두서없지만, 다시 앞으로 가서, 첫 예배 전에 이 교회를 찾아가게 되었던 이야기를 해 보겠습니다.

　기독교인 여러 명을 만나 대화를 하게 된 것도 대학생 때가 처음이었습니다. 고등학생 때도 기독교인 친구가 한 명 있었지만, '죽은 이가 살아났다'는 수준 낮은 이야기를 믿는 친구라고 생각했었습니다. 저는 청소년 시절부터 종교에 관심이 많아서, 여러 명상 수행이나 도교, 불교 등과 관련한 서적을 보는 걸 좋아했습니다만, 유달리 기독교는 유치한 이야기라고 생각했었습니다. 조용히 수행하는 동양적인 종교가 탁월한 종교라고 생각했습니다. 그래서 스승의 날에도 교무실에 가서 좋아하는 선생님께 불교에 관한 책을 선물했던 기억도 납니다. 어느 날엔가는 길을 지나가다 건물 너머로 들려오는 찬양 소리를 너무 시끄럽다고 느꼈고, 왜 이렇게 소음 공해를 일으키면서 종교 활동을 하느냐고 불평했던 기억이 납니다. 그래서 처음으로 예배를 드렸을 때, 그전의 불편했던 감정들이 투사되었던 것 같습니다.

　그럼에도 교회를 찾아가 볼 수 있었던 것은 대학에서 만난 기독교 동아리 IVF(한국기독학생회) 친구들 덕분이었습니다. 고등학생 때 선생님들의 추천으로 교대를 가게 되었는데요. 당시에는 초등학교 선생님이 될 수 있는 교대의 인기가 높았습니다. 그러다 보니 지방 교대이지만 전국에서 여러 학생들이 모여들었고, 고등학생 때보다는 기독교인 친구들을 많이 만날 수 있었습니다.

그리고 IVF 간사님의 꾀임에 빠지는 바람에 기독교인이 아니었음에도 IVF 활동을 하게 되었습니다. 예배 같은 것보다는 소모임 대화나 놀러다니는 일에 열심히 참여했던 기억이 납니다. 교회라는 공간에 처음 간 것도 예배 때문이 아니었습니다. 친구 따라 영화 보러 교회에 가기 전 일인데요. IVF에서 봄나들이를 가는데 출발하기 위해 모인 장소가 교회였습니다. 잠시 머물렀지만 이것도 저에게는 기억에 남을 만한 일이 되었습니다.

나들이를 다녀와서 원래 알고 지내던 기독교인 고등학교 친구와 연락을 했습니다. 그 친구는 신학교에 진학했었거든요. 친구와 이야기를 하다 보니 제가 잠시 들어갔던 교회가 그 친구의 부모님께서 개척하신 교회였음을 알게 되었습니다.

IVF 모임에 참여하면서 기독교에 호기심이 생기긴 했는데, 신앙이 생기지는 않았습니다. 제가 가진 궁금증들은 어렸을 때부터 교회를 다닌 친구들에게는 그렇게 중요한 질문은 아니었던 것 같습니다. 성령이 뭐고, 성경은 누가 썼고, 성경의 첫 이야기 7일 창조는 어떻게 읽어야 하는지, 예수라는 존재는 왜 다른 종교의 창시자보다 특별하다고 보는지 등…. 답답해서 이런저런 책들을 찾아 읽게 되었는데, 지금 생각하면 품질(?)이 좋지 않은 책들을 많이 접했던 것 같습니다. 신학적으로 신뢰할 만한 내용이 아닌 기독교 서적들이 너무 많은 게 문제였습니다. 외계인이 지구에 와서 문명을 새로 만들었는데 고대인들이 그 기적을 보며 기록한 게 성경이라는 내용부터, 정말 이상한 내용의 콘텐츠를 많이 접했습니다. 그런데 제가 뭐가 맞는 말인지 알 수가 없다 보니 약간의 혼란이 왔고, 그래서 고등학교 친구에게 연락을 해서, 아버지가 목사일을 하시니 한 번 만나게 해 달라고 했습니다. 그래서 이런 저런 이상한 책들을 몇 권 들고 교회를 찾아갔고, 태어나서 처음 목사라는 사람을 만났습니다. 그 목사님은 제가 챙겨 간 책들을 보시고, 아주 평온한 얼굴로 "이 책들은 불태우는 게 좋겠다"고 하셨습니다. 그 말을 듣고 100% 수긍한 건 아니지만, '기독교 관련 정보들에도 이상한 이야기가 많구나' 하는 경각심을 가질 수 있었습니다.

저의 첫 교회 방문기, 목사를 만난 첫 경험을 말씀드린 이유는 이렇습니다. 신앙이 없는 사람이 교회라는 세계를 마주하는 것은 정말 쉽지 않고 낯선 일이라는 것입니다. 물론 아주 편하게 교회에 입문하는 분들도 계시겠습니다만, 그런 경우는 왠지 어렸을 때라도 교회 경험이 있는 분들이 아닐까 싶습니다. 그리고 이 '낯섦'은 지금도, 그리고 앞으로도 성경을 해석하고, 교회 모임을 운영할 때 제 몸에 배려고 하는 전제입니다. 그 어떤 것도 당연한 것은 없고, 익숙한 것에도 이유를 묻고, 의미를 다시 찾고, 본질적인 것이 아니라면 아무리 익숙한 것이라도 바꿀 수 있어야 한다고 생각합니다.

그리고 한 가지 더 생각이 드는 것은 정보의 문제입니다. 기독교에 입문하려는 사람이 홀로 서섬이나 인터넷에서 신앙에 관한 정보를 찾을 때, 신뢰할 만하지 못한 내용을 찾게 될 확률이 매우 높다는 것입니다. 어느 분야에서나 음모론적인 아이디어, 출처가 없는 내용들이 많은 것은 사실이나, 유달리 기독교라는 세계는 신뢰할 만하지 못한 정보가 많은 것 같습니다. 누군가 신앙생활을 시작한다면 제가 그랬듯이, 이상한 정보를 접하게 될 확률이 더 높은데 이 문제를 어떻게 해결하면 좋을지 고민이 됩니다.

소명이란 게 있는 걸까요?

"그래서 신앙은 언제 생겼나요?"라고 물으신다면, 두 가지 답변이 가능할 것 같습니다. 첫째, "대학교 1학년 말에 개인적인 기도 체험을 통해서 신앙을 가졌습니다"라고 대답하겠습니다. 신비 체험이라고 하든, 종교체험이라고 하든, 어떤 말이 좋을지는 모르겠습니다만, 어쨌든 말로 설명이 잘 안되는 특이한 경험을 했습니다. 더 자세히 설명드리면 혹시 제 신앙 체험이 대단해 보일 수 있기 때문에, 이 부분은 글로 쓰지 않는 게 더 좋을 것 같습니다.

1년 동안 이런저런 책을 보고, 고민을 했는데도 도저히 기독교가 믿어지지는 않더라고요. IVF 동아리에서도 놀러가는 건 괜찮은데 여름수련회 같은 건 가지 않았습니다. 조금은 더 믿어져야 그런 모임도 갈 수 있으니까요. 무신론자 철학자의 글도 보고, C. S 루이스(Clive Staples Lewis)와 같은 변증가의 글도 읽고, 성경도 읽어 보고 했지만, 지적인 작업으로는 신앙을 갖지 못했습니다. 결국엔 어떤 종교적 체험으로 신앙에 입문하게 되었는데요. 제가 평소에 설교나, 대화할 때는 이런 이야기를 잘 하지 않습니다. 이 주제는 3부에서 더 다루어 보겠습니다.

신앙을 어떻게 가졌느냐에 대한 두 번째 대답도 있습니다. 바로 앞의 챕터, 교회를 처음 가게 된 사연에서 말씀드렸듯이, "여러 사람들과 사건들을 통해, 나도 모르게 어느새 신앙을 갖게 되었습니다"라는 답변입니다. 태어나서 처음 교회에 가서 드린 예배는 불편한 시간으로 기억 속에 남아 있지만, 그 예배와 함께 예배 전후의 여러 사건들이 하나님을 생각할 수 있는 하나의 길을 만들어 낸 것 같습니다. 그러니까 언제 신앙이 생겼는지 정확히 포인트를 찍어서 말할 수는 없지만 삶의 여러 상황들이 신앙이 발생하는 조건을 만들어 주었다고 생각합니다. 제가 만났던 모든 사람들, 모든 사건들이 신앙의 선생님이었던 것이죠.

두 가지 답변 모두 하나의 해석이고 추론입니다. 나중에 제가 죽어서 하나님 앞에 갔을 때, 제 신앙이 언제 생겼는지를 물으면 다른 답변을 들을지도 모르겠습니다(신앙이 없다는 답변을 들으면 조금 슬플 것 같습니다). 이것은 목사로 부름받았다는 소명의 주제에도 동일하게 적용이 될 수 있습니다.

대학교 1학년 말 기도 체험의 부작용으로, 이후 약간 불 받은 (뜨거운) 상태로 신앙생활을 했습니다. IVF 활동도 열심히 하고, 이상한 책 들고 찾아갔다는 그 교회에서도 신앙생활을 열심히 하게 되었는데 대학교 2학년때 쯤, 교회 사모님께서 신학교 진학을 준비해 보면 어떻겠느냐고 권면하셨습니다. 긍정적으로 받아들이고, 이런저런 기도 응답을 구했습니다. 정확한 판단을 하기 어려운 만큼 마음이 뜨거운 상태에서 그럴 수도 있겠지만, 기도할 때마다 신학교를 가라는 듯한 응답을 받았습니다. 그렇게 해서 결국엔 대학을 졸업하고, 신학대학원 목회학 과정에 들어가게 되었습니다.

저에게는 하나님의 부르심이 있었을까요? 그럴 수도 있고, 아니었을 수도 있겠습니다. 제가 처음 다녔던 교회의 목사님, 사모님은 제 인생에서 지금까지도 가장 존경하는 분들이십니다. 저에게는 정신적인 지주와 같은 분들이지요. 그럼에도 그분들의 권면이 하나님의 뜻은 아닐 수 있겠다는 생각을 합니다. 그리고 결국엔 제가 신학교를 가기로 선택한 것인데요. 하나님의 뜻과는 상관없는 그냥 사고였을 수도 있겠다고 생각합니다. 물론 하나님의 뜻일 수도 있겠지만, 정확한 건 죽어서 하나님 앞에 가 봐야 알 수 있다는 것입니다. 하나님께서 "동환아, 니가 오버한 거야, 신학교까지 가는 건 좀 아니었어"라고 말씀하실 확률도 높을 것 같습니다. 설령 그렇다고 해도 괜찮습니다. 모교회의 목사님, 사모님께서는 저를 좋게 보시고 신학교 진학을 권면하신 것이니까요.

지금은 '부르심이 있었나, 없었나'보다는 '내가 누군가의 신앙생활에 도움이 되는가, 안 되는가'가 더 중요합니다. 도움이 된다는 분들이 계시면 교회 공동체를 하는 것이고, 도움이 된다는 분들이 안 계시면 저는 다른 살아갈 방법을 찾을 것입니다. 그러니 목사로 평생 살아야 하는 것도 아니고, 누군가에게 쓸모가 있을 때까지만 목사로서 노동을 하면 된다고 생각합니다. 또 모든 분들의 신앙생활을 도울 수도 없는 일이지요. 워낙 개개인마다 신앙생활 하는 스타일도 다르니까요. 그냥 코드가 맞고, 저를 신앙생활에 도움이 된다고 느끼시는 몇몇 분들이 있으면, 그분들과의 관계 안에서 소명의식이 발생되는 것 같습니다.

목사의 전문성은 무엇일까요?

목사는 무슨 일을 하는 사람일까요? '목사는 특별한 부르심을 받은 사람이다'라는 교만한 생각을 버렸을 때, 그래서 더 중요해지는 것은 '목사가 하는 일'입니다. 왜냐하면 어떤 '노동'을 하는 사람인지가 구체적이어야 그 직업이 누구에게 적합한지를 이야기할 수 있기 때문입니다. 그런데 바로 이 지점에서 아주 모호한 부분이 있습니다. 저도 전도사, 목사로 10년 넘게 일해 왔지만, 제가 어떤 직업 전문성을 가져야하는지, 어떤 노동에 집중해야 하는지에 대해 비교적 최근에야 정리를 하기 시작했습니다.

저 같은 경우에는 작은 교회를 혼자 담당하고 있습니다. 중간에 2년 정도는 동료 목사와 협업을 하기도 했지만, 대체로는 제가 주도적으로 일을 해 왔습니다. 시간과 에너지를 쓰는 비중으로 우선순위를 매겨 보면 다음과 같습니다.

① 기독교 신앙 콘텐츠 연구 및 정리, 공유: 신앙, 신학과 관련된 자료를 공부하고, 신앙 공동체의 필요에 맞게 재정리하고 공유하는 일에 가장 많은 에너지를 쏟는 편입니다. 정리된 내용을 유튜브 영상으로 촬영하고 편집 공유하는 것까지 포함하면 콘텐츠 관련한 일에 시간을 가장 많이 쏟는 것 같네요.
② 교회의 모임(예배, 기타 모임 등) 기획 및 참여: 주일 모임과 평일 모임에 고정적으로 참여하고, 기획, 진행하는 일은 시간이 항상 고정적으로 쓰입니다.
③ 소통(미팅, 상담 등): 교회와 관련된 다양한 모임과 회의가 있고, 때때로 신앙을 주제로 한 상담을 할 일이 있습니다. 교회 멤버들과 소통하는 시간도 있지만, 교회 멤버가 아닌 분들과 소통해야 하는 일들도 많습니다.

④ 조직 운영과 홍보: 작은 교회도 모임의 조직 운영에 대한 기획, 회의, 피드백을 하는 데 시간과 에너지가 많이 듭니다. 홈페이지, 카페, 유튜브 채널 등을 관리하는 것도 정기적으로 해야 하는 일입니다. 작은 교회일수록 교회를 알리고, 새로운 분들을 초대하는 게 목사가 해야 하는 중요한 일입니다. 저는 유튜브 운영은 하지만, 거리 전도 같은 건 안 합니다. 교회에 대해 문의하시는 분들을 주로는 온라인으로, 때로는 오프라인으로 만나기도 합니다.

⑤ 기타 특별한 행사: 비정기적인 교회 행사, 워크숍, 결혼식이나 장례식과 같은 일이 있다면 도울 수 있는 일을 하는 것도 목사가 해야 할 일입니다.

과거에 6년 정도 규모가 제법 큰 교회에서 청소년, 청년 사역을 했습니다. 그리고 지난 5년가량 처음 10명 정도에서 지금은 30명 정도가 모이는 모임을 운영하고 있는데요. 저 같은 경우에는 1번, 콘텐츠의 개발 부분에서 가장 많은 고민과 에너지가 들어갔습니다. 기성 교회에서 만나는 분과, 개척교회를 해서 만나는 분들의 삶의 자리, 고민의 지점이 너무 달라서, 새로운 공부가 필요했기 때문입니다. 2장에서 다룬 내용들을 보시면 어떻게 달라졌는지 이해하실 수 있으실 것 같습니다.

이전의 교회에서 일했던 경험이 도움 되는 영역이 있습니다. 행사 준비와 진행에 관한 부분(수련회, 결혼 및 장례 예배)과 신앙을 주제로 한 상담들입니다. 조직 운영에 관해서는 대다수 교회가 민주적으로 운영되지 않기 때문에 새로운 연습을 통해 전문성을 마들어 가야 하는 것 같습니다. 홈페이지, 카페 운영, 유튜브 관리 등도 개척교회를 하면서 새로 배워야 하는 일들입니다.

목사가 무슨 일을 해야 하는지는 목사가 속한 교회 공동체의 여건에 따라 조금씩 달라질 수는 있겠습니다. 중요한 것은 목사가 하는 일이 하나님께서 선택하신 특수한 노동자의 일이어서 특별한 게 아니라는 점입니다. 목사가 하는 일, 그 자체에서 어떤 전문성이 필요한지를 정리하고, 그런 전문성을 갖추도록 훈련받는 것이 즐겁고 또 적성에 맞는 사람들이 이와 관련된 노동에 참여해야 하지 않을까요?

2023년 연말에는 길섶교회도 근로계약서(또는 공동계약서)를 작성해 볼 계획입니다. 목사가 어떤 노동을 해야 할지, 그리고 어떤 보호와 보상을 받아야 할지에 대한 합의문을 만들고 적절히 갱신해 나가야 할 것 같습니다. 당연히 공동체의 특수한 재정 상황에 맞게 조율을 해야겠지요. 목사가 하는 노동이 교인분들에게 도움이 되지 않는데도 쓸데없이 에너지를 쏟고 있지는 않는지, 혹은 교인분들은 교회를 위해 이런저런 노동이 필요하다고 생각하고 있는데, 목사가 전혀 알아차리지 못하고 있지는 않는지 점검해 봐야 할 것 같습니다.

저는 교회를 다니시는 분들이 목사가 어떤 일에 좀 더 에너지를 쏟기를 바라는지 궁금합니다. 물론 운영자의 입장이 아니어서 놓칠 수밖에 없는 부분이 있겠지요. 목사가 해야 할 모든 노동을 말해 달라고 하면 부담스럽겠지만, 이떤 일에 열심을 내고, 어떤 일에 직업 전문성을 갖추면 좋겠는지 피드백을 받아 보고 함께 조율해 나가면 좋겠습니다. 그렇지 않고, 목사가 어떤 노동을 하는

지, 그 노동이 왜 필요한지에 대해 교인들이 공감할 수 없는 상태가 지속되면 교회는 유지될 수가 없기 때문입니다.

2부

'누구나 참여할 수 있는 교회'가 되기 위한 고민들

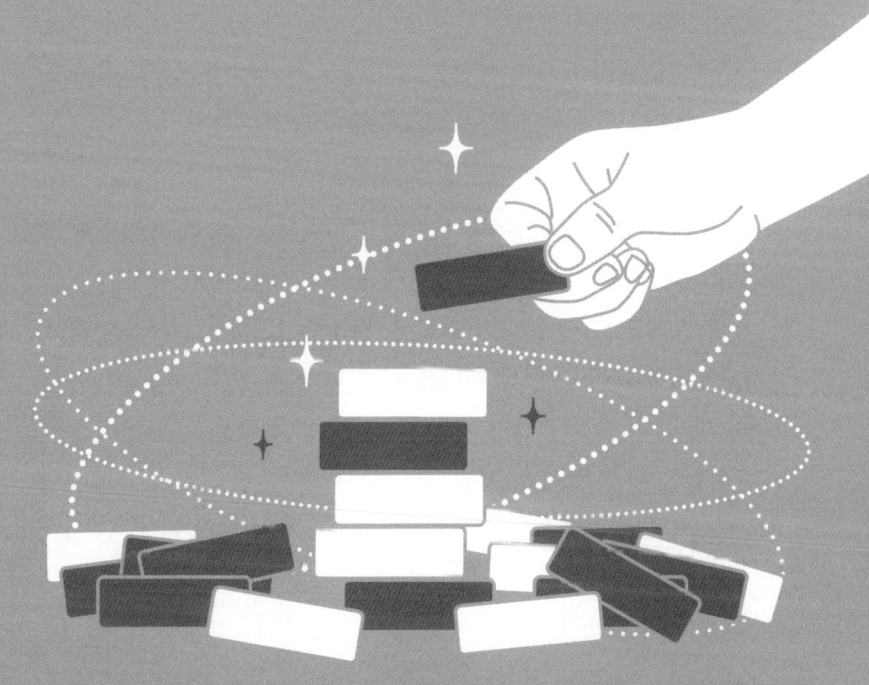

5
과학자는 사탄의 자녀가 아닙니다

교회 다니자마자 창조과학에 빠졌습니다

대학교 2학년 때 저는 믿음이 과도하게 뜨거웠습니다. 종교적 체험을 한 지 얼마 안 되었기 때문에, 세상의 모든 것이 하나님의 음성처럼 들렸습니다. 교회나 IVF에서 성경을 문자주의적으로 가르치지 않았음에도 불구하고, 저는 문자주의 신앙을 갖게 되었습니다. 주변에 보수적인 사람이 많았던 것도 아닙니다. 서점에서 구한 기독교 관련 책들의 영향을 많이 받았습니다. 문자주의적이고, 별로 신뢰할 만하지 못한 정보들이 많이 담긴 콘텐츠들을 자주 접하게 된 것이죠.

서점에 놓인 책이어도 무조건 신뢰해서는 안 된다고, 누군가 경고를 해 주었더라면 얼마나 좋았을까요. 저는 어릴 때부터 서점에서 책 보는 걸 좋아했기 때문에, 서점에 있는 자료라면 모두 믿을 수 있는 이야기라고 판단했습니다. 지금은 아마, 사람들이 유튜브를 통해 기독교에 대한 정보를 많이 접할 텐데요. 저처럼 특별한 계기로 신앙을 갖게 된 사람들이 하나님을 더 알고자 하는 열정만 가지고 유튜브에서 기독교 자료를 찾는다면 어떻게 될까요? 유튜브에 아주 좋은 기독교 콘텐츠가 많은 것도 사실이지만, 조회수로 따지면 조금 문자주의적인 콘텐츠의 인기가 더 많습니다. 조심스럽게 분별하며 시청해야 할 콘텐츠를 먼저 접하게 될 확률이 높을 것 같습니다.

아무튼 서점을 좋아하고 맹신했던 저는, 주변에서 아무도 창조과학을 공부해 보라고 권하지 않았음에도, 자발적으로 창조과학 추종자가 되었습니다. 창조과학회가 펴낸 책을 서점에서 발견했기 때문이죠. 당시에 성경의 첫 장에 나오는 7일 창조가 믿기지가 않아서 힘들었는데, 유일하게 창조과학회의 설명은 납득이 되었습니다.[1] 창조과학회의 내용을 요약해 보면 다음과 같습니다.

> 창세기 6장에 나오는 전 지구를 덮는 노아의 홍수는 실제 역사적 사건이었고, 현대의 과학자들이 연구하는 모든 데이터들은 대홍

---

[1] 지금의 제가 성경의 첫 장을 납득하지 못하는 대학교 1학년의 저를 만났더라면, 다음과 같이 설명해 줬을 것 같습니다. "성경은 창세기 1장과 2장의 서로 다른 두 가지 창조이야기로 시작됩니다. 창세기 1장은 차분하게 정돈된 언어로, 마치 현대의 우주물리학자가 세상의 기원을 설명하듯이 창조신앙을 고백합니다. 창세기 2장은 창조의 과정 중에 사람의 창조에 조금 더 집중하고 있고, 학교에서 선생님이 아이들에게 옛날이야기를 들려주는 것과 같이 창조신앙을 고백합니다. 창조의 순서, 과정에 관한 과학적 사실을 말하는 게 성경의 목적이 아닙니다. 창세기 1장과 2장에서 이미 창조의 순서에는 차이가 있기 때문입니다. 그보다는 창조의 과정에서 왜 하나님께서 '좋았다'라는 감탄을 많이 하셨을지, 아담이 하와를 보았을 때, 그러니까 사람이 사람을 보았을 때도, 사람이 사람에게 감탄하는 장면이 나오는데, 왜 이렇게 경탄하는 장면이 많은지 이유를 상상해 보면 좋겠습니다. 그리고 다른 고대의 창조이야기와 다르게 신들 간의 전쟁에 관한 이야기가 없이, 너무나 평화로운 이야기로 묘사되었는지, 그리고 하나님께서 왜 여러 절차를 두어 창조의 작업에 정성을 쏟는 것으로 묘사를 하였는지, 왜 '안식'이라는 쉼을 통해 창조를 완성하신 것으로 묘사하고 있는지 등 우리에게 많은 질문을 건네는 본문이 창세기 1~2장입니다. 그 누구도 정확한 답법을 가지고 있는 것은 아니니, 자유롭게 상상해 보시길 바랍니다."

수를 전제로 하지 않은 결과물이라서 신뢰해서는 안 된다. 모든 생물은 하나님께서 손수 하나하나 디자인해서 만든 작품들이지, 진화생물학자들이 말하는 것처럼 자연적인 진화 현상으로 생겨난 것이 아니다. 그리고 옛날에는 하늘에 물이 있는 궁창이 있어서 자외선 차단 효과(?)로 인해 사람들이 실제로 수백 년을 살았다. 따라서 창세기 1~11장에 나오는 수백 년간 살았던 사람들의 이야기도 모두 사실이고, 성경의 족보에 따르면 이 우주의 역사는 6천 년이다.

물론, 이후에는 우주의 역사를 6천 년이라고 한 것이 마음에 걸렸는지 약간의 수정안도 나왔습니다. 일반 과학자들이 말하는 137억 년의 우주 나이, 46억 년의 지구 나이는 인정하되 생물의 진화는 소진화(종 안에서의 진화)만 인정한다는 것이었습니다. 이러한 수정안을 '오래된 지구론'이라고 하고, 앞서 말씀드린 '우주 나이 = 6천 년'을 주장하는 안을 '젊은 지구론'이라고 합니다.

둘 다 만만치 않게 놀라운 이야기인데요. 저는 당시에 '젊은 지구론'에 빠졌습니다. 그래서 제가 지금까지 수능 시험 보려고 공부했던 모든 과학을 불신하게 되었습니다. 제가 읽었던 책에서는 세상의 모든 과학자들이 사탄의 꾐에 빠져들어서 악마들이 화석을 가지고 장난치는 것에 놀아나고 있다고 이야기를 했는데요. 그래서 과학자는 하나님의 적이고, 창조과학의 이야기를 더 알려야 한다는 생각과 열정을 갖게 되었습니다.

그래서 신앙을 갖게 된 지 몇 달 되지 않아, 교회 안 다니는 대학 친구들을 모아 소그룹을 운영하며, 열심히 창조과학을 소개했습니다. 지금 생각해 보면 정말 말도 안 되는 이야기를 했던 건데, 소모임에 나왔던 친구들이 교회는 안 나왔어도 '창조과학 이야기가 재밌긴 하다'는 피드백을 주었던 기억이 납니다. 솔직히 음모론 이야기는 세상의 대다수가 속고 있고, 이 이야기를 공유하는 소수만이 진실을 알고 있다는 느낌을 주기 때문에 사람들이 흥미를 느끼는 것 같습니다. 말이 되느냐 안 되느냐는 부차적인 문제일 수 있는 것이죠.

과학자가 사탄의 부하가 아니었다니…

일반 과학자들에 대한 혐오감을 품고 신학교에 입학을 했는데, 신학교에서 과학자들이 사탄의 자녀가 아니라는 말을 듣고 충격에 빠졌습니다. 신학과 과학 분야를 전공하고 막 한국에 오신 교수님을 통해 창조과학이 유사 과학이고, 사실은 교회에서는 가르쳐서는 안 되는 내용이라는 말을 들은 것입니다. 창조과학이 말하는 성경 해석은 신학자들도 동의하지 않는 내용이고, 교회는 문자주의를 가르친 적이 없다고도 했습니다.

저의 20대가 부정당하는 이야기였기 때문에, 쉽게 받아들일 수는 없었습니다. 노아 홍수는 실제 사건이고, 하나님은 노아의 가족 빼고 지구상의 모든 생물을 다 죽이셨어야만 했고, 그래서 과학자는 하나님의 적이어야 했는데, 이 모든 게 사실이 아니라고 하니 충격을 크게 받았습니다.

교수님이 "그런 음모론에 빠지는 걸 보니, 선도사님의 지적 수준에 문제가 있어 보이네요. 목사는 하면 안 될 것 같아요"라는 뉘앙스로 말씀하셨으면 아마 설득되지 않았을 것 같습니다. 그게 아니라, 너무나 따뜻한 태도로 신학과 과학의 주제들을 설명하시는 모습을 보면서 저도 어느새 '내가 잘못 생각했을 수 있겠다'는 가능성을 열어 두게 되었습니다.

그래서 같은 IVF 출신이면서 서울대학교에서 천체물리학을 가르치는 교수님을 직접 찾아갔습니다. 블랙홀을 연구하는 분에게 지질학 질문을 하러 간 건데요. '전 지구를 덮는 홍수가 없었다는 게 사실이냐'고 따지듯 물었는데, 이 교수님도 화내지 않으시고 친절하게 설명해 주셨습니다. 확실히 직접 만나 보니 과학자분들이 사탄의 자녀들은 아니라는 걸 알 수 있었습니다. 신학교 강의실에는 다행히(?) 저 말고도 창조과학 쪽에 마음을 뺏긴 분들이 많았는데, 저처럼 탈출에 성공한 사람도 있고, 졸업할 때까지 문자주의 신앙을 붙잡는 분들도 많았습니다.

하나님께서 이 우주를 창조하셨고, 돌보고 계시고, 언젠가는 더 아름답게 리모델링(?)하실 것이라는 창조 신앙이 왜 특정 분야의 연구자들을 향한 혐오감으로 전환되었을까요? 제 과거를 돌아보는 것이 이 모든 고민의 시작점입니다. 누가 저에게 그러라고 가르친 것도 아닌데, 왜 종교를 갖자마자 누군가를 배제하는 방법에 동의가 되었고, 그러면 안 된다는 일반적인 윤리 감각을 상실하게 되었을까요?

제가 생각을 잘못했다는 판단을 하게 되자, 다시 신앙의 열심을 내는 데 주저하게 되었습니다. 또 뜨거워졌다가는 잘못된 정보로 누군가에게 피해를 줄 수도 있다는 불안감이 무의식에 자리 잡게 되었던 것 같습니다. 그래서 믿음의 열정을 가져도, 이게 누군가에게 피해를 주지 않을 수 있는 방법을 찾아내야만 했고, 그러한 안정감을 확보하는 일이 제가 하는 목회 노동에서 가장 중요한 일이 되었습니다. 마치 안전장치를 충분히 만들어 놓은 놀이동산이어야만 편하게 즐길 수 있는 것처럼 말이죠.

교회에서 마주한 창조과학

저는 개척교회를 하기 전에 청소년부에서 2년 일하고, 청년부에서 4년 일했습니다. 다행히 창조과학에서 벗어난 상태로 교회 일을 시작했는데요. 과학을 바라보는 교회의 기본 세팅값이 창조과학이었다는 점을 알고 조금 놀랐습니다. '아, 나만 속은 건 아니구나'라는 안도감도 생기긴 했지만, 그냥 모른 척하기에는 너무 큰 문제로 느껴졌습니다. 제가 만난 청년 중에는 자기는 과학 시험을 볼 때 항상 백지를 냈다는 분도 있었습니다. 신앙과 과학이 충돌하니, 학교에서도 신앙을 지켜야 한다는 생각에 그랬다는 것입니다. 주일 아침에 창세기 성경공부 모임을 열었던 적이 있는데, 진화론 문제로 고민하는 의대생분들도 만났습니다. 나중에 알고 보니 기독교 의료인 안에서도 창조과학 쪽 주장을 펴는 분들이 있다고 하더라고요. 의료인이 해야 하는 일이 사람을 치료하는 일이니까, 그 일에 전문성만 있다면, 사실 창조과학 쪽 주장을 믿어도 큰 문제는 없다고 생각합니다. 다만, 서로 다른 입장의 기독교 신앙으로 살아갈 수 있는데 그것을 수용하지 못하고 비난을 하게 되는 게 문제겠지요.

창조과학을 수용하거나, 창세기의 7일 창조, 노아 홍수 이야기 등을 문자적으로 믿는 것도 괜찮다고 생각합니다. 저는 그렇게 설명하지는 않지만, 만약 저희 교회에 나오게 되신 어떤 분이 "나는 어렸을 때부터 노아 홍수를 믿어 왔고, 노아 할아버지 그림을 그리며 교회를 다녔기 때문에 반드시 사실로 믿어야 한다" 하면, 굳이 "그 생각은 틀렸으니 길섶교회 나오시면 안 됩니다"라고 할 필요는 없다는 것입니다. 저랑 생각은 다르지만, 그런 신앙의 역사가 있다면 당연히 존중해야 할 일이라고 생각합니다. 본인이 과학과 관련된 일을 하고 있지 않거나, 주변에도 과학 전공자가 없고, 일반 학교를 다니는 청소년이 없는 경우에는 창조과학을 주장해도 아무 문제가 없다고 생각합니다.

다만, 교회에 창조과학을 불편해하는 과학 전공자가 자기 의견을 말했을 때 신앙적으로 정죄를 해서는 안 되는 일이죠. 그것은 교회 모임의 바꿀 수 없는 룰입니다. 성경을 각자 해석해서, 자신의 전공 지식과 더불어 소화를 해야 하는데, 창세기를 문자적으로 읽고, 그래서 과학 전공자를 교회 안에서 직접적으로 비난한다면 저는 운영자로서 경고를 할 수밖에 없을 것 같습니다. 이런 이야기를 꺼내는 이유는, 실제로 교회 안에서 성경 해석의 문제로 비난을 받아 온 과학 전문가분들을 많이 만났기 때문입니다. 페이스북이나 유튜브를 통해 과학 쪽에서 일하시는 분들이 교회에서 십자가 고난을 받으셨다는 간증들도 계속해서 듣게 되었습니다.

저 또한 교회에서 성경공부를 가르치면서, 십자가 고난까지는 아니지만 채찍질 한 번 당하는 정도의 고난을 받은 적이 있습니다. 20대의 저였더라도, 신학적인 설명을 하는 목회자를 봤다면 주저 없이 공격했을 것이기에 딱히 불만은 없었습니다. 다만 평생 말을 못 하고 사는 건 아닌 것 같아서 다른 방법을 찾아야겠다는 생각이 들었습니다. 그래서 '과학과신학의대화'(과신대)라는 단체를 시작하는 과정에 참여하게 되었습니다. 다양한 분야의 전문가들을 만나고, 또 이런 주제에 관심이 있는 목회자, 청년분들을 만나면서 저도 많은 것을 배울 수 있었습니다. 과신대 안에서 청년 모임을 준비해 진행하기도 했는데요. 교회에서 교회 일에 집중하라는 따뜻한(?) 권면을 받아서 아쉽게도 과신대 활동에 오래 참여하지는 못했습니다. 하지만 정말 좋은 배움이 있던 곳이고, 그 단체의 존재 덕분에 과학적 소양이 기독교 신앙과 부딪히는 것은 아니라는 인식이 한국교회에 퍼져 나갈 수 있었다고 생각합니다. 길섶교회에도 과학 전공자분이 계신데요. 앞서의 경험들 덕분에 과학 전공자분을 쫓아내는 게 아니라, 교회의 핵심 멤버로 받아들이고 존중할 수 있게 되었습니다.

진화하는 우주, 생물, 교회

과학에서 말하는 진화란 '업그레이드'가 아닙니다. 경쟁 사회에서 치열하게 살다 보니까, 진화라는 말만 들어도 '레벨 업'을 하라는 압박으로 느껴지기도 하는데요. 과학에서의 '진화'는 가치 중립적인 의미입니다. 다윈은 진화라는 개념을 '변화를 동반한 계승'(descent with modification)이라고 설명했습니다. 생물의 특정한 성질이 세대를 거쳐서 계속해서 유지되는데, 환경의 변화에 따라 생물에 변화가 생겨난다는 것입니다.

다윈은 노예선을 타고 핀치 섬을 돌며 섬의 새들이 변화하는 양상을 보게 되었습니다. 아직은 '유전자'라는 개념이 없던 시기였기 때문에, 생물의 외형에 나타난 변화들을 토대로 아이디어를 찾아내야 했습니다. 생물이 긴 시간대를 두고, 다양한 환경에 적응하는 과정 가운데 '변화'를 동반한다는 가설은 이후의 여러 과학적 발견을 토대로 지금까지도 인정되는 중요한 과학 이론입니다. 신학과 같은 인문학에서 말하는 '이론/가설' 과는 다른 범주의 '이론'으로, 다양한 화석 자료와 유전자 분석을 토대로 한 근거들을 지닌, 현재까지 흔들리지 않는 설득력 있는 '이론'입니다.

진화론은 원숭이에서 사람이 되었다는 걸 주장하는 것이 아니라, 원숭이와 사람이 아주 오래전에는 공통 조상을 가졌을 수도 있지만, 어느 시점부터 다른 변화의 과정을 갖게 되었다는 것을 주장합니다. 다윈은 이것을 '생명의 나무'라는 개념으로 설명하는데요. 생물의 변화 단계라는 것이 일직선 상의 위계적인 구조가 아니라, 환경에 따라 다르게 갈라지고, 갈라지며 수많은 변화 양상을 갖게 된다는 개념입니다.

진화론과 함께, 전자기이론, 빅뱅이론 등의 과학적 사실(이론)들은 종교와는 다른 범주의 이야기들입니다. 우리가 살고 있는 자연 세계를 합리적인 근거들을 토대로 설명하려는 신뢰할 만한 틀거리이지요. 과학 이론들은 종교를 공격하려는 의도를 가지고 있거나, 종교를 옹호하거나 하는 것이 아닙니다. 그래서 신을 인정하는 진화론, 신을 부정하는 진화론, 신을 인정하는 빅뱅이론, 신을 부정하는 빅뱅이론과 같은 개념은 성립될 수 없습니다.

최소한의 과학적 교양과 최소한의 신학적 교양을 토대로 성경을 해석해야 하는데요. 그렇지 않으면 "공룡도 노아의 방주에 탔다"라는 식의 이상한 이야기가 생산됩니다. 혹은 '옛날에는 하늘에 물이 많아서 자동으로 자외선 차단이 되었기 때문에 선크림을 안 발라도 되었다'와 같은 엉뚱한 이야기가 만들어질 수도 있겠죠.

그보다는 과학이 알려 주는 교양과, 성경을 토대로 다양한 질문과 상상적인 답변을 찾아보는 게 좋겠습니다. 지금 이 글을 쓰는 저와 읽는 당신도 진화의 단계 한가운데 있습니다. 글을 쓰고 읽는 존재이니 최고로 발달한 존재라는 것이 아니라 147억 년 우주의 변화 가운데 상상할 수 없는 수많은 우여곡절의 단계를 거쳐서 어떠한 환경에 놓이게 된 존재라는 것입니다. 우리를 구성하는 물질들은 과거의 어떤 별의 잔해들이고, 물질의 결합들 속에서 생물학적인 기관들이 만들어지고, 감정과 생각을 '자아'라는 통합체로 유지하는 기억을 갖춘 존재가 되었습니다.

종교가 아닌 일반적인 세계관으로 보자면 이것은 기가 막힌 우연입니다. 우주를 인식하는 자아를 가진 존재가, 우연의 연속 속에 존재하게 된 것이니까요. 기독교의 창조신앙 고백으로 보자면, 하나님의 오랜 기다림 속에서 세상은 변화하고 있고, 하나님을 조금 다른 방식으로 찾을 수 있는 생물이 만들어진 것입니다.

현대 과학이 알려 주는 이야기와 창세기의 7일 창조 이야기는 공존할 수 없는 이야기일까요? 저는 그렇게 생각하지 않습니다. 우리는 자연이라는 하나님의 작품과, 성경이라는 사람의 고백을 통해 하나님을 찾을 수 있는 작품, 두 가지의 길을 함께 놓고 하나님의 창조를 상상할 수 있다고 봅니다. 창세기 2장은 분명히 '인간 원리'의 개념으로 해석할 수 있지만, 창세기 1장의 창조는 덤덤하게 우주를 하나님 중심으로 의미 지으려는 중립적 태도로 읽어 낼 수도 있습니다.

'진화'라는 개념을 교회에 적용해 보면 어떨까요? 진화를 '변화를 동반한 계승(descent with modification)'이라고 이해할 때, 교회는 무엇을 계승하고 있고, 어떻게 바뀌고 있으며, 얼마나 바뀌어도 '교회'라고 할 수 있을까요? '변화가 많이 일어난 교회가 더 우월한, 업그레이드된 교회'라는 생각은 버려야겠습니다. 그것은 과학의 생물학에서도 인정되어서는 안 되는 가치판단이고, 교회에도 마찬가지이겠죠. 오랜 전통을 최대한 많이 유지하며, 건축양식과 예전을 보존하려는 교회는 그 교회로서의 독보적인 아름다움이 있습니다. 반면에 상황에 맞게(길섶교회의 경우 온라인으로 모임을 하는 것처럼) 변화하며 새로운 도구들을 사용하려는 교회들도 나름의 독보적인 아름다움이 있다고 할 수 있지 않을까요? 생물이 다양하게 진화되어서 서로 밸런스를 맞추며 살아가듯이, 교회도 멸종되지 않으려면 다양한 모습의 교회 커뮤니티들이 생겨나서 사람들이 적응할 수 있는 확률을 높여 주어야 한다고 생각합니다.

6
서로 다른 젠더가 모이려면 논의해야 하는 것들

세계 교회는 이미 성소수자와 함께 합니다

성소수자 이슈는 저에게 직접적으로 와닿는 주제는 아니었습니다. 다만, 신학교에 들어가기 전에 접했던 정보들을 통해 '기독교인은 동성애에 반대해야 한다'는 생각을 가지고 있었습니다. 누구의 이야기에 설득이 된 건지는 모르겠지만, 주로 접했던 기독교 콘텐츠들이 그런 목소리를 내고 있으니, 어느새 그런 주장이 가치관으로 정립되었던 것 같습니다.

하지만 신학교에 들어가서, 오늘날의 성소수자 이슈와 성서 시대의 동성애 이슈는 조금 다른 차원의 주제라는 것을 알게 되었습니다. '성소수자와 기독교'에 관한 내용을 시작하기 전에 먼저 말씀드리고 싶은 이야기가 있습니다. 10년 전쯤, 제가 신학교에 입학했을 때는 성소수자에 관해 교회가 어떻게 환대해야 하는지를 배웠다는 것입니다. 이미 해외에는 성소수사 목회자들, 신학 교수들이 함께하고 있다는 것을 신학교에 가서야 알았습니다. 물론 성소수사에 대해 중립적인 입장을 가진 신학 교수님도 있었지만, 강의실에서는 자유롭게 이런저런 이야기를 꺼내며 토론할 수 있는 분위기였습니다. 물론 당시에도 교회에서는 말을 조심해야 했지만, 적어도 제가 경험한 신학교는 세계교회의 흐름을 쫓아가서 어떻게든 많은 이들을 환대할 수 있는 기독교 정신을 갖추고, 교회를 그런 방향으로 나아갈 수 있도록 도와줄 역량을 갖춘 공간이었습니다.

앞서 소개해 드렸던 독일개신교교회협의회(EKD)의 예를 들어 보겠습니다. EKD에서는 1994년부터 2년간 성소수자 이슈를 두고 교회가 여러 분야의 전문가들과 토론을 했고, 그 결과를 1996년 문서로 정리하였는데요. EKD 홈페이지에서 찾아볼 수 있는 1996년, EKD문서의 한 부분을 인용해 보겠습니다.

> 성경에서 사랑의 계명이 하나님의 뜻의 전형(레 19:18, 막 12:28~34, 롬 13:8~10, 갈 5:14)으로서 갖는 중심적 중요성을 고려할 때, 인간에 대한 하나님의 구원 의지의 전형인 사랑의 계명과 동성애 동거 형태에 대한 윤리적으로 책임 있는 형성의 문제 사이에 관계가 성립되어야 합니다. 사랑의 계명은 예외 없이 포괄적으로 적용되므로 동성애 동거도 그 유효성에서 제외될 수 없기 때문입니다. 복음의 빛, 즉 하나님의 은혜의 약속 아래에서 동성애의 실천에 관한 부정적인 진술은 그들이 하나님의 공동체로부터 확실히 배제된다는 것을 의미하지 않습니다. 동성애 행위 자체만을 언급할 뿐 윤리적 형태는 자세히 언급하지 않기 때문입니다. 이러한 관점에서 본다면, 성경의 전체적인 증언에 비추어 볼 때, (다른 대인 관계와 마찬가지로) 동성애 관계를 형성하는 데 결정적인

것은 당사자들이 하나님과 사람들에 대한 사랑으로 살고 있는지의 여부, 즉 관계의 부담을 기꺼이 받아들이려는 의지가 포함되어 있는가에 대한 여부라고 말해야 합니다.[2]

EKD 문서는 세계보건기구(WHO)가 동성애를 질병 목록에서 제외한 사실, 그리고 인구의 1~10% 사이로 성소수자가 존재한다는 객관적인 사실을 적시하고 나서 이야기를 시작합니다. 그리고, 성경에는 분명히 동성 간의 성행위에 관한 부정적인 메시지가 곳곳에 있어서 오늘날의 현대인들이 이해하는 의학, 과학, 인권에 관한 내용과 긴장을 일으키는 것을 인정합니다.

하지만 하나님과 이웃을 사랑하는 예수님의 이중 계명을 성경을 해석하는 중심 원리로 붙잡고 보면, 성다수자의 이성애 사랑에서도 그것이 하나님께서 기뻐하시고 교회의 본이 되는 사랑이냐 아니냐의 기준은 사랑하려는 대상을 배려하고, 서로의 책임을 다하며 공동으로 살아가려는 의지가 있는가라고 제시합니다. 그리고 이것은 성소수자에게도 동일하게 적용할 수 있습니다. 따라서 성소수자가 서로 돌보려 하고, 지속적인 사랑의 책임을 다하려 한다면, 그것은 성의 행동으로 끝나는 일회적인 것이 아니라, 하나님과 교회가 인정할 수 있는 '사랑'의 한 형태라고 볼 수 있다는 것입니다. 이 문서의 뒷부분에는 그래서 성소수자 목회자가 주의해야 할 내용들, 윤리적 책임들에 대한 토론도 이어집니다. 독일뿐만 아니라 세계교회는 이미 1990년대에 성소수자를 교회가 인정할 것인

---

[2] EKD의 1996년 '긴장과 더불어 살아가기(Mit Spannungen leben)' 독일어 전문 링크 : https://www.ekd.de/spannungen_1996_homo.html

가 아닌가의 논의 수준을 넘어 성소소수자 목회자의 윤리와 책임에 관한 논의들도 진행되었던 것이죠.

감리교, 장로교,[3] 성공회 등 세계 개신교의 웹사이트를 가보면 성소수자에 대한 이러한 열린 태도의 합의문들이 1990년대를 기준으로 확정 및 공유되는 것을 알 수 있습니다. 물론 각 교단 안에서 소수의 반대 그룹들은 항상 있는데요. 규모로 봤을 때는 그런 그룹이 소수입니다.

다만 한국인들이 있는 교회는 그렇지 않습니다. 이게 저도 궁금한 점입니다. 저는 한국교회에서 갑자기 반동성애 운동이 시작된 것을 신학적인 이유로 보지는 않습니다. 말씀드렸듯이 제가 신학교를 다닐 때는 그런 분위기가 아니었으니까요. 최근 5년 사이에 진행된 교회의 정치 이슈(세습과 같은)들을 보면 왜 뜬금없이 성소수자에 대한 혐오 발언들이 급증했는지 이유를 추정해 볼 수 있습니다.

교회의 리더십이 특정한 정치적 이유로 교회에서 비중이 적은 소수자를 타깃 삼아 '적'을 만드는 것은 매번 반복되는 패턴 같습니다. 제가 신학교를 다닐 때, 혹은 그전에는 그 대상이 '과학자'였다면, 최근에는 '성소수자'로 바뀐 것뿐이지요. '성소수자들이 교회를 무너뜨리고 있다'라는 메시지가 교회에서 통했다는 것은, 그동안 교회 안에서 젠더, 섹슈얼리티, 성평등과 같은 주제에 대한

---

[3] 미국 장로교도 PCUSA와 PCA로 나누어질 때, 성소수자를 옹호하는 PCUSA의 규모가 컸습니다. PCUSA미국장로교의 홈페이지를 가보면 2014년 총회에서 결혼에 관한 표현을 '한 남자와 한 여자의 결혼'에서 '두 사람의, 전통적으로는 한 남자와 한 여자의 결혼'으로 수정하였다고 나와 있습니다. 2014년 PCUSA 미국 장로교는 동성간의 결혼을 인정하고 교회가 축복하기로 결정한 것입니다.

토론과 공부가 부족했다는 것을 방증한다고 생각합니다.

성서 시대의 동성애, 오늘날의 동성애

현대사회에서 보통 수준의 젠더-감수성을 갖추고 살아가기 위해, 또한 성서가 쓰인 고대 세계의 세계관을 이해하기 위해 젠더와 섹슈얼리티라는 개념을 짚고 넘어가야 할 것 같습니다.

젠더(Gender)라는 말은 사회문화적으로 학습되고, 또 스스로 만들어 가는 성정체성을 포함하는 성 중립적 언어입니다. 현대사회는 수천 년간 지속되어 온 '성차별'의 문제를 인식하고 개선하고자 노력하고 있는데요. 그래서 경찰의 영어 표현인 '폴리스맨(Policeman)'과 같이 '맨(man)'이라는 남성언어로만 사용되었던 호칭들도 '폴리스오피서(Police officer)'와 같은 성 중립적 언어로 바꾸어가는 것입니다.

성경에서는 2인칭 복수 형태의 성서 언어를 그동안 '형제들아'로 번역했다면(고대 성서 언어의 2인칭 복수는 남성형으로 남성, 여성을 모두 포함합니다), 이제는 '여러분'과 같은 성 중립의 2인칭 언어로 바꾸어서 번역하는 것도 기본적인 성평등 공동체를 만들어 가기 위한 작은 노력입니다.

섹슈얼리티(Sexuality)는 개인의 성적인 심리, 정체성, 가치관과 함께 성의 실천을 포함하는 언어입니다. 개인의 정체성(Identity)과 신천, 활동(activity)과 관련된 언어이며, 결혼을 했든 안 했든, 연애를 하고 있든 아니든, 성에 관련된 정체싱과 활동은 개인의 정체성을 구성하는 요소이기에, 그 누구도 함부로 침범해서는 안 되는 영역입니다. 현대사회에서 사람과 사람이 마주하기 위해서는 함부로 침해하지 않아야 하는 영역이 젠더와 섹슈얼리티 영역이지요.

앞서 성소수자의 인구 비율이 1~10% 라고 했듯이, 현대사회는 LGBTQI+로 소개되는 다양한 성정체성을 가진 개인들이 있음을 인정하게 되었습니다. 성다수자와 달리 동성에게 성적인 매력을 느끼는 경우도 있고, 자신의 '생물학적 성'과 자신이 느끼는 '성정체성'이 다른 경우도 있습니다.

길섶교회에도 성소수자분이 함께 하고 계시는데요. 성다수자와 조금 다른 정체성을 가지고 있기에 배우는 점이 매우 많습니다. 가부장적인 성 고정관념, 이성애적인 성 고정관념들이 제 안에도 얼마나 많았는지를 공동체로 함께 살아가면서 배우고 있습니다.

교회의 반동성애적 설교의 문제점은 성소수자인 분들이 교회에서 자기 정체성을 말하지 못하게 하고, 잘못하면 자신의 존재 자체가 '죄'라고 생각되게 해서 '자기혐오'에 빠질 수 있게 만든다는 데 있습니다. 나아가 자신의 섹슈얼리티 자체를 부정하게 만듭니다. '성적인 욕구'를 하나님이 주신 '인간성의 일부'가 아니라, 하나님께서 분노하실 죄의 근원으로 이해하게 되면, '성적인 모든 것'에 대한 과도한 억압이 생길 수 있습니다.

저는 이게 '성소수자 혐오 현상'과도 연결되어 있을 수 있다고 생각합니다. 어렸을 때 저는 교회를 다니지는 않았지만, 이상하게 성의 주제에 관해서는 스스로 억압했고, 보수적인 가치관을 가졌습니다. 자연스레 스스로에 대한 일종의 '자기혐오'도 가졌던 것 같고요. 스스로에 대한 혐오가 쌓이다 보면, 이게 종교적인 열정과 합쳐져서 누군가를 공격하려는 성향을 갖게 되는 것 같습니다. '동성애자분들은 성의 욕망을 절제하지 못하고, 하나님께서 기뻐하시지 않는 방법으로 성적인 활동을 하는 사람들이다'라고 생각하면서 자기의 문제를 투사하게 될 수도 있는 것이죠.

성소수자 하면 가장 이슈가 되는 성경 본문이 로마서 1장 26~27절입니다. 제가 생각할 때, 헬라어 원어의 뉘앙스를 잘 표현했다고 보이는 NASB 영어성경 번역본의 로마서 1장 26~27절과 그것을 한국어로 번역한 본문을 함께 살펴보겠습니다.

> For this reason God gave them over to degrading passions; for their women exchanged the natural function for that which is unnatural, and in the same way also the men abandoned the natural function of the woman and burned in their desire toward one another, men with men committing indecent acts and receiving in their own persons the due penalty of their error (롬 1:26~27, NASB)

> 이런 이유로 하느님께서는 그들을 타락한 정욕에 넘겨 주셨습니다. 그들의 여자들은 1)자연적인 기능(관계/τὴν φυσικὴν χρῆσιν)을 2)자연에 반하는(παρὰ φύσιν) 기능으로 바꾸었고, 같은 방식으로 남자들도 여자와의 자연적인 기능(관계)을 버리고 서로에 대한 욕망에 불타서 남자와 남자가 부끄러운 행위를 저지르고 그들의 잘못에 대한 정당한 형벌을 그들 스스로 받았습니다. (롬 1:26~27, NASB성경 한글번역)

밑줄 친 1번의 자연적인 기능(natural function)을 개역개정 성경에서는 '순리', 새번역에서는 '바른 관계', 그리고 가장 최근에 나온 번역본인 새한글성경에서는 '자연스러운 관계'라고 번역을 했네요. 바울은 1세기의 세계관 안에서, 동성 간의 성적인 관계를 갖는 것이 '자연에 반하는' 문제가 있고, 이것은 (로마서의 앞 맥락을 따지고 보면) 사람들이 우상을 섬기면서 타락한 욕망을 갖게 되어 생긴 현상으로 이해하고 있습니다.

세계적인 신약학자이자, 예일대에서 20년간 신약학을 가르치고 은퇴한 데일 마틴(Dale B. Martin)[4]은 「성과 독신 구원자(Sex and the Single Savior)」라는 책에서 로마서 1장을 이해하기 위한 배경을 소개합니다. 바울과 동시대의 유대인 알렉산드라의 필론(Philon, BC 30~AD 45)의 주장을 다음과 같이 요약하였습니다.

① 아름다운 남성에 대한 남성의 끌림은 "자연스러운"(포만감이 자연적 산물인 것과 같이) 것으로 간주되므로 동성애 욕망 자체가 "자연에 반하는" 것은 아니다.

② 그러나 동성 성교는 욕망의 과잉에서 비롯될 수 있으며 욕망이 한계를 초과하도록 허용하면 "자연을 넘어서는" 행동으로 이어진다.

③ "부자연스러운" 것으로 간주되는 동성 성교의 측면은

---

4 데일 마틴은 성소수자 당사자입니다. 역사학적 방법론으로 성서 시대의 고대 그리스로마 사회문화와 초기 그리스도교를 연구한 성서학자입니다. 초등학교 2학년 때 자신의 성정체성을 알았고, 하나님의 뜻은 자신의 성정체성을 수용하는 것이라고 받아들일 수 있게 된 것은 서른살쯤이었다고 합니다. 관련된 내용은 유튜브에 "INCLUDED 2021: What Does The Bible Say? with Prof Dale B Martin"라고 검색하시면 나오는 데일 마틴의 2021년 인터뷰 영상에 있습니다. (https://youtu.be/ppK4XG3urKo) 데일 마틴의 예일대학교 신약성경 입문 강의도 공개강의로 오픈되어 있어서 유튜브에서 찾아보실 수 있습니다. 강의 내용이 2019년에 "신약 읽기 : 역사와 문헌"라는 제목으로 출판되었습니다.

(가) 남성-여성 위계의 붕괴와

(나) 출산을 목표로 하지 않는 성교이다.[5]

데일 마틴에 의하면, 고대 세계는 현대사회처럼 동성애와 이성애의 구분이 명확하지 않았다고 합니다.[6] 고대 그리스에서는 성인 남성(멘토)이 어린 남성(멘티)에게 일정 시간 교사 역할을 했는데, 그들 간에 성적인 관계가 있을 수 있는 것이 문제가 되지는 않았습니다.[7] 다만 어린 남성이 성인이 되었는데도 남성 간의 관계가 있다면 그것은 문제가 되었는데요. 성인 남성은 성적인 관계에서도 능동적인 역할만을 가져야 하는데, 성인 남성과 성인 남성의 관계에서는 한쪽이 수동적인 역할을 해야 하기 때문에, '자연에 반하는' 것이 되는 것입니다. 이때는 욕망을 절제하지 못했기 때문에 죄가 된다는 것이고, 단순히 남성과 남성의 관계이기 때문에 그 자체로 죄라고 하는 개념은 아닙니다.

바울은 필론과 같은 세계관을 공유하는 것처럼 보이지만, 출

---

5   Dale B. Martin, 「Sex and Single savior」, WESTMINSTER JOHN KNOX PRESS, 2004, Chapter4 : Heterosexism and the Interpretation of Romans 1:18~32, 전자책 p. 81, 저자 사역. https://www.christianbook.com/single-savior-gender-sexuality-biblical-interpretation/dale-martin/9781611642292/pd/35348EB?event=ESRCN%7CM

6   단, 고대사회에는 현대사회의 성소수자에 대한 이해, LGBTQI+와 같은 다양성에 관한 이해도 없었을 뿐만 아니라, 이성애가 불가능하며, 오직 동성에게만 끌림을 느끼는 선천적 성소수자의 존재에 대한 이해도 있었다는 근거는 없는 것 같습니다.

7   「WBC 성경 주석」로마서 편을 쓴 제임스 던(James D.G. Dunn)도 로마서 1장에 대한 각주에서 고대 세계의 동성애 문화에 대해 언급합니다. 그리스신화와 황제들의 이야기에서 동성애와 관련된 이야기들이 회자되었고, 고대 유대교는 기본적으로 그러한 동성애가 우상숭배와 연결된 것으로 보았다고 이야기합니다. 여기서 중요한 것은 욕망의 과잉으로 인한 동성간의 성 활동에 대한 비판이며, 특히 많은 권력을 가진 존재들이 성적인 사치를 누리는 것에 대한 거부감이 유대교 신앙 공동체에 동성애를 죄의 목록에 두게 된 배경이라고 이해할 수 있겠습니다.

산에 대해서는 말하지 않습니다. 그러한 이해는 2~3세기 이후의 교부들의 글에서 강조되었고, 바울은 출산을 목표로 하지 않는 관계 또한 '자연에 반하는 것'이라고 하지는 않았습니다.

정리를 하자면, 고대의 유대인들과 철학자들 또한 동성애의 어떤 부분을 문제 삼았습니다. 다만 동성에게 끌림을 느낀다는 것 자체를 정죄한 것은 아니고, 오히려 '남성'은 존재의 위계가 '여성'보다 높았기 때문에 남성에게 끌릴 수 있다는 전제가 있었습니다. 성인 남성이 욕망을 절제하지 못하고 다른 성인 남성과 관계를 갖는 것은 각자 남성으로서 위계를 무너뜨리면 안 되는 일이었기 때문에 '자연에 반하는 행위'가 됩니다. 바울이 그 당시의 '동성애 관행'에 관해 얼마나 실제적으로 알고 있었는지는 모르겠지만, 당시의 지식인들이 비판하는 대로, '동성애' 문제를 '욕망'의 문제로 이해했고, 우상숭배와 타락의 문제와 연결 지어서 신앙인들이 어떤 경계심을 가져야 하는지를 이야기하는 하나의 소재로 가져왔을 뿐입니다. 실제 바울이 교회 공동체와 주고받는 편지글들 안에 음행과 욕망에 관한 경고가 항상 있었지만, 동성애로 인해 교회에 어려움이 생겼다는 구체적인 기록은 전혀 없기 때문입니다.

현대사회의 성소수자 이슈는 조금 다른 차원의 이야기입니다. 하나님이 주신 성 정체성을 있는 그대로 수용하고, 성소수자 또한 자신의 성적 정체성과 지향성을 인정하며, 사랑의 대상과 동반자로서 공동의 삶을 소망할 수 있는가, 그리고 그것이 교회 공동체 안에서도 인정될 수 있는 '사랑의 한 형태인가' 하는 논의입니다. 어떠한 '성적인 행동'을 두고, 이것이 죄인가 아닌가를 판별하는 것이 아니라, '사랑과 삶, 공동체'의 문제라는 것입니다.

섹슈얼리티를 사랑과 책임, 연대, 공동의 삶이라는 넓은 범위로 이해하지 않고, 동성 간의 섹슈얼리티(homo-sexuality)를 단순히 성에 관한 특정한 행동 차원에서만 보는 것은 인간을 인간으로 이해하지 않는, 존엄을 해치는 폭력일 수 있습니다.

성평등을 추구하는 교회가 되려면?

신학교를 졸업한 지 7년쯤 되어 갑니다. 신학교에 다닐 때는 여성 신학생의 비중이 30% 정도는 되었는데요. 지금 여성 동기 중에 현장에서 목회자로 활동하고 있는 분은 많지 않습니다. 제도권 교회에서는 청소년 부서부터 주로 남성 목회자가 일을 맡는 경우가 많고, 청년부에 여성 목회자가 있는 경우는 매우 드뭅니다. 교구 목회를 하는 분들 중에 여성 목회자가 있는 경우를 저는 보지 못했습니다. 교회의 여러 부서에서 일했던 경험을 토대로 담임목회 자리도 얻고, 또 교단에서도 어떤 역할을 맡게 되는데요. 제가 경험한 제도권 교단은 굉장히 남성 쪽으로 기울어진 운동장이었습니다. 교단 총회에 참여해서 중요한 결정을 하는 분들은 모두 중년 남성들이죠.

이러다 보니 교회에서 나누어지는 메시지도 남성 중심적인 경향이 많습니다. '아내는 남편에게 순종하라'는 목회서신의 이야기들이 추가적인 해석 없이 그대로 선포됩니다. 그것을 듣는 아내와 남편이 관계가 상당히 좋거나, 또는 교회에서 뭐라 하든 크게 신경을 안 쓰는 분들이면 상관없이 편하게 교회를 다닐 수 있겠지요. 그러나 젠더 이슈에 민감한 20~30대 청년들은 반감을 가질 수밖에 없습니다. 특히 여성 청년분들이 이런 이유로 교회를 많이 떠났는데요. 성평등 의식이 있는 분들이 교회에 남아서, 더 좋은 교회가 될 수 있도록 아래에서 위로 영향력을 미칠 수 있으면 좋았을 텐데 하는 아쉬움이 남습니다.

30대 중반이 넘는 청년들 중에는 결혼이 급한 분들도 있지만, 비혼으로 살아가기로 결정한 분들도 있습니다. 혹은 결혼을 할 수는 있지만 특정한 나이에 할 필요를 못 느낄 수도 있고요. 그리고 결혼을 하더라도, 여러 이유로 자녀를 갖지 않기로 결정한 청년분들도 많았는데요. 교회에서는 '결혼을 하고, 자녀를 가져야 한다'는 메시지가 계속 반복되었습니다. 결혼과 출산이 하나님의 뜻이라고 생각하는 분들이야 그렇게까지 스트레스를 받을 일은 아닐 수 있지만, 다른 방식의 삶을 생각하는 분들에게는 지속적인 압박이 될 수밖에 없습니다.

나중에 길섶교회를 시작하고서는 장년층이 많은 교회와 지속적인 교제를 할 일이 있었습니다. 목회자 없이 평신도분들만 계신 교회였는데, 그분들과의 만남이 지금까지도 저에게 큰 울림으로 남아 있습니다. 목회자가 없는 교회 공동체도 더 많아졌으면 좋겠고, 또 예배가 있는 교회가 아니더라도, 다양한 형태의 모임이 루틴이 되어서 개개인의 신앙생활을 돕는 모임들로 교회가 대체될 수도 있겠다는 가능성을 보았습니다. 그리고 어느 정도 지향점도 비슷하다고 생각해서 길섶교회와 합해서 하나의 교회가 되는 방법도 고민하게 되었는데요. 팬데믹이 시작되면서 그 방법은 어려워지게 되었습니다.

사실 코로나19라는 현실적인 이유 이전에, 당시에 교회에 참여하던 분들이 하나의 교회가 되기 어려울 수 있겠다고 피드백을 줬던 점이 '식사 문제'였습니다. '교회의 여성분들이 식사를 준비하고, 남성분들은 대화를 하며 식사를 기다리는 게 성평등에 맞는 건가?'라는 질문을 그때 처음 받았는데요. 솔직히 그동안 교회 다니면서 한 번도 생각해 본 적 없던 질문이었습니다. 생각해 본 적이 없던 것뿐만 아니라, 참으로 감사한 일이라고 생각해 왔기 때문에 지금도 그 모든 전통이 사라질 필요는 없다고 생각합니다. 각자 잘할 수 있는 은사로 교회를 섬기면 될 테니까요.

하지만 성역할이 고정되었다는 것은 교회를 다니는 20~30대 분들에게는 자신의 미래에 교회에서 할 수 있는 일이 똑같이 반복될 수 있다는 불안을 줄 수 있습니다. 설교로는 "예수님 안에서 남자와 여자가 따로 없습니다(갈 3:8)"라고 하지만 교회의 중요한 의사 결정은 대부분 남성이 하고 있지 않나요?

제가 생각하는 '성평등한 교회'는 다음과 같은 원칙을 지키는 교회입니다.

① 성 불평등을 조장하는 설교, 성적 정체성을 억압하는 설교를 하지 않는다.
② 교회의 운영과 의사 결정에 다양한 젠더가 참여할 수 있게 한다.
③ 교회에서 사용하는 언어를 성평등하게 조정해 나간다.
④ 개인의 젠더, 섹슈얼리티 정체성과 관련된 삶의 방식에도 다양성을 존중한다: 결혼, 비혼, 이혼, 동거 등 개인의 고유한 결정을 존중하며, 교회는 특정한 삶의 방식을 강요하지 않는다.

3번과 관련된 '교회의 언어' 문제는 13장에서 다시 다루어 보겠습니다. 4번에 관한 부분만 조금 더 이야기를 해 보겠습니다. 이 질문을 드려 보면 될 것 같은데요. "성경은 결혼에 대해 어떻게 말하고 있을까요?" 바울은 고린도전서 7장 8~9절에서 다음과 같이 말합니다.

> "결혼하지 않은 남자들과 과부들에게 말합니다. 나처럼 그냥 지내는 것이 그들에게 좋습니다. 그러나 절제할 수 없거든 결혼하십시오. 욕정에 불타는 것보다는 결혼하는 편이 낫습니다." (고전 7:8~9, 새번역)

바울은 로맨틱한 사람은 아니었나 봅니다. 편지를 받는 이들이 결혼을 안 할 수 있다면 그 길을 추천한다고 하네요. 하지만 오늘날 교회에서 이렇게 설교하지는 않지요? 성소수자를 핍박할 때는 바울 편지의 특정 단어나 문장에는 그렇게 집착하면서, 바울이 상당히 길게 설명하고 있는 '결혼'의 문제는 다루지 않는 게 이상해 보입니다. 바울은 절제할 수 없는 사람만 결혼하라고 하고 있습니다. 예전에는 바울도 바리새파였으니까 일찍이 결혼했다가 이혼한 사람인 줄 알았는데요(그런 썰들이 있었습니다). 이런 표현들을 보니 결혼을 안 해 본 사람일 확률이 높다고 생각됩니다. 결혼하면 욕망의 문제가 다 해결될 줄로 알았으니까요.

예수님도 싱글이시고, 바울도 싱글입니다. 예수님은 결혼에 관해 특정한 말씀을 하시지 않으셨습니다. 신앙 공동체로의 새로운 연대로서, 하나님의 뜻을 행하는 사람들이 자신의 새로운 가족이라고 말씀하셨습니다(막 3:35). 바울의 이름으로 전해지는 목회서신들에는 가정에 관한 이야기가 많이 나옵니다. 1세기 후반의 교회 공동체의 확산, 여성 리더십의 활동과 관련된 교회의 고민들로 인해 새로운 정리가 필요한 상황에서 나온 말씀들로 해석될 수도 있습니다.

하지만 목회서신의 편지글들도 '결혼을 해라, 자녀를 많이 낳아라' 이렇게 명령하진 않습니다. 교회 공동체에 가족 단위로 또는 개인적으로 합류한 이들이 주로 모이는 장소가 특정 가족 공동체의 집이었을 테니, 신앙은 공적이기만 한 게 아니라는, 가장 친밀감을 느끼는 가족 구성원안에서도 서로 사랑하기 위해 노력해야 한다는 취지로 읽어 낼 수도 있겠습니다.

그렇다고 예수님의 말씀을 100% 실현해서 "모두가 가족을 떠나 신앙 공동체로 연대하라!" 이럴 수는 없는 일입니다. 많은 경우 한 개인에게 가장 친밀하고 힘이 되고 소중한 울타리는 가족 공동체니까요. 개별 가족 공동체를 존중하면서도 교회는 예수님의 말씀을 몇 % 따를 수 있을지 고민하며, 공동 삶의 새로운 관계망을 만들어야 합니다.

바울의 메시지에도 마찬가지 원리가 적용됩니다. 바울은 결혼을 '비추'했지만, 우리는 특정한 인생의 시기에 열렬한 로맨스에 빠져서 결혼을 준비할 수 있겠습니다. 그것은 좋은 일이고, 축복할 만한 일이고, 응원할 만한 일입니다. 하나님의 명령으로 종교적 의무를 다하기 위해 결혼을 하는 것이 아니라, 서로가 좋아서 공동의 삶을 새롭게 만들어 가기 위해 결혼하는 것입니다. 결혼을 했다고 하나님의 뜻을 더욱 잘 이뤄 내는 것도 아니고, 결혼을 하지 않은 채 1인 가구로 살아간다고 해서 창세기의 "생육하고 번성하라"는

지상명령을 지키지 않는 죄인이 되는 것이 아닙니다. 교회는 개인이 결단하고 살아가는 다양한 삶의 형태를 존중하면서 신앙이라는 이유로 개인이, 가족이 연대할 수 있는 거룩한 울타리를 만드는 일을 해내야 한다고 생각합니다.

7
민주적인 교회, 불가능할까요?

민주적인 사람이 교회를 다닐 수 있을까요?

신학교를 다니면서 교회와 민주주의의 관계에 대해 강의를 듣거나 토론을 해 본 적은 없습니다. 하지만 목회자로 살면서 직접 부딪혔던 일들을 되돌아보면, '교회 민주주의'야말로 우리가 가장 치열하게 고민해야 하는 주제 아닐까 싶습니다. 교회가 어느 교단 소속인지, 어느 전통에 속했는지, 어떤 신학을 추구하는지, 보수적인지 진보적인지보다 더 중요한 게 '교회의 민주적 운영'일 수 있다는 것이죠.

제 개인적인 경험을 먼저 말씀드리면, 신학교를 졸업하고 교회에서 일하는 시간이 늘어 갈수록 교회의 비민주적인 모습을 많이 보게 됐습니다. 의사 결정이 소수에 의해 이뤄지며, 다수는 정보를 차단당한 채 그저 결정에 따라야 하는 모습 말이죠. 교회에 가끔 방문해 예배만 드리는 분들은 교회가 어떻게 운영되는지 자세히 알 필요가 없으니, 예배 시간에 은혜만 받고 돌아가면 주일을 괜찮게 보내실 수 있을 텐데요. 교회를 사랑하는 마음이 평균 이상

(?)이어서 교회 운영에 깊이 관여하고자 하면 할수록, 비민주적인 의사 결정 과정을 경험하게 될 확률이 높아질 것 같습니다.

물론 민주적으로 아름답게 운영되는 교회도 있겠지만, 제 경험상 확률적으로 민주주의와는 거리가 먼 교회가 더 많습니다. 제가 모든 교회를 가 본 것은 아니지만, 목사로 지내다 보니 주변 친구가 다 목사들이어서요. 동료 목사님들끼리 사역지를 찾을 때도 '민주적이고 평등하다'고 소문난 교회에 대해서는 들어 보지 못했습니다. 어떤 교회가 최악인지, 최소한 어떤 교회를 피해야 할지 목록을 공유할 뿐이었지요.

예수님이 직접 교회를 운영하신다면야 약간의 독재(?)에도 기쁜 마음으로 순종할 수 있겠지만(물론 예수님이 교회 구성원의 질문을 막거나, 모든 결정을 혼자 내리지는 않으실 것 같습니다), 지금은 그런 상황이 아니잖아요? 모두에게 하나님의 영이 임하실 수 있고, 신학 정보도 개방돼 있어 개개인이 얼마든지 찾아볼 수 있으며, 교인들도 이미 민주 시민으로서 민주주의 사회를 경험하며 살아가는데도, 많은 교회가 여전히 중세적으로 운영되고 있습니다. 그 이유는 무엇일까요?

어떤 집단이 민주적인지 아닌지를 판가름하는 여러 척도가 있겠지만, 역시 가장 먼저 떠오르는 것은 '자유로운 의사 발언의 가능성'입니다. 여러분이 보시기에는 목회자들이 자유롭게 의사 표현을 하며 살아가는 것 같나요? 소수의 담임목사 말고, 대다수의 목사·전도사·신학생들 말입니다.

가족 이야기나 교회 행사를 제외하고, 개인 소셜미디어에 자기 생각을 올리는 목회자는 소수입니다. 제 관계망이 줄어들어 착각하는 것일 수도 있겠지만, 교회나 신앙에 관해 자유롭게 말할 수 있는 목회자는 점점 줄어드는 것 같아 보입니다. 특히 코로나19 기간에 더 심해진 것 같고요. 왜일까요? 목사가 소신껏 자기 이야기를 했다가는 교회에 '취업'이 안 되기 때문입니다.

직급이 있는 목사들은 소셜미디어를 '감찰'에 활용합니다. 목사를 뽑을 때 소셜미디어를 살펴보고, 평소에도 아래 직급 목회자들이 무슨 글을 올리는지 주시합니다. 그래서 대다수 목회자들은 자기 의견을 소셜미디어에 올리는 것은 둘째 치고 '좋아요'도 함부로 누를 수 없습니다. 실제로 제 동료 목사님 한 분이 제가 쓴 글에 그런 표현을 했다가 지적받기도 했고, 다른 동기 목사님은 제가 포스팅한 글에 대해 온라인상에서 아무런 반응도 할 수 없어 미안하다고 연락을 주기도 했습니다. 목사들의 형편도 이러한데, 교인들이 교회에 효과를 끼친 만한 목소리를 자유롭게 낼 수 있을까요?

아주대학교 심리학과 김경일 교수가 코로나19 기간에 한 인터뷰에서 이런 이야기를 했는데요. 직장 내 회식 문화가 많이 바뀌면서 강제적인 전체 식사 모임이 사라졌다고 했습니다. 그런데 그렇다고 20~30대가 모임을 하지 않느냐 하면, 그것도 아니라고 했습니다. 자기들끼리는 모인다는 것이죠. 코로나19 위험 속에서도 20~30대가 포기하지 않는 관계들이 있는데, 그것은 '위계적이지 않고 수평적인' 친구 관계라는 이야기였습니다.

이 이야기를 교회에 적용해 보면 어떨까요? 교회가 민주적인 모임이 되고자 급진적으로 노력하지 않는나면 민주 시민의 정체성을 가진 사람들, 특히 20~30대를 잃을 수밖에 없을 겁니다. 교회가 말과 설교로는 "하나님은 당신을 사랑하십니다"라고 하면서도 운영을 비민주적으로 한다면, 그들은 더더욱 교회가 위선적이라고 생각할 것입니다.

민주주의와 민주적인 교회

'민주적인 교회'를 이야기하기 전에 간단하게 민주주의에 대해 짚고 넘어가 보도록 하겠습니다. 민주주의라는 말의 뜻을 간단하게 정리하자면, '다수에 의한 지배·운영(Demo+Cracy)', '사회 구성원인 시민이 주인이 되는 정치체제'라고 할 수 있겠습니다. 물론 히틀러의 나치 정권도 결국 투표, 즉 민주주의적인 방식으로 등장한 것 아니냐, 혹은 민주주의를 통해 소수에 대한 다수의 폭력이 가능한 것 아니냐 하는 비판점 또한 가볍게 생각할 문제는 아닙니다.

하지만 예일대학교 정치학 교수 로버트 달(Robert Alan Dahl)은 민주주의야말로 인류가 경험적으로 찾아낸 정치체제 중 사적·공적 폭력의 피해를 그나마 최소화하고, 개인의 자율성을 존중하며 평화와 번영을 추구할 수 있는 가장 현실적인 정치체제라고 설명합니다. 민주주의가 아닌 다른 대안을 찾는 일은 제게 다소 공상적인 이야기로 들립니다. 그보다는 민주주의를 '더 좋은 민주주의'가 되게 하는 방법을 찾는 것이 현실적인 해법이라고 생각합니다. 로버트 달은 민주주의를 구성하는 기준을 다음과 같이 제시합니다.

> ① 효과적 참여: 협회의 구성원들은 모임의 정책이 결정되기 전에, 어떤 정책이 채택돼야 하는지에 대해 자신의 의견을 말할 수 있는 동등하고 효과적인 기회를 가져야 한다.

② 투표의 평등: 정책의 결정이 최종적으로 내려져야 할 때, 모든 구성원은 평등하고 효과적인 투표의 기회를 가져야 한다.
③ 계몽적 이해: 구성원은 정책 대안들과 그 대안들이 가져올 수 있는 결과들을 이해할 수 있는 동등하고 효과적인 기회를 가져야 한다.
④ 의제의 통제: 구성원들은 어떤 문제들이 의제로 선정돼야 하는지 결정할 수 있어야 한다.
⑤ 참여의 포괄성[8]: 자기 결정권을 가진 모든 구성원들이 앞선 네 가지 기준의 권리를 향유해야 한다.[9]

로버트 달이 제시한 기준을 교회 운영에 적용하면 어떨까요? 민주적인 교회란, 교회의 구성원들이 모두 동등한 투표권을 가지고, 교회 정책을 제안할 수 있고, 토론할 수 있고, 의제를 선택하는 데 참여할 수 있는 교회이겠습니다. 교회의 구성원 하나하나의 목소리가 동등하게 존중받고, 필요한 만큼 토론이 이루어지고, 가능한 많은 사람이 납득할 수 있는 의사 결정 과정으로 운영되는 교회가 민주적인 교회라고 할 수 있겠지요.

그렇다면 '조금 더 민주적인 교회'가 어떤 모습인지 판단할 때는 '한 사람을 얼마나 더 존중하고, 한 사람의 의견이 전체 의견에

---

8   한국어로 번역된 로버트 달의 「민주주의」(동명사)에서는 'inclusion of adults'를 '성인들의 수용'이라고 문자적인 번역을 했습니다. 시민권을 가져서 자기 결정권을 가진 사람들은 그 누구도 배제하지 않고 1~4번의 권리를 가져야 한다는 내용이기에 '참여의 포괄성'이라고 의역을 했습니다.

9   로버트 달, 「민주주의」, 김왕식, 장동진, 정상화, 이기호 옮김, 동명사, 2018, pp. 66~68.

반영될 수 있는 현실적·합리적 운영 규칙을 얼마나 갖춘 교회인가'가 하나의 기준이 될 수 있겠습니다. 물론 민주적인 교회의 강조점을 어디에 두느냐에 따라 그 정의는 조금씩 달라질 수 있을 것 같은데요. 각 교회 공동체에서 우리가 어떤 의미에서 민주적인 교회를 추구할 것인지 토론해 보면서, 민주적 교회에 대한 다양한 정의가 공유됐으면 좋겠습니다.

에클레시아, 작은 민주주의 신앙 공동체

민주주의 실현의 중요한 변수는 바로 '규모'입니다. 어쩌면 가장 중요한 변수일지도 모르겠습니다. 교회가 작으면 작을수록 한 사람의 의견을 듣는 데 힘이 덜 들기 때문입니다. 반면에 규모가 커지면 커질수록 그 수준에 맞는 민주적 장치가 필요합니다. 처음 교회 운동이 시작된 1세기 지중해 신앙 공동체들을 작은 민주주의 운동으로 설명하는 신약학자가 있습니다. 토론토대학교 존 클로펜보그(John S. Kloppenborg)입니다. 1세기 유대교와 고대 그리스-로마 문화를 연구한 클로펜보그는 최근 '초기 그리스도교 그룹에서의 민주주의 효시(Intimations of Democracy in early Christ groups)'[10]라는 소논문을 썼습니다.

이 소논문을 간단히 요약하면 이렇습니다. 기원전 6세기 고대 그리스 아테네에서는 시민들의 민주적 토론 기구인 '민회'를 '에클레시아(ἐκκλησία)'라고 불렀습니다. 에클레시아는 신약성경에서 교회 공동체를 부르는 언어로 사용되는데요. 우리가 사용하는 '교회

10　Academia.edu 웹사이트에서 무료로 받을 수 있습니다 : https://www.academia.edu/99000243/_Intimations_of_Democracy_in_Early_Christ_Groups_

(church)'라는 언어는 제도화된 교회로서, 후대에 만들어진 언어입니다. 클로펜보그는 고대 그리스의 토론 기구인 민회 전통이 로마 제국 시대까지도 완전히 사라지지 않고 평민들의 자율적 모임 기구인 '협회'의 형태로 계승됐다고 주장합니다. 고고학자들이 발굴한 협회들의 토론 내용을 살펴보면, 로마제국의 코스모폴리탄 정책에도 불구하고 평민들에게는 자율적·민주적 토론 기구인 협회가 중요한 삶의 요소로 유지돼 왔다고 합니다(예일대 교수 로버트 달도 민주주의를 설명할 때 자발적 협회를 기준으로 이야기를 하는데요. 국가 또한 특수한 협회의 일종으로 설명하고 있습니다).

이런 맥락에서 바울이 '에클레시아'라는 단어로 신앙 공동체의 호칭을 정한 것은, 당시 평민 협회들의 민주주의적 수행·실험을 그대로 이어 가겠다는 제스처로 읽어 낼 수 있다는 것이 클로펜보그의 주장입니다. 물론 구약 전통에서 에클레시아와 연결되는 단어를 찾을 수도 있지만, 실제로 중요한 것은 지중해 문화권에서 교회를 '에클레시아'라고 불렀을 때 공동체 내외부에서 모임의 성격을 어떻게 이해했을지 그 효과를 고려해 보는 것입니다. 또한 초기 기독교 문서인 「디다케」에 나오는 직분자 선출에 관한 이야기, 고린도후서 2장에 나오는 다수에 의한 심판 이야기, 세상 법정이 아니라 공동체 내에서 자율적으로 갈등을 해결하는 고린도전서 6장의 모습은 '협회'에서 보이던 민주적 관행의 모습과 유사하다는 것이 클로펜보그의 주장입니다.

초기 신앙 공동체의 멤버를 적게는 10명에서 보통 20~30명, 많으면 50명(한 건물 안에서 모임을 할 수 있는 규모)까지로 생각한다면, 1세기 교회는 작은 민주주의를 실현하며 예수를 따르는 신앙 공동체로서 더욱 급진적인 민주주의를 현실화했을 가능성이 높아 보입니다. 그런 모임의 성격 덕분에 여성, 노예, 해방 노예 등 다양한 사회 계급에 속한 사람들이 존중받고 공동체의 리더까지 될 수 있지 않았을까요?

민주적인 교회, 모험이 필요한 이유

'민주적인 교회'를 지향해야 한다고 말씀은 드렸지만, 솔직히 말씀드리면 이게 가능한지는 저도 잘 모르겠습니다. 민주적으로 해 보려고 이런저런 시도를 하기보다는 목회자의 카리스마를 키우는 게 좋지 않겠느냐는 피드백도 종종 받습니다.

사람들이 교회를 찾는 이유는 1차적으로 하나님을 사랑하고 예배에 참여하기 위함이겠지만, 2차적으로는 교회에서 받는 서비스가 마음에 든다거나, 다양한 사람을 만날 수 있다거나(이것도 서비스의 한 종류라고 할 수 있겠네요), 아니면 결국 교회 리더십의 카리스마에 매력을 느끼는 경우가 많을 것 같습니다. 아직까지 "우리 교회는 민주적이어서 계속 다니고 싶어"라고 말하는 사람을 본 적은 없는데요. 그래서 일종의 모험일 수밖에 없을 것 같습니다.

저 또한 생존을 위해 새로운 환경에 적응하기 위한 갈림길에 서 있습니다. 교회의 새로운 매력을 창조하기 위해, '교회 민주주의'를 경험할 수 있는 공간을 만드는 능력을 키워 갈 것인가, 아니면 특정한 카리스마를 만들어 갈 수 있도록 제 자신의 리더십, 스피치, 영성 등의 자질을 기르는 데 더 에너지를 쏟을 것인가. 물론 둘 다 되면 좋은데, 어느 쪽에 무게중심을 두고 교회의 방향성을 어떤 쪽으로 둘 것인가를 결정해야 하기 때문에 고민이 많이 됩니다.

현실적인 어려움을 말씀드려 보자면, 교회에 열심히 참여하다가 특정 주제에 합의를 못 이루는 경우 너무도 쉽게 교회를 떠나는 분들이 많습니다. 그리고 가능하면 많은 일을 민주적으로 하려다 보니, 일의 처리가 늦어지는 경우도 많고요. 또 교회에 오랫동안 소극적으로 참여하는 분들에게는(기독교에 관련된 다른 모임에 참여하기 때문에 길섶교회에 소극적으로 참여하는 경우는 제외) 이런 민주적인 방식이 도움이 되는 것인지, 솔직히 저도 의구심이 듭니다. 차라리 좋은 쪽으로 카리스마가 넘치는 목사님을 만나면 그분에 대한 존경심이든, 공포심이든 어떤 이유로든 신앙 활동을 하는 게 아무것도 안 하는 것보다는 좋지 않을까 생각하거든요. 그러니까 민주적인 운영이라는 것이 새로운 교회를 위한 만병통치약이라는 것은 아니고요. 오히려 새로운 체질을 계속해서 만들어 가야 하는 과정이기 때문에 교회의 안정감을 갖는 데 오히려 더 어려움이 있을 수 있습니다.

규모가 있는 교회에서 일을 했을 때, 교회의 리더십에 있는 분들은 대체로 교인들을 수동적이고 컨트롤을 해 줘야 하는 소극적인 사람으로 이해하는 경우가 많았습니다. 모든 교회 리더십이 그렇게 생각한다는 것은 아닙니다. 하지만 기독교의 종교 언어인 '죄인'이라는 개념을 가져와 교인들이 수동적으로 참여할 수밖에 없는 필연성을 설명하면서 '목사들이 성도를 깨우쳐 줘야 한다'라는 오만한 태도를 취하는 경우가 있다는 것입니다. 권위적이고 교만한 목회자들이 틀렸다는 것을 반증하기 위해서는 주체적으로 교회를 재구성하고, 적극적으로 참여하는 멤버십의 비율이 높은 교회가 만들어져야 하는데, 이게 쉽지 않은 일입니다.

교회가 너무 높은 수준의 민주주의를 이루어 내기를 바라기보다는 작년보다는 올해, 지난달보다는 이번 달에 조금 더 민주적일 수 있도록 교회를 조금씩 바꾸어보면 어떨까요? '죄인인 인간은 주체적으로 민주적 참여자가 될 수 없다'라는 회의감에 빠지지 않으려면 '민주주의 상'에 대한 기대 심리를 조금 낮추고, 살짝 기분 좋은 과부하가 오는 만큼의 민주주의 훈련을 교회에서 해 보면 좋지 않을까 싶습니다. 길섶교회는 '민주주의 이상향을 완성했다!' 이런 건 전혀 아니고요. '민주적 교회가 되는 낯선 훈련을 조금씩 해 볼 수 있다는 것도 교회의 매력일 수 있구나' 하는 생각 정도는 공유가 된 것 같습니다. 참고로 길섶교회라는 이름은 교회 안에서 이름을 추천받고 교인들의 투표로 정했습니다. 최고의 이름은 아니다 할지라도, 함께 고민하고 투표해서 정한 이름이기에 조금 더 의미 있는 것 같습니다.

8
정치 이야기, 교회에서 해도 될까요?

정치적 입장이 달라도 친구가 될 수 있을까?

2023년 4월 9일, MBC '100분 토론'에서 생각해 볼 만한 여론조사 결과가 소개됐습니다. '정치 성향이 완전히 다른 사람과 친구가 될 수 있을까?'라는 질문이었는데요. 응답자 1천 명 중 과연 몇 %나 '친구가 될 수 있다'고 응답했을까요? 절반 정도인 50.9%였습니다.

'정치 성향이 완선히 다른 사람과 연인이나 부부가 될 수 있을까?'라는 질문에는 각각 36.7%, 35.7%의 사람들이 '가능하다'고 응답했습니다. 사회자가 토론자들에게 같은 질문을 던졌을 때 두 토론자 모두 선뜻 가능하다고 말하지는 못했지요. 한 토론자는 좋은 매너를 갖추면 넓은 의미에서 친구가 될 수 있다고 대답했습니다. 개척교회를 5년쯤 하고 보니, 처음 교회를 시작했을 때 누군가 제게 아래와 같은 질문을 던져 줬다면 도움이 됐을 것 같다는 생각이 들었습니다.

정치 성향이 (완전히) 다른 사람과 교회에서 친구가 될 수 있을까요? 가까운 친구든, 넓은 의미의 친구든, 정치 성향이 다른 사람과 친구가 될 가능성을 높이려면 교회에 어떤 규칙과 매너가 필요할까요? 목사는 소셜 미디어나 설교, 교회 소그룹 모임에서 현실 정치 이슈에 대해 말할 때 어떤 태도를 가져야 할까요?

물론 4~5년 전의 저는 이런 질문을 받아도 크게 고민하지 않았을 것 같습니다. '자유롭게 말하고 싶어서 개척교회를 하는 건데, 그런 매너까지 일일이 신경 써야 할까?'라고 생각하며 가볍게 넘어갔을 것 같네요. 그렇게 개척 이후 처음 1~2년간은 제 정치적 입장을 소셜 미디어나 교회 모임에서 자주 이야기했습니다. 당시에는 종교와 정치란 분리할 수 없는 영역이고, 정부에 대한 입장과 선호 정당을 이야기하는 것이 교회에서도 꼭 필요한 일이라고 생각했기 때문입니다.

개척교회 초기 구성원 중에는 정치 관련 기관에서 일하는 분도 있었고, 관련 일을 하지는 않지만 특정 정치 이념을 강하게 갖고 있는 분도 있었습니다. 반면 현실 정치 이슈에 관심이 많지 않은 분도 있었지요. 선호 정당이나 정치 이념이 다른 사람들과 대화하며 함께 지내는 경험이 적다 보니, 이야기하며 생긴 갈등을 해결하지 못하고 교회를 떠나는 분도 종종 있었습니다. 정치 이슈에 관심이 없는 분들은 그 이야기의 지루함을 견디다 못해 교회를 떠나기도 했고요.

20명이 안 되는 작은 교회 모임이었지만 그동안 이런저런 이유로 구성원이 많이 바뀌었습니다.[11] '정치 이슈를 종교 모임에서 어떻게 다루는 것이 좋을지', '대화할 때 어떤 매너를 지켜야 할지' 충

---

[11] 길섶교회는 시작할 때는 10명 정도였고, 그후 1, 2년 사이 20여 명으로 늘어났으며, 2023년 현재는 30명 정도가 모입니다. 구성원이 1, 2년마다 많이 바뀌었는데요. 삶의 자리가 바뀌거나, 어쩔 수 없는 개인적인 이유로 교회를 떠나게 된 경우도 있었지만, 이번 챕터의 주제인 '정치' 이슈와 같이 서로 의견이 많이 달라서 교회를 떠나게 된 경우도 많았습니다. 20~30대가 많이 참여하는 교회는 비슷한 고민 지점이 있을 것 같습니다.

분히 고민하고, 모임 참여자들과 합의를 통해 좋은 규칙들을 만들어 나갔다면 좋았을 텐데요. 그러지 못한 부분이 가장 아쉽습니다.

저는 신학에도 다양한 입장이 있기 때문에 직업 종교인이 공적 공간이나 교회 모임에서 현실 정치 이야기를 할 수 있다고 생각합니다. 인지도가 높은 목사는 특정 정당을 지지하는 말을 자유롭게 해도 교회에 사람들이 찾아오는 데 문제가 없을 수 있습니다. 오히려 그런 정치적 성향이 사람들이 교회를 찾아오는 이유가 될 수도 있겠지요. 물론 교회가 특정 정당을 지지하는 사람들의 모임이 될 확률도 높아지겠지만 말입니다.

반면에 저처럼 인지도 없는 목사의 경우는, 그렇지 않아도 교회에 찾아오는 사람이 적은데 현실 정치 이슈까지 자꾸 이야기하면 교회에 편히 놀러 올 수 있는 사람이 많이 줄어들 것 같습니다. 저로서는 제 신학석 성향과 정치적 성향 둘 다 인정해 줄 수 있는 분을 찾는 데 별로 자신이 없거든요. 정부·정당·정책 등 현실 정치 이슈에 관한 이야기는, 모임 구성원들이 '예수님 앞에서 싸우지 않겠다'는 피의 서약(?)을 하고 기도를 충분히 하고 나서, 따뜻한 조명 아래 맛있는 음식을 먹을 때에나 비로소 조심스럽게 꺼내 볼 수 있지 않을까 싶습니다.

페이스북은 왜 전쟁터가 됐을까?

제 기억에 페이스북은 5년 전만 해도 목회자와 평신도 그리고 다양한 세대 간 대화가 가능한 공간이었습니다. 저도 청년 사역을 하던 시절 페이스북을 활용해 소통하곤 했으니까요. 하지만 몇 년 사이에 페이스북에서 목회자와 평신도, 5060세대와 2030세대 간

대화가 많이 사라진 것 같습니다. 여러 이유가 있겠지만, 신학의 입장 차이보다는 현실 정치 이슈에 대한 입장 차이가 더 큰 영향을 미친 것 같습니다.

예전에 알았던 교회 청년분을 오랜만에 만난 적이 있었는데요. 제가 수년 전 포스팅한 정치 관련 글을 언급하더라고요. 제가 자꾸 정치 이슈 이야기를 하니 답답해서 페이스북 친구를 끊었다고 했습니다. 그때 바로 이야기해 줬다면 더 좋았을 텐데, 정치 이슈에 빠진 목사와는 대화가 어려울 거라 판단한 것 같습니다. 사실 페이스북에서 대화하다가 관계가 끊어진 청년분들이 또 있었습니다. 이게 다 제 전적 타락으로 인한 참사(?)라고 생각합니다.

물론 지금은 20~30대분들이 다른 소셜미디어로 이사(?)를 많이 갔기 때문에 목사님들이 정치 이야기를 자주 올려도 큰 상관은 없을 것 같은데요. 비슷한 생각을 가진 사람끼리 '좋아요' 눌러 주며 친교를 나누는 효과는 있겠지만, 정치적 입장이 다른 사람들과 대화를 통해 새로운 합의점을 찾는다거나 하는 실제적 효과를 기대하기는 어려울 것 같습니다.

기독교 관련 단체나 목회자분들이 페이스북과 같은 온라인 공간에서 긍정적이고 생산적인 대화를 하는 경우도 있었지만, 감정이 상하는 경우도 많이 봤습니다. 사람 간에 갈등이 일어나는 건 당연한 일이지만, 갈등을 해결하는 것을 보는 경우는 드물다 보니 페이스북 진입 장벽도 높아지는 것 같고요. 솔직히 새로운 변화를 추구한다는 '진보 기독교'를 생각하면 '갈등'이나 '분열' 같은 단어들이 먼저 떠오릅니다.

오랫동안 친교를 나눴던 교회 청년분들이 저와 팔로우를 끊고

거리를 뒀던 이유도, 정치 이야기를 하는 목사는 갈등과 분열을 조장한다는 이미지가 있기 때문이 아니었을까 추측해 봅니다. 제가 정치적으로 보수적인 이야기를 해서 거리가 생겼던 건 아니었으니까요. 물론 이 전제가 잘못됐을 수도 있지만, 제 해석이 맞다면 목사가 현실 정치 이슈를 이야기해도 될지, 한다면 어떤 톤과 매너로 해야 할지 고민해 봐야 할 것 같습니다.

예수님은 실패한 정치 활동가?

신앙과 정치의 관계를 이야기할 때는 '역사적 예수 연구'도 함께 다룰 수밖에 없는 주제입니다. 기독교 신앙을 '예수님 닮기'로 이해할 때, 결국 '예수님은 어떤 분이셨는가'가 모든 것의 중심이 되는 질문일 수밖에 없기 때문입니다.

예수님은 정치적인 분이셨을까요? '정치적'이란 말을 직업으로서의 정치 활동과 대비되는 표현으로, 즉 일상에서 자유와 평등의 철학이 적용되는 활동을 하는 것으로 이해한다면, 예수님은 '정치적인 분'이었다고 할 수 있을 것입니다. 사회가 죄인으로 규정한 사람들을 만나서 용서의 말씀을 전하고, 치료하고, 함께 식사하고 연대하며, 그들에게 자유를 주고, 그들을 평등한 존재로 대해 주셨으니까요.

이런 맥락에서 우리는 교회 공동체 또한 '정치적인' 공동체라고 철학적으로 표현할 수 있을 것 같습니다. 교회라는 특수한 공간에 입장할 때는 사회적인 관습과 신분을 내려놓아야 하기 때문입니다. 지식 수준이나 경제 능력, 직업의 종류 등 다양한 사회적 지위가 우월한 힘으로 작동하지 않는 공간으로 교회를 만들어 갈 수록, 교회는 1세기 성찬 공동체와 닮아 간다고 할 수 있겠습니다.

500년 전의 성찬 논쟁, 그러니까 '성찬을 집례하는 과정에서 은혜의 통로인 예수님의 육체와 피가 어떤 메커니즘으로 작동하는가'를 토론하는 것이 중요한 게 아니라, '함께 식사하는 신앙 공동체의 공간이 사회적 지배 체제의 관습으로부터 얼마나 자유로울 수 있는가'를 질문하고, 거기에 참여하며 새로운 규칙이 작동하는 공간을 만들어 간다는 의미에서 '정치적이다'라고 할 수 있는 것입니다.

반면에 예수님의 공생애 사역을 '정치적인' 것이 아니라 '정치 활동'으로 보는 경우도 있는데요. 역사적 예수 연구의 시작이라고도 할 수 있는 18세기 독일 루터교 목회자 라이마루스(Hermann S. Reimarus)의 해석이 그런 경우입니다. 라이마루스는 예수님을 다윗과 같은 군사적·정치적 혁명가로 봤는데요. 그에 따르면 예수님은 '실패한 정치 활동가'입니다. 예수님은 로마의 압제와 유대교 종교 지도자들의 타락에 맞서려 했으나 개혁에 실패하고 십자가 처형을 당한 정치 활동가라는 것이지요.

라이마루스는 부활 이야기도 제자들이 그들의 선생님이었던 예수님의 정치 활동을 이어 가기 위해 만들어 낸 것이라고 해석합니다. 라이마루스 생전에 이런 이야기가 공론화된 것은 아니고, 그의 사후에 발견된 글에 이러한 이야기가 담겨 있었습니다. 그의 해석은 기적과 부활을 가정하지 않고 기독교의 발생을 재구성해 보려는 최초의 시도 정도로 의미를 부여할 수 있겠습니다. 이후 연구자들은 학문적으로 훨씬 진중하게 접근했으니까요. 라이마루스의 해석을 필두로 이후 역사적 예수 연구에서 나타나는 반복적인 패턴이 있는데요. 예수님의 죽음과 부활에 대한 역사성과 중요성을 낮추면 낮출수록 예수님을 정치 활동가로 이해하게 된다는 것입니다. 예수님이 행하신 구원 활동의 의미가 죽음 이후의 세계 혹은 죽음 자체와의 싸움보다는 현실 세계의 변혁에 있다는 데 더 중점을 두게 되기 때문입니다.

물론 '예수님의 부활을 과학적·역사적으로 증명할 수 있다'는 말은 거짓입니다. 부활은 신앙의 개념이기 때문입니다. 하지만 부활 개념을 '실제 있었던 일로 개연성 있게 받아들여서는 안 되는 것'으로 강조하는 한, 과연 예수님을 '실패한 정치 활동가'가 아닌 다른 존재로 변명할 수 있을지 의문입니다. 다르게 말씀드리면, 예수님의 죽음과 부활 자체의 어떠한 효과도 인정하지 않을 경우, 예수님을 일상의 자유와 평등을 위해 활동했으나 실패한 정치 활동가로 이해해거나, 혹은 이스라엘의 정치적 자유를 위해 독립운동을 했으나 실패한 정치 활동가로밖에 볼 수 없지 않느냐 하는 것입니다.

부활의 (신학적) 실제성을 전제하지 않고 '의미'만을 무리하게 강조할 때, 저처럼 가진 것 없는(?) 사람들은 상실감과 우울감을 느낄 수밖에 없습니다. 우리가 믿는 신앙이 어떤 면에서 현실적인 힘이 있는지 와닿지 않게 되기 때문입니다. 저는 예수님의 죽음과 부활 자체에 특별한 효과(죽음을 넘어설 수 있는)가 있다고 믿고, 그렇기 때문에 예수님은 실패하지 않으셨다고 생각합니다. 그리고 예수님은 1세기 유대 민족의 독립을 위한 '정치 활동'에 국한되지 않고, 세상의 회복과 인류의 자유·평등을 촉진하는 구원 활동을 벌이셨기 때문에, 그분의 활동은 '정치적인 활동'이었다고 생각합니다.

정치적 중립 공간으로서의 교회

예수님을 정치 활동가는 아니지만 정치적인 분으로 믿는다는 것은, '기독교인이 된다'는 것과 '특정 정당인이 된다'는 것은 다른 뜻이라는 이야기입니다. 정치와 종교는 층이 다르다는 것이죠. 예수님께서 사람을 자유롭게 하고 평등한 존재로 만들어 주는 구원자로서 활동하셨고 또 죽음과 부활로서 구원의 효과를 일으켰다면, 우리는 신앙으로 인해 발생한 정치적 상상력을 우리가 속한 세속 사회에서 어떻게 확장할 수 있을지 다양하게 해석할 옵션들을 갖게 됩니다.

아주 단순화해서 말씀드리자면, 예수님이 주신 자유가 현실 정치에서의 정치적 자유와 유사성이 있고, 또 보수 정당의 이념과 어울린다고 생각한다면 기독교 신앙으로 보수 정당에서 활동할 수 있겠습니다. 예수님이 주신 평등이 현실 정치에서의 정치적 평등과 어울린다고 판단하고, 진보 정당의 이념과 어울린다고 생각한다면 기독교 신앙으로 진보 정당 활동을 할 수 있겠지요.

현실에서 정당이 이념과 분리돼 작동된다면, 자신이 어떤 정당에 소속되어 활동하는 게 신앙이 촉발하는 정치적 상상력에 부합하는지 판단해 볼 수 있겠습니다. 혹은 거기에 에너지를 쏟기보다는 대안적 시민 활동을 하는 데서 효능감을 느낄 수도 있겠습니다. 또는 직접적인 정치 활동보다는 일상의 정치적인 활동이 신앙과 어울린다고 해석할 수 있고, 그런 활동 속에서 신앙의 효능감을 느낄 수 있을지도 모릅니다. 가령 환경문제를 신앙의 상상력과 연결 짓는다면, 환경문제를 중요하게 다루는 정당에 가입해 활동할 수도 있고, 관련 시민단체에서 활동할 수도 있고, 개인적으로 환경

문제를 연구하거나, 걷거나 뛰면서 쓰레기를 줍는 '줍깅' 같은 활동을 할 수도 있겠지요.

중요한 것은 신앙의 상상력이 어떤 정치적 활동을 촉발하는 힘으로 지속적으로 전환되려면, 그 활동이 주는 효과를 체감할 수 있어야 한다는 것입니다. 어떤 활동이 나의 신앙과 연결되고 또 나에게 효능감을 줄 수 있을지는, 목사나 교회 공동체가 선택해 주는 것이 아니라 개인이 자신만의 신앙 여정에서 성공과 실패를 경험하며 찾아내야 할 것 같습니다. 따라서 구성원들의 신앙에 기반한 자유로운 정치적 활동 가능성을 보장해 주기 위해, 교회는 특정 정치집단에 대한 편향성을 최대한 갖지 않는 '중립 공간'이라는 정체성을 지향하는 게 어떨까 하는 것이 제 의견입니다.

가벼운 상상을 해 보자면, 정치적 중립 공간으로서의 교회와 보수든 진보든 특정 정치색을 강조하는 교회의 비율은 어떻게 되는 게 이상적일까요? 정치적 중립 공간으로서의 교회가 80%, 특정 정당이나 정치철학을 강조하는 교회가 20% 정도면 어떨까, 혼자만의 상상을 해 봅니다.

교회가 정치적인 활동(정치 활동이 아니라)을 한다면, 저는 그 참여 효과를 체감할 수 있는 활동의 빈도가 높았으면 좋겠습니다. 세상 모든 문제(환경문제, 젠트리피케이션, 차별·혐오 문제, 전쟁, 노동문제 등)를 나열만 하고, 어떠한 효능감도 없이 십자가만 지고 가라는 식으로 구성원들을 몰아붙이기만 한다면 교회는 '우울 공동체'가 될 수밖에 없지 않을까요? 실패하더라도 끝까지 붙잡고 부딪혀 보고 싶은 십자가가 사람마다 한두 가지 정도는 있을 것인데요. 그것이 어떤 주제인지는 스스로 정해야 하는 일입니다.

제가 만나는 교인분들 중에는 각자 삶에서 아슬아슬한 정치적 분투를 감당하고 있는 분이 많습니다. 정당이나 시민단체에 진심으로 참여하는 분들도 있고, 개인의 정치적 활동에 충실한 분도 있습니다. 그래서 교회 구성원분들의 다양한 정치적 활동을 존중하면서 이야기 나눌 수 있어야겠다고 생각하고 있습니다. 솔직히 말씀드리면, 예전에는 같은 정당을 좋아하고 특정 정치인에 대한 평가도 비슷해야 신앙 공동체를 이룰 수 있다고 생각했습니다. 하지만 지금까지 제 경험상 누군가의 정치적 의견을 바꾸는 데 성공했던 적은 없었습니다. 이제는 정치적 입장이란 누군가가 의도적으로 바꿀 수 있는 게 아니라고 이해하게 됐습니다. 정치에 대한 관점이나 정치 이슈에 관한 관심·참여도가 다른 사람들이 모이더라도, 교회 공동체가 '친구 됨'을 키워 나갈 수 있는 방법이 무엇인지 찾는 게 중요하다 싶습니다. 정치적 입장이 달라도 친구가 될 수 있다면, 그것이야말로 종교의 효과라고 말할 수 있지 않을까요?

3부

성경을 어떻게 해석해야 할까요?

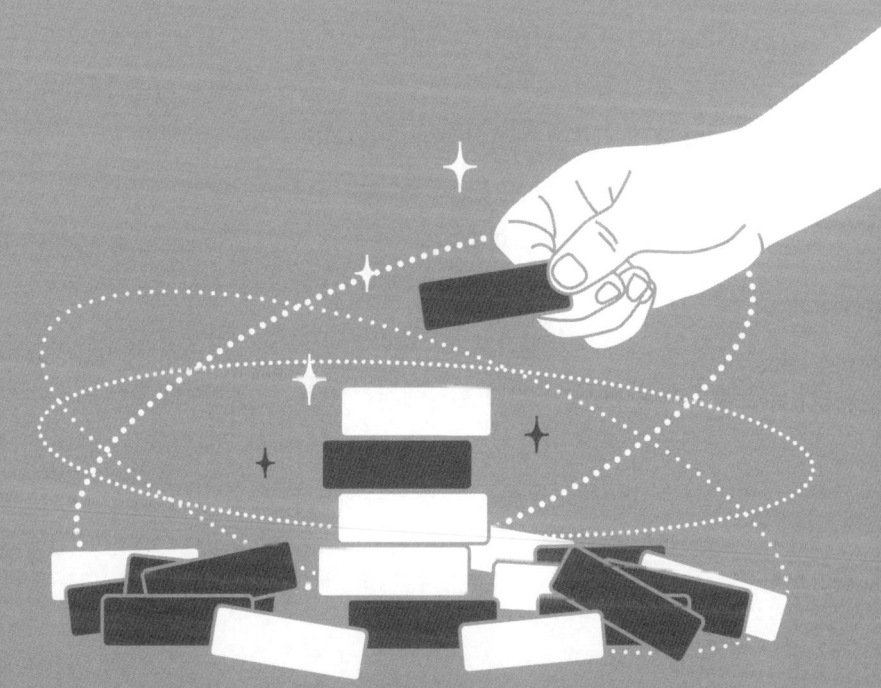

9
사실의 책에서 신앙의 책으로: 문자주의 넘어서기

우리가 문자주의를 넘어서지 못한 이유

교회에서 자유로운 대화가 어려워진 이유는 무엇일까요? 저는 문자주의 신앙이 가져오는 단조로움에 하나의 원인이 있다고 생각합니다. 성경을 한 가지 관점으로밖에 읽어 낼 수 없는 단순함은 교회에 안정감을 주지만, 다른 입장에 대한 배타적인 태도도 만들어 냅니다. 이런 단순함은 복잡한 신학을 제쳐 두고, 성경을 쉽고 빠르게 교회의 책으로 받아들이게 만들어 주지만, 언젠가는 폭력을 발생시킬 수 있는 부작용이 있습니다.

이러한 문자주의적인 해석은 교단이나 교파를 뛰어넘어 대다수의 교회에서 인기가 많습니다. 장로교, 감리교, 성결교 등 교단과 상관없이 성경을 문자 그대로 읽는 교인들이 많습니다. 아무리 보수적인 교파라 할지라도, 각 교단 신학교에서 문자주의를 가르치지는 않을 텐데요. 교회 현장에서는 모두 문자주의로 하나가 된다는 것입니다. 그러니 앞서 말씀드린 창조과학, 반동성애 운동 등에 한국교회 성도분들이 쉽게 빠져들게 되는 것이 아닐까요?

신학대학원에 입학해서 구약학 강의를 들을 때의 일이 기억납니다. 이사야서는 한 사람의 저자가 쓴 것이 아니라, 1차 저자인 이사야와 후대에 바벨론으로 끌려가서도 이사야의 정신을 계승한 공동체, 그리고 포로 생활에서 돌아온 그 다음 세대의 신앙 공동체 모두가 이사야서의 공동 저자라는 것을 배웠습니다. '이사야서는 이사야가 썼겠거니' 하고 생각했었기에 이 학설을 처음 마주하고 많이 혼란스러웠습니다.

제가 처음 가졌던 의문은 '왜 이런 이야기를 교회에서 듣지 못하고 신학교에 입학해, 약간 인생이 위기에 처한 상태가 되어서야만 알 수 있느냐'는 것이었습니다. 다양한 신학적 관점을 교회에서 편하게 나누고, 그래서 성경을 새롭게 보면서도 '신앙의 책'으로 받아들일 수 있도록 했으면 좋았을 텐데요. 왜 교회에서 신학을 다루는 게 어려운 일이 되었을까요?

이사야서의 공동 저자설을 교회에서 가르쳐도 되겠느냐는 질문에 교수님은 조금 회의적인 반응을 보이셨습니다. 다만 '청년부에서는 조심스럽게 가르쳐볼 수 있지 않겠느냐'는 제안을 주셨었는데요. 비슷한 대화가 몇 년후, 숭실대학교에서 석사 공부를 할 때도 오갔습니다. '모세오경을 모세가 쓴 게 아니다, 모세가 산에 올라가서 하나님께 직접 십계명을 받았다고 가르치는 신학자는 (거의?) 없다'라는 이야기를 구약학 교수님께 들었습니다. 오히려 십계명의 이야기는 가나안 지역에서 살아가는 신앙 공동체의 신앙과 삶의 가이드라인이라고 상상해 보는 게 좋지, 출애굽한 지 얼마 안 돼 광야에서 살아가는 사람들에게 적용할 만한 이야기는 아니라는 것입니다.

신학 공부를 조금 깊게 하신 분들에게는 이런 이야기가 당연하게 느껴지실 수 있겠습니다. 하지만 어려서부터 노아 할아버지, 모세 할아버지, 여호수아 아저씨 그림을 그리며 교회를 다니셨을 분들은, 이런 신학 이야기를 들으면 마음이 어려워지실 수밖에 없을 것입니다. 교회 생활을 몇 년밖에 안 하고 신학교에 들어간 저도 충격이 꽤 컸으니, 평생 교회를 다니신 분들에게는 위험한 이야기로 들리겠죠. 그래서 숭실대에서 배울 때도, '교회에서는 이런 이야기를 하지 말고, 혹시 청년 모임에서 말할 기회가 있으면 살짝 해 보라'는 권면을 받았습니다.

　지금 생각해 보면, 이렇게 '과도한 조심스러움'이 전반적으로 한국교회가 문자주의를 넘어서지 못한 첫 번째 원인이 아닐까 싶습니다. 물론 신학교 교수님들은 제가 교회에서 짤리지 않게 하기 위해 사랑의 언어로 말씀해 주셨다는 것을 충분히 알고 있고, 감사히 생각하고 있습니다. 하지만 모두가 조심하다보면 피해는 결국 교인들에게 돌아가는 것 같습니다. 성경을 '신앙의 책'으로 소화할 수 있는 다양한 옵션을 접하지 못하게 되니까요.

　신학적인 해석이 문자주의만큼 안정감과 뜨거움을 주지는 못하더라도, 다양한 해석에 도전했어야 하지 않았나 싶습니다. 하나님께서 번갯불로 돌판에 글자를 새겨 주신 걸 모세가 직접 받은 게 아니라고 할지라도, 이 이야기를 토대로 신앙 공동체가 하나님의 어떤 모습을 증언하고, 기록하며, 계승하고 싶어 했었는지, 그 포인트를 설득력 있게 짚어 냈어야 했다는 것입니다. 신학을 공부한 목사들이 신학을 포기한 채, 설교단에 올라가 눈에서 레이저를 뿜어내며 "모세가 돌판을 받았다" "여호수아가 여리고성을 무너뜨렸다" 이런 이야기들만 계속 하면 어떻게 될까요? 사실은 말이 안 되는 이야기 같아도 예배 분위기에서 같은 말을 반복해 듣다 보면 그게 신앙인 것처럼 느껴지게 될 것입니다.

문자주의적인 해석에 분노한 사람들은 또 어떤가요? 이분들 역시 브레이크가 없습니다. 교회에서 듣는 이야기가 이상해서 스스로 신학을 공부해 버린 분들은 분노할 수 밖에 없습니다. '내가 어렸을 때부터 들어 왔던 것이 신학자들의 생각도 아니고, 그냥 동네 목사의 썰이었다니!' 아무런 준비없이 충격을 받게 되면, 교회에 대한 분노 뿐만 아니라, 성경 자체에 대한 회의감에 빠지게 됩니다. '성경은 사람들의 잡담 모음집이고, 좋게 봐야 교훈집 정도 아닌가, 예수는 그냥 종교 활동, 사회 활동 하다가 죽은 30대 초반의 청년 아닌가' 이렇게 한순간에 생각이 바뀌면, '종교'라는 것의 의미를 싱실해 버릴 수도 있습니다.

이렇게 갑자기 생각이 바뀌어서 성경을 도덕책이나 철학책처럼 여기고, 예수님을 큰 고통을 당하며 사망한 사회활동가로 이해하는 분을 아직 문자주의 쪽에 계신 분들이 만나면 어떻게 될까요? '아, 내가 문제가 있었구나' 이렇게 생각할까요? 아니요. 오히려 더 강경한 문자주의자가 될 수밖에 없습니다. '저 사람 신학 공부 조금 하더니, 결국엔 믿음을 잃었구나'라고 생각할 수밖에 없지요. 어떠한 의미에서 내가 성경을 존중하고, 사랑하며, 또 신앙의 책으로 여기고 있는지, 또 신학을 토대로 예수님의 어떤 면을 새롭게 보고 있고, 그래서 새로운 신앙의 방향을 갖게 되었는지를 설득력 있게 소개하고, 자신의 삶에 적용하는 모습을 보여 줄 때에만 문자주의 쪽에 있는 분들도 마음을 열 수 있지 않을까요?

저 또한 예전에 문자주의적인 성향이 있었던 터라 신학 공부를 시작한 이후 알게 모르게 문자주의적으로 신앙생활을 하는 분들에 대해 혐오감을 느꼈던 것 같습니다. 제 과거의 모습을 보는 것 같아서 말입니다. 그러니 제가 생각할 때, 한국교회가 문자주의를 극복하지 못한 두 번째 원인은 '친절하지 못함'에 있는 것 아닌가 싶습니다. 문자주의에서 벗어난 분들이 조금만 친절하게, 따뜻하게 다른 가능성들을 소개하고 제시할 수 있었으면 어땠을까 아쉽습니다.

'친절하지 못함'에는 감정적인 부분도 있겠지만, 사실 '난이도' 문제도 있는데요. 이것은 저에게도 숙제입니다. '문자주의'의 매력은 '쉽다'에 있는 것 같습니다. '그냥 읽고, 믿으면 된다' 잖아요? 물론 그대로 믿을 수 없게, 성경 안에 이미 내용 충돌이 있지만, 그럼에도 이 슬로건은 단순합니다. '그냥 믿자.' 디자이너들이 괜히 이런 말하는게 아닙니다. "단순한 게 최고다, Simple is the Best." 현대신학으로 들어가면 좀 어렵습니다. 그럼에도 불구하고 '쉽고, 친절하게, 그리고 자주(!)' 의미 있는 성경 해석을 많이 공유하는 게 문자주의를 극복할 수 있는 길이 아닐까 싶네요. 이것은 제도권 교회의 신학자들, 목회자들, 그리고 저처럼 딱히 특정 교단 전통이나 교리에 관심은 없는 사람들 모두의 공통 숙제가 아닐까요? 일단 문자주의를 넘어서는 방법을 찾는 데 모두가 한 마음으로 아이디어를 모았으면 좋겠습니다. 어떻게 해야 오랫동안 문자주의에 치우친 신앙생활을 했던 분들이 어렵지 않게 교양적인 수준의 신학 이론을 수용할 수 있을지, 많은 시행착오를 통해서 다양한 경험들을 공유하면 방법을 찾을 수 있지 않을까요?

여호수아의 정복 전쟁은 실화였을까요?

문자주의로 성경을 읽는다고 해서 항상 문제가 되는 것은 아닙니다. 창세기 1장의 7일 창조를 문자적으로 믿어서 '6일, 144시간 만에 우주가 만들어졌고, 마지막 하루는 하나님께서 지치셔서 쉬셨다' 이렇게 믿어도 본인이 과학 쪽에 일할 게 아니면 큰 문제가 되지는 않을 일입니다. 지구의 땅과 물이 먼저 만들어졌고, 하늘의 태양과 별들은 나중에 만들어졌다고 믿어도 살아가는 데 큰 문제가 없을 수 있습니다.

하지만 '폭력'에 관련된 이야기들은 조금 다릅니다. 성경의 그런 이야기들을 문자적으로 믿는 것은 폭력 감수성을 떨어뜨리거나, 언젠가 가해자가 될 가능성도 열어 놓습니다. 창세기 6장의 '노아 홍수'에 관한 이야기가 하나의 예가 될 수 있겠습니다. 고대의 홍수 신화들과 성경의 유사점과 차이점을 비교해 보는 작업은 20세기에 들어와서야 처음 시작되었는데요. 길가메쉬 서사시, 아트라하시스 서사시와 같은 고대 문명의 홍수 이야기가 있는 점토판이 19세기 중후반에야 발견되었기 때문입니다. 게다가 '노아 홍수' 이야기는 고대의 '유대교 집단들' 안에서 악의 기원, 심판과 구원의 주제에 관해 다양한 상상들이 펼쳐지는 원천이 되었습니다.

하지만 교회에서는 홍수 이야기를 과거에 실제 일어난 사건으로 가르치고 끝내 버릴 때가 많지요. 그러면 우리는 '홍수'라는 주제로 신앙의 다양한 주제를 상상해 볼 수 있는 기회를 잃어버리게 됩니다. 하나님은 즉흥적으로 지구상의 생물들을 죽게 만든 심판자가 됩니다. 노아의 가족과 생물들을 한 쌍씩(또는 일곱 쌍씩, 본문 안에 이미 모순이 있습니다)만 살려두고, 그 외에 지구상의 모든 생물을 죽인 사건이 '실화'라고 한다면, 신약의 예수님과 구약의 하나님을 연결 지을 수 있을까요? 아무리 무지개를 상징으로 띄워서 '앞으로는 안 죽일게' 하고 약속을 하셨더래도, 하나님은 역사상 가장 많은 살생을 한 존재가 됩니다. 십계명의 '살인하지 말라'라는 명령이 그런 하나님에게서 나왔다고 납득하기는 어려워 보입니다.

최근에 교회에서 '여호수아의 정복 전쟁'에 관한 질문을 받았습니다. 여호수아서 6장에 나오는 진멸 명령을 현대인이 어떻게 해석하면 좋을지에 관한 질문이었습니다.

> 제사장들이 나팔을 불었다. 그 나팔 소리를 듣고서, 백성이 일제히 큰소리로 외치니, 성벽이 무너져 내렸다. 백성이 일제히 성으로 진격하여 그 성을 점령하였다. 성 안에 있는 사람을, 남자나 여자나 어른이나 아이를 가리지 않고 모두 전멸시켜서 희생제물로 바치고, 소나 양이나 나귀까지도 모조리 칼로 전멸시켜서 희생제물로 바쳤다. (수 6:20~21, 새번역)

성 주변을 일곱 바퀴 돌았더니 성벽이 무너졌다는 이야기는, 합리적으로는 말이 안 되지만 믿음으로 그렇게 되었다고 받아들일 수 있습니다. 그렇게 믿는다고 누군가에게 피해를 주는 건 아니니까요. 하지만 '남녀노소, 아이와 동물까지 모두 죽여서 하나님께 제물로 바쳤다'는 표현에 아무런 고민 없이 '아멘' 할 수 있는 현대인이 있을까요? 이 이야기를 '실제 사건'으로 받아들이고도 하나님이 사랑의 하나님이시고, 정의로운 분이라고 믿는 데 모순을 느끼지 않을 수 있을까요? 2세기의 마르시온[1]이 문제 제기를 했던 것처럼, 구약성경의 하나님은 폭력의 하나님이시기에, 예수를 믿는 우리는 구약성경을 버려야 할까요? 보통 수준의 윤리적 감성, 양심을 가진 사람이라면 당연히 하게 되는 질문입니다.

노아 홍수 이야기도 그렇고, 여호수아 정복 전쟁도 그렇고, 모두 '하나님이 하시는 일이니까, 아멘 하자' 이러면, 저는 예수님도 하나님도 당황하실 거라고 생각합니다. 왜냐하면 성경은 하나님과 예수님, 그리고 하나님의 영(성령)을 믿는 '신앙'을 넓고 깊게 하기 위한 글이어야 하는데, 성경에 기록된 내용을 맹목적으로 받아들이다보면 자칫 하나님이 아닌 '글'을 믿는 신앙이 될 수 있기 때문입니다.

전문 고고학자들의 이야기를 통해 성경의 '역사성'을 다시 생각해 보는 것도 'K-문자주의' 치료에 도움이 될 것 같습니다. 성경을 '모두 사실이다', '모두 가짜다'라는 두가지 옵션만 놓고 선택하려 하면 문자주의에서 도저히 벗어날 수 없을 것입니다. 현대 고고학의 성과물들은 성경의 어떤 이야기는 역사적 사실에 가까운 편이고, 어떤 이야기는 역사적 사실보다는 신학적인 재구성이 많이 들어 갔다고 볼 수 있을지 기준을 잡는 데 도움을 줍니다. 성서 고

---

[1] 2세기 중반까지 활동했던 마르시온은 당대의 사람들이 하듯이 구약성경의 이야기를 비유적으로 해석해서는 안 된다고 가르쳤습니다. 성경은 문자 그대로 읽어야 하며, 그렇게 하다 보면 성경에서 분노한 복수의 신만을 찾게 되는데 그 이미지가 예수 그리스도의 하나님과 충돌된다는 주장을 했습니다. 그래서 예수님을 신앙하는 공동체가 경선으로 채택해야 히는 성경은 누가복음, 갈라디아서, 고린도전후서, 로마서, 데살로니가전후서, 에베소서, 골로새서, 빌립보서, 빌레몬서 이렇게 11권이라고 주장했습니다. 교회에서 인정받지는 못했으나, 그가 '경전 목록'이라는 개념을 처음 주장했다는 점도 기억할 만한 일이겠습니다.

고학과 관련해서 저는 윌리엄 데버(William Gwinn Dever)[2]와 이스라엘 핑켈스타인(Israel Finkelstein)[3]의 이야기를 살펴보는 걸 추천합니다.

윌리엄 데버는 「이스라엘의 기원」(삼인)이란 책에서 다음과 같이 성서 기록과 고고학 사이에서의 진보-보수 스펙트럼을 이해하는 기준을 제시하였습니다.

① 성서 기록을 문자 그대로 사실이며, 모든 외부적인 근거를 무관한 것으로 치부하는 접근.
② 성서 기록을 매우 확실하게 사실로 받아들이되, 외부적으로 뒷받침 될 수 있는 것들을 찾는 접근.
③ 성서 기록을 그 어떠한 선입견도 없이 외부적인 자료와 동등하게 다루는 접근, 두 개의 근거들로 하나의 '수렴'으로 추려내고, 그 남은 것들은 의심스럽게 여기는 접근.
④ 만일 외부 자료에 의해서 증명되지 않는다면, 성서 기록은 사실이 아니라는 접근.
⑤ 성서는 사실이 될 수 없기 때문에, 성서 기록과 그 어떠한 다른

---

[2] 애리조나대학교의 유대교학과 명예교수인 윌리엄 데버는 예루살렘의 넬슨 글룩 성서고고학학교와 올브라이트 고고학 연구소의 소장을 역임했을 만큼 권위 있는 고고학자입니다. 한국어로 번역된 책으로는 「이스라엘의 기원」과 「고대 이스라엘 사람들은 어떻게 살았을까?」(삼인)가 있습니다.

[3] 이스라엘 핑켈스타인은 텔아비브대학의 고고학 교수이자, 연구소 소장입니다. 미국에서 가장 오래된 고대근동 연구소인 올브라이트 고고학 연구소의 유튜브 채널, 'AlbrightLive(https://www.youtube.com/@AlbrightLive)'에 가 보시면 핑켈스타인이 2021년도에 한 26개의 인터뷰 형식 강의가 있습니다. 윌리엄 데버가 비판하듯이 올브라이트 연구소는 처음에는 보수적이었다가 어느 정도 결과물이 나오면서 중도적인 성향으로 바뀐 듯합니다.

> 자료들 모두를 거부하는 접근.[4]

윌리엄 데버는 자신은 3번으로 중도적인 입장이라고 했는데요. 한국교회에서는 1,2번 말고는 다 사탄-고고학자라고 보는 편이라서 윌리엄 데버를 중도라고 생각하지 않을 수 있습니다. 하지만 윌리엄 데버는 '역사적 사실로 추론되는 정보'와 '성경의 기록' 간의 균형을 잡기 위해 노력하는 신뢰할 만한 전문가라고 생각합니다. 그리고 윌리엄 데버와 사이는 좋아 보이지 않지만, 이스라엘 핑켈스타인의 글도 같이 읽어 보는 걸 추천합니다. 저처럼 평소에 땅 파는 일을 하지 않는 보통 사람은 성서 고고학계 두 파이터들의 글을 골고루 보면서 '어떤 부분에서는 합의점을 찾을 수 있고, 어떤 부분에서는 난장판이구나'라는 감각을 익히면 되겠습니다.

윌리엄 데버는 「고고학이 성경을 묻어 버렸을까요?」(Has Archaeology Buried the Bible?)라는 책에서 이렇게 말합니다.

> 여호수아(와 민수기)가 "완전히 파괴되었다"고 주장하는 총 38개 성읍 중, 현재 우리가 알고 있는 사실에 비추어 볼 때 파괴된 것으로 추정되는 곳은 실제로 단 한 곳뿐입니다: 바로 "그 모든 왕국의 우두머리" 하솔입니다. 여호수아 11장에는 불길에 휩싸인 파괴와 전멸에 대한 기록이 담겨 있습니다. (중략) 여호수아가 11장에서 완전히 멸망시켰다고 주장하는 하솔에 대한 언급은 또 다른 상충되는 데이터를 제공합니다. 히브리 성경에는 이스라엘 초기

---

4 윌리엄 G. 데버, 「이스라엘의 기원」, 삼인출판사, 2003, p. 16, 1번과 2번을 최대주의자(Maximalist), 4번과 5번을 최소주의자(Minimalist)라고 할 수 있겠습니다.

공동체의 시작에 관한 두 번째 기록이 있는데, 그 기록은 여호수아서와 많이 다릅니다. 1~4장에는 점령되지 않았다고 알려진 가나안 유적지의 유명한 목록이 나와 있습니다. 그중에는 다소 놀랍게도 하솔 왕이 전혀 죽지 않고 여전히 건재하다고 전해지는 하솔이 포함되어 있습니다(삿 4:17, 수 11:11~12 비교). 그뿐 아니라 그는 병거가 900대나 되었다고 합니다(삿 4:2~3). 그는 나중에 사사기 4:24에서야 (다시!) 죽임을 당합니다.[5]

정리하자면, 성경에 여호수아가 파괴했다고 묘사하는 성읍 중에 실제 파괴된 증거가 될 만한 곳은 없습니다. 하솔을 여호수아가 정복한 성읍이라고 주장하는 분들도 있지만, 이스라엘 핑켈스타인은 하솔의 파괴는 출애굽 시대보다 앞선 사건으로, 단일한 사건이 아닌 여러 과정을 거쳐 파괴된 것으로 설명합니다.

더 중요한 건 하솔의 경우 성경 안에서도 이야기가 충돌되는데요. 여호수아 11장에는 하솔이 파괴되었다고 나오지만, 사사기에서는 파괴되지 않은 성읍 중의 하나로 나옵니다. 사사기 4장에서 여성 사사인 드보라가 싸우는 대상이 하솔왕 야빈이지요. 초기 이스라엘 공동체의 고고학적 발굴을 토대로 하면, 사사기의 이야기가 좀 더 '현실'에 가까운 공동체의 묘사로 보는 편입니다. 이스라엘 중앙 고원지대의 유적지를 보면 전쟁을 하거나, 대비하는 상황이 아니라, 작은 마을 공동체의 연대로 살아 갔던 모습이 보이기

---

[5] Dever, W. G, 「*Has Archaeology Buried the Bible?*」, William B. Eerdmans Publishing Company, 2020, CHAPTER 3 : Yahweh versus Pharaoh: Holy War, pp. 37~39, 저자 사역. https://www.logos.com/product/188792/has-archaeology-buried-the-bible

때문입니다. 그래서 사사 드보라에 관한 이야기 중에서 특히 운문으로 기록된 사사기 5장의 '드보라의 노래'가 실제 이스라엘 공동체의 역사성이 담긴 가장 오래된 글이 아닐까 하고 학자들이 추정하고 있습니다.[6]

여호수아서 6장에 나오는 여리고는 가장 오래된 고대의 도시로 알려져 있습니다. 여호수아의 시대로 추정되는 기원전 12세기에 여리고는 사람이 살지 않는 곳으로 추정되는데요. 이스라엘 핑켈스타인은 여호수아 정복 전쟁에 대한 고고학적 증거가 없기에, 이 이야기가 기원전 7세기에 성전 개혁 운동을 펼쳤던 요시아 시대에 편집된 것으로 추정합니다.

> 성경 필자들은 (여호수아) 이야기의 시대적 배경과 장소를 기원전 7세기의 유다 주변 지역으로 바꾸어 내용을 재구성했다. 그러한 지역은 신명기적 이념에서 가장 큰 관심대상이었다. 기원전 7세기 후반(요시아시대)에 이러한 민담들을 읽고 낭송한 유다 백성들은 자신들의 깊은 소망과 종교적 신앙이 그 속에 표현되었다고 생각했을 것이다.[7]

---

[6] 독일의 시사잡지 〈슈피겔〉에서 성서학자 에른스트 악셀 크나우프 교수를 인터뷰했을 때도 크나우프 교수는 드보라의 노래를 가장 오래된 성서 본문(기원전 9세기)이라고 말했습니다. 그리고 미국 유니온신학교의 데이비드 엠 카 교수노 「An Introduction to the Old Testament Sacred Texts and Imperial Contexts of the Hebrew Bible」에서 같은 주장을 했습니다.

[7] 이스라엘 핑켈스타인, 닐 애셔 실버먼, 「성경 고고학인가 전설인가」, 오성환 옮김, 까치 출판사, 2002, p. 119.

이러한 입장은 구약학자인 로잔대학교의 토마스 뢰머(Thomas Christian Römer)[8] 교수도 긍정합니다. 고고학자인 핑켈스타인과 토마스 뢰머 교수가 함께 이스라엘 고고학 유적지를 돌며 토론하는 유튜브 영상도 있을 만큼, 전문 고고학자와 전문 성서학자가 소통하는 모습이 인상적이었는데요. 최근에 수원가톨릭대학교출판부에서 번역한 「구약성경 입문 1」의 여호수아에 대한 챕터에서 토마스 뢰머 교수는 다음과 같은 이야기를 했습니다.

> 최근에 와서 핑켈슈타인과 다른 고고학자들은 이스라엘의 가나안 정착이 전격적인 방법으로 이루어진 것이 아니라는 사실을 밝혔다. 기원전 13~12세기경에 팔레스티나에 어떤 민족의 침입이 있었음을 증언하는 고고학적 표지가 전혀 발견되지 않았기 때문이다.[9]

조금 더 직설적으로 말해서 '여호수아'가 역사적 인물이 아닐 수도 있음을 감안하는 것도 필요하다고 생각합니다. 물론 실제 역사적 인물일 수도 있지만(정확한 것은 저희가 죽어서 하나님께 설명을 들어봐야 알 수 있을 텐데요) 저희는 현대 신학자들의 이야기를 참고해서 신앙생활을 하면 될 것 같습니다. 만약에 천국에 갔더니 여호수아님이 오셔서 "사실대로 기록된 건데 왜 믿지를 못했느냐"

---

8 토마스 뢰머 교수는 가장 신뢰할 만한 성서학 학회 중의 하나인 SBL(Society of Biblical Literature)에서 신명기 역사서분과의 의장을 맡고 있습니다.
9 토마스 뢰머 외, 「구약성경 입문 1」, 김건태 옮김, 수원가톨릭대학교출판부, 2019, p. 482.

하면, 그때는 제가 언급한 고고학자분들, 현대 신학자분들 핑계를 대서 "저분들 말을 듣다 보니 그렇게 됐다" 이렇게 말해도 천국 생활에 큰 지장은 없을 거라고 생각합니다.

신앙은 여호수아의 실재 역사성을 믿느냐, 여호수아의 정복 전쟁이 100% 사실적으로 진행된 것을 믿느냐, 여리고성 주변을 이스라엘 공동체가 일곱 바퀴 돌고 나팔 불 때 무너진 것을 믿느냐에 달려 있는 것이 아니기 때문입니다. 신앙은 여호수아서에 기록된 진취적인 개척 정신을 오늘 우리의 상황에 맞게 재구성하고, 실천하며 살아가는 행위라고 생각합니다. 이런 맥락에서 성경에 '여호수아'라는 인물이 갖는 상징성은 대단히 중요하다고 할 수 있겠습니다. 요시아왕의 종교 개혁 운동에서, 이 여호수아라는 인물에 대해 전해져 내려온 이야기를 신앙 공동체를 위한 이야기로 재구성했고, 그것이 신잉의 효과를 발생시켰기 때문입니다. 그러니 수백 년 동안 이스라엘 공동체는 갖은 위기 속에서도 사라지지 않았고, '종교 공동체/민족'의 정체성을 잃지 않을 수 있었습니다.

성경은 누가 썼을까요?

여호수아서는 누군가 여호수아를 따라다니며 비디오 촬영을 한 내용을 토대로 만들어진 책이 아닙니다. 앞서 언급한 토마스 뢰머 교수는 여호수아서가 기원전 7세기 요시아 치하의 시대(BC 640~609)[10], 기원전 6~5세기, 기원전 5~4세기, 기원전 3~2세기까지 여러 단계에 걸쳐 재편집·재구성되는 과정을 겪었다고 말합

---

10 윌리엄 데버이 계산에 따른 요시아왕의 재위 연도입니다.

니다. 원래의 여호수아, '역사적 여호수아'의 실체성에 도달하는 것은 쉽지 않은 일이 되었습니다. 그러니 여호수아의 본문을 살펴볼 때 다양한 시대에, 신앙 공동체의 여러 상황속에서 재구성되고, 편집·첨가되는 이야기가 있을 수 있음을 감안해서 읽어야겠지요?

이것은 다른 성경 이야기, 성경의 인물에도 동일하게 적용될 수 있겠습니다. 다윗을 생각해 볼까요? '다윗은 실존 인물이었는가'에 대한 직접적인 역사적 증거는 없습니다. 하지만 1993년에 '다윗의 집'이란 표현이 기록되어 있는 텔 단 비문(Tel Dan Inscription)이 발견되었습니다. 텔 단 비문은 기원전 835년 아람 왕 하사엘이 북이스라엘을 침공한 상황을 연상시키는 내용의 비문이고, 기원전 9세기에 '다윗'이란 이름이 사용되었다는 것은 '다윗왕'의 역사적 실존을 충분히 상상할 수 있게 하는 근거가 됩니다.

월리엄 데버나, 이스라엘 핑켈스타인 모두 다윗의 실존성에는 동의하지만, 성경의 다윗 이야기가 모두 역사적 사실이라고 말하지는 않습니다. 예를 들어 다윗과 골리앗의 전투 이야기를 생각해 볼까요? 핑켈스타인과 토마스 뢰머가 2020년에 이스라엘의 엘라 골짜기에서 만나 이런 대화를 주고 받았습니다.[11] 핑켈스타인은 골리앗의 무장에 관한 묘사가 기원전 7세기, 6세기의 그리스 중장 보병(hoplite)과 유사하다고 말합니다. 토마스 뢰머는 골리앗과의 전투에 관한 오리지널 이야기는 사무엘하 21장 19절에 나오는 이야기일 것 같다고 말합니다.

---

11 Bible and Archaeology Discussions Israel Finkelstein & Thomas Römer: Episode 1 : https://youtu.be/-w8LUCg_j9w

또 곱에서 블레셋 사람과 전쟁이 일어났다. 그 때에는 베들레헴 사람인 야레오르김의 아들 엘하난이 가드 사람 골리앗을 죽였는데, 골리앗의 창자루는 베틀 앞다리 같이 굵었다. (삼하 21:19, 새번역)

성경 텍스트 전문가인 토마스 뢰머와, 고고학 전문가인 핑켈스타인은 다윗과 골리앗의 전투 이야기는 그전에 전해져 내려오던 이야기가 기원전 7세기, 6세기경에 그 시대의 신앙 공동체의 필요에 따라 재구성되었을 것이라고 주장합니다. 이들의 이야기가 절대적으로 옳다고 할 수는 없겠지만, 우리가 성경을 이해할 때 진지하게 고려해 봐야 할 추론들이라고 생각합니다.

현대 성서학자들, 고고학자들의 상상을 적용해 본다면, 성경은 신앙 공동체를 사라지지 않게 만든 힘을 가진 글로서, 오랜 시간 동안 다듬이진 공동 작업의 결과물이라고 할 수 있겠습니다.[12] 성경은 1차적으로는 '사람의 글'이지만, 글에 담긴 사람들의 노력을 하나님께서 인정해 주시고, 다른 시대의 사람들도 그 글을 재해석하는 과정을 통해 신앙을 가질 수 있는 길을 하나님께서 열어 주셨다고 상상할 수 있다면 2차적인 의미에서 성경을 '하나님의 글'이라고 할 수 있겠습니다. 즉 골리앗을 다윗이 죽였는지, 엘하난이 죽였는지에 대한 역사적 사실, 진실을 밝혀내는 것보다, 왜 어린

---

12 포토샵을 해 보신 적이 있는 분들은 '레이어' 개념을 떠올려 보시면 될 것 같습니다. 미국 유니온신학교의 네이비드 엠 카 교수는 구약성경을 '텔'로 묘사합니다. 텔은 과거에 사람들이 살았던 도시가 무너지고 나서, 그 위에 다시 새로운 도시가 세워지는 것이 반복되며 생긴 언덕과 같은 지형을 말합니다. 그래서 이 언덕과 같은 지형을 파헤치며 조사를 하면 과거로 시간 여행을 할 수 있는 것이죠. 성경 또한 최종 결과물로서의 글들을 재조사해 가면서 과거를 더듬어 갈 수 있다는 맥락에서 좋은 비유라고 생각합니다.

목동 다윗이 중무장한 골리앗을 쓰러뜨렸다고 성경이 말하고 있는지, 그리고 그 과정에서 오늘을 살아가는 우리가 신앙의 어떤 면을 새롭게 상상해 볼 수 있는지 다양한 시도를 하는 것이 성경을 '성경답게' 사용하는 길입니다.

구약성경의 편집, 재구성 과정이 1000년이 넘는 긴 세월 동안 이루어진 반면, 신약성경은 100~150년의 상대적으로 짧은 기간에 형성된 글들입니다. 하지만 신약성경이라 할지라도 책을 쓴 저자를 정확히 알지는 못합니다. 초대교회의 전승들을 추적해서, 마가복음은 베드로를 따라다녔던 마가가 썼을 것이라고 상상해 볼 수도 있겠지만, 하나의 상상일 뿐입니다. '마가복음은 마가가 쓰고 마태복음은 마태가 썼다', 이렇게 보기 보다는 신앙 공동체들의 삶이 먼저이고, 그 공동체 정신을 유지하며 확장시키기 위한 신앙고백문으로서 복음서에 마가나, 마태, 누가, 요한 등의 이름이 붙여졌다고 볼 수도 있습니다.

2020년에 출간된 「T&T 클라크, 사회적 정체성 신약성경 주석(*T&T CLARK SOCIAL IDENTITY COMMENTARY ON THE NEW TESTAMENT*)」은 신약성경의 사회적 상황을 조사하여, 글을 주고 받는 저자와 수신자 공동체를 주도면밀하게 정리한 주석입니다. 이 책에서 마가복음의 저자를 소개하는 한 단락을 인용해 보겠습니다.

> 마가라는 단어는 주로 그 이름의 복음을 지칭할 때 사용했습니다. 하지만 저자의 이름이 마가였을까요? 결정적인 증거는 없습니다. 일부 학자들은 마가라는 사람이 복음서를 썼다는 사실을

전면적으로 거부하는 반면, 다른 학자들은 바울과 베드로의 한때 동행자였던 마가가 저자라는 전통을 받아들입니다. 프랜시스 몰로니(Francis J. Moloney)는 신약성경에 언급된 마가는 아닐지라도 마가라는 (이름의) 인물이 저자였다고 주장합니다. 보다 결정적인 증거가 없다면 마가복음 저자에 대한 우리의 지식은 잠정적인 것으로 남아 있을 수밖에 없습니다.[13]

성서학의 전문학자들도 저마다의 근거들을 가지고 마가복음의 저자와 수신자를 상상해 볼 수 있지만, 모두가 합의점에 이를 수 있는 객관적인 최종 결론이란 것은 없다는 이야기입니다. 이것은 성경의 어느 책도 저자와 수신자를 구체적으로 상상하지 말자는 이야기가 아니라, 오히려 정반대입니다. 저자의 상황과 그 글을 받는 공동체 또는 그 글을 여기저기 돌려보는 주변 공동체의 상황들을 한 가지로 확정 짓지 않고 다양하게 상상해 볼 수 있습니다 (때로는 글을 주고 받는 사람들에 대한 상상을 멈추고, 글 자체에만 집중해서 해석을 시도하기도 합니다).

복음서가 아닌 편지글에도 모호함이 남아 있습니다. 예수님의 동생, 야고보의 순교에 관한 이야기는 1세기의 유대인 요세푸스[14]

---

[13] J. Brian Tucker, Aaron Kuecker 외, 「T&T CLARK SOCIAL IDENTITY COMMENTARY ON THE NEW TESTAMENT」, 2020, T&T Clark, Chapter3 : Mark, p. 150, 저자 사역. https://www.amazon.com/Clark-Social-Identity-Commentary-Testament/dp/0567667863

[14] 요세푸스는 1세기의 유대 제사장 가문의 사람으로 로마-유대 전쟁에 참여했던 사람입니다. 로마의 베스파시아누스 장군에게 패배를 당할 때, 베스파시아누스가 황제가 될 거라는 예언을 했습니다. 나중에 베스파시아누스 장군이 네로 이후 1년만에 황제가 되자, 요세푸스는 로마에서 안정된 생활을 할 수 있게 되었습니다. 요세푸스 자신의 역사관으로 쓴 책들이지만, 그가

의 글에도 남겨져 있습니다만, 이 야고보가 신약성경 야고보서의 저자인지는 학자들도 의견이 갈립니다. 또 요한계시록의 저자 요한이 요한복음, 요한1,2,3서의 요한과 같은 인물인지에 대해서도 의견이 다양합니다. 명료하지 않다는 것은 우리를 조금 짜증나게 만들지만, 동시에 다양한 해석과 적용이 가능한 열린 가능성을 선물로 누릴 수 있습니다. 누군가 "이 책은 누가, 누구에게 썼고, 뜻은 이렇다"라고 확정적으로 단언한다면, 오히려 조심해야 합니다.

그나마 명료해 보이는 것은 바울의 편지글입니다. 바울은 초기의 예수를 따르는 이들을 박해하던 사람이었지만, 회심해서 그들의 운동에 합류했고, 또 신약성경에 속하는 가장 많은 글을 남긴 사람이지요. 그래서 바울의 인격을 추정할 때, 바울의 편지글을 토대로 상상해 볼 수 있습니다. 단, 전문 신학자들은 바울의 이름으로 전해진 모든 글을 바울이 썼다고 보지는 않기 때문에, 바울이란 인물을 상상할 때는 바울의 친서라고 많은 학자들이 합의하는 편지글을 중심으로 상상해 보는 것을 추천드립니다.

> 2011년, 잉글랜드 노팅엄에서 열린 영국 신약신학 콘퍼런스에 참석한 백여 명의 학자를 조사한 결과, 100퍼센트의 학자가 바울이 로마서, 고린도 전후서, 갈라디아서, 데살로니가전서를 썼다고 주장했다. 바울이 빌립보서와 빌레몬서를 썼다고 주장한 학자는 99퍼센트였으며, 데살로니가후서를 썼다고 주장한 학자는 57퍼센트였다. 51퍼센트는 바울이 골로새서를 썼다고 주장

기록한 유대 전쟁사, 유대 고대사, 아피온 반박문 등의 문헌들은 성서 시대를 이해하는 매우 중요한 고대 문헌입니다.

했으며, 36퍼센트는 바울이 에베소서를 썼다고 주장했다. 24퍼센트는 바울이 디모데후서를, 23퍼센트는 디도서를, 21퍼센트는 디모데전서를 썼다고 주장했다. 그러나 바울이 히브리서를 썼다고 주장한 학자는 0퍼센트였다.[15]

위에 인용한 글을 보면 알 수 있듯이, 오늘날 신약학자들은 로마서, 고린도전후서, 갈라디아서, 데살로니전서, 빌립보서, 빌레몬서, 이렇게 7개의 편지는 대체로 바울의 편지라고 인정하고 있습니다. 나머지의 편지글들은 합의가 안되고 있기 때문에, 바울의 어떤 모습을 상상하며 읽을 수도 있고, 아니면 신앙 공동체의 특별한 상황을 상상하며 읽고 해석을 할 수도 있습니다. 디도서와 디모데전후서를 바울의 글이 아니라고 보는 학자들이 많지만, 모든 학자들이 100% 그렇게 생각하는 것은 아니기 때문에, 바울의 글이라고 상상하는 것도 충분히 가능한 일입니다.

게다가 바울이 실제 썼을 것으로 추정되는 편지를 보면 바울과 소통하는 신앙 공동체의 모습도 다양해 보입니다. 데살로니가 교회[16]는 대체로 경제적으로 어려운 상황에서 구성원의 대다수가 수작업 노동을 했을 것으로 상상이 되고, 고린도교회는 다양한 사회적 지위를 가진 구성원들이 모여 있을 것으로 상상이 됩니다. 로

---

[15] 브루스 W. 롱네커, 토드 D. 스틸, 「바울 그의 생애 서신 신학」, 박규태 옮김, 성서유니온, 2019, p. 149.

[16] 1세기 성경이 쓰여질 시기의 신앙 공동체를 2~3세기 이후의 제도화된 교회(church)와 구분해서 생각할 필요가 있습니다. 리차드 호슬리(Richard A. Horsley)의 경우 고린도전서 주석에서 에클레시아로 표현된 신약성경의 신앙 공동체를 교회(church)라고 하지 않고, 민회, 집회(assembly)라고 부르고 있습니다.

마교회나 갈라디아교회도 편지글에서 강조하는 신학적인 포인트들이 다른 것을 보면 1세기의 교회 공동체가 얼마나 다채롭게 자라 나갔는지를 알 수 있습니다.

성경은 하나님을 찾는 사람들, 하나님에게 이끌리는 사람들이 여러 시대에, 다양한 상황 속에서 남긴 글의 모음집입니다. 성경이 만들어지는 과정 자체가 '다양성'을 드러내고 있고, 따라서 성경을 사랑하고, 존중하며, 나와 공동체에 적용할 수 있는 가능성도 그만큼 다양해야 한다고 생각합니다.

10
내 해석만 옳을까요?: 교조주의 넘어서기

성경의 해석과 책임 윤리

신학을 공부하며 문자주의에서 벗어난 후로는 오랫동안 성경의 '가장 뛰어난 해석'을 찾고자 노력했습니다. '여러 해석 중의 뛰어난 해석'이 아니라, 하나님의 뜻을 가장 잘 드러내는 단 하나의 탁월한 해석을 찾고자 했던 것 같습니다. 그래서 제가 처음 다녔던 장로회신학교에서도 공부하다가, 교환 수업을 신청해 연세대학교 신학과에도 가서 공부해 보고, 졸업 후에는 숭실대학교에서 성서학 석사 과정을 공부하기도 하고, 팬데믹 기간에는 이화여자대학교의 성서학 강의도 비대면으로 참여했습니다. 대학의 신학 수업 외에도 도움이 될 만한 곳들을 여기저기 다녔습니다.

처음에는 제가 성경을 너무 몰랐다는 걸 알고 충격을 많이 받았는데, 2~3년 지나다 보니까 또 근거없는 자신감이 생겼습니다. 드디어 '가장 옳은', '가장 맞는' 성경의 뜻을 찾아 냈다고 생각하게 된 것입니다. 하지만 공부한 지 4년 차가 되니 그 전에 공부했던 게 조금 의미가 없어지고, 5년 차가 되니 또 새로운 게 보이는 거예요.

지금 10년 정도 되었는데 이제는 '그려려니~' 합니다. 수만 가지의 성경 해석이 있고, 특정한 기준을 가지면 좀 더 타당한 해석이 있기는 하지만, '하나의 절대적인 해석이 군림하는 것은 아니다'라는 것을 알게 되었기 때문입니다.

데일 마틴의 이야기를 인용해 보겠습니다.

> 성경에서 의미를 '발견'하는 것은 해석을 필요로 하며 해석을 떠나서는 할 수 없습니다. 의미가 발생하기 위해서는 인간이 필요하며, 인간의 주체성 없이는 해석을 경험할 수 없습니다. 따라서 해석의 책임(우리가 '발견'하는 '의미'에 대한 책임)은 텍스트 자체가 아니라 텍스트를 읽는 우리 인간에게 있습니다.[17]

성경의 텍스트는 변하지 않았습니다. 하지만 성서 원어를 공부하고, 사본학을 하고, 다양한 주석을 들여다본다거나, 특정한 신학 학풍에 빠질 때마다 성경이 그때그때 다르게 읽혔습니다. 꼭 공부가 아니더라도, 우리가 경험하는 것들이 달라지면서 성경이 다르게 해석되기도 합니다(어쩌면 신학보다 경험이 더 중요할지도 모르겠습니다). 성경의 특정 본문을 해석해서 '의미'를 발생시키는 그 과정과 결과값은 매년 고정되지 않았습니다. 저의 10년 전, 5년 전 그리고 지금 제가 성경을 해석하고 의미를 발생시키는 과정은 달라

---

[17] Dale B. Martin, 「Sex and Singsavior」, WESTMINSTER JOHN KNOX PRESS, 2004, Chapter1 : The Myth of Textual Agency, 전자책 p. 13, 저자 사역. https://cbdreader.christianbook.com/cbdreader/desktop_reader.html

졌습니다. 물론 그 사이에 '역사 비평'[18]이라는 신학의 방법론을 배워서 해석의 옵션이 많아진 것은 사실이지만, '역사 비평'이라는 방법론이 그 자체로 성경의 뜻을 하나로 고정시키는 것은 아닙니다.

신학의 최고 권위자가 뛰어난 역사 비평 방법론을 총동원해서 성경을 이상하게 해석할 수도 있습니다. '성소수자' 이슈가 가장 대표적인 예이지요. 전문적인 신학방법론을 사용하는 신학자들 중에서도, 여러 근거들을 짬뽕시켜서 성소수자를 정죄하는 해석을 내놓을 수 있습니다.

신학 실력이 뛰어날수록 '한 가지의 의미'로 해석이 집중된다면, 이미 신학계의 여러 그룹들은 '해석의 합의'를 만들어 냈을 것입니다. 하지만, 지금까지 그래 왔던 적은 없었고, 앞으로도 모든 신학자들이 합의를 만들어 낼 일은 없을 것입니다.

저처럼 전문 신학자들을 쫓아다니며, 교인분들에게 도움이 될 만한 이야기를 찾아다니는 목사들은 처음에는 대혼란에 빠질 수밖에 없습니다. 너무 해석이 다양해서요. 그리고 현대신학이 발전하면 발전할수록, 알아야 할 정보량은 더 많아집니다. 그래서 결단을

18　역사 비평(Historical criticism)이란 성경 텍스트의 전승, 편집 과정, 텍스트와 관련된 공동체, 사회적 배경 등을 객관적인 역사학적 방법을 통해 연구하는 방법을 말합니다. 근현대의 성서학은 기본적으로 역사 비평 방법론을 통해 연구가 이루어지고 있습니다. 성서 본문 너머의 구전 전통이 문헌으로 형성되는 과정을 연구하는 전승사 비평, 텍스트의 형식과 사회적 맥락을 분석하는 양식 비평, 성경의 텍스트 자료들이 어떻게 분리되고 종합될 수 있는지를 분석하는 자료 비평, 여러 자료들이 어떤 배경에서 어떤 의도로 편집되었는지를 추적하는 편집 비평이 역사 비평에 속하는 연구 방법론입니다. 오늘날에는 방법론을 넘어서, 어떤 방향성으로 연구의 방향성을 정하려는지에 따라, 텍스트 자체의 내러티브 구조를 분석하는 문학 비평, 성경의 스토리가 어떻게 대중문화와 연계되는지를 살피는 문화 비평, 젠더 중심의 방향성을 갖는 페미니스트 비평, 젠더 비평, 사회정치적 맥락을 집중적으로 살펴보는 탈식민주의 비평등으로 분류해 볼 수도 있습니다.

해야 할 때가 오는데요. 그냥 자신이 속한 교단에서 추천하는 방향으로 항상 똑같은 이야기만 할지, 아니면 쏟아지는 정보들을 검토하고 정리해서 교인분들과 공유해 보는 혼란의 길에 들어설지 선택의 기로에 놓이게 됩니다.

저는 개척교회를 하면서 자연스럽게 후자의 길을 가게 되었습니다. 원래는 교단들의 교리 논쟁이 상당히 흥미로웠습니다. 그래서 성경을 다채롭게 해석하는 훈련에 집중하기 보다는, 교단이 제시하는 안정적인 교리들을 소개하거나, 교리의 틀에 맞게 성경을 해석해서 가르치려고 노력했습니다. 장로교 목사가 된다는 것은 장로교인을 만들어 내는 것이라고 생각했기 때문입니다.

지금은 특정 교단의 틀 안에 갇혀 있지 않다 보니, 어떤 조직이 제안하는 해석의 방향보다는 그 해석 자체가 신학자들의 토론 결과물을 반영하고 있는 것인지, 그리고 그 해석이 교회에 도움이 되는 해석인지를 살펴봅니다. 이것이 어쩌면 데일 마틴이 말하는 '해석하는 인간의 주체성과 책임'의 문제일 수 있겠습니다.

성경에 돼지고기를 먹지 말라고 쓰인 구절을 보고 돼지고기를 먹는 사람들에게 "당신은 하나님의 뜻을 어겼다"라고 말한다고 해서, 성경을 해석하지 않은 것은 아닙니다. 문자주의적으로 해석을 한 것입니다. 성경의 수많은 문장 중에 특정 문장을 선택해서, 맥락을 무시하고 눈앞의 누군가를 향해 적용한다는 것은 상당히 능동적인 해석입니다. "성경에 답이 있다, 성경에 이렇게 써 있다"라고 하는 것은 해석자의 '의도'를 숨기는 행위입니다.

성경에 무한한 해석의 가능성이 있다고 말하면, 조금 불안감을 느끼실지도 모르겠습니다. '성경을 읽어도 100% 확정된, 하나님이 원하시는 의도를 알아낼 수는 없다'는 메시지로 들릴 수 있기 때문입니다. 저는 모두가 이 정도의 불안감은 가져야 한다고 생각합니다. 성경을 해석하는 그 어떤 사람도 하나님이 아닙니다. 해석하려고 도전하는 사람이 있을 뿐입니다. 도전하는 사람의 성실함에 약간의 차이가 있을 뿐입니다. 성경을 해석하는 사람을 너무 과도하게 믿어서 '불안감'을 없애려 하는 것보다, 해석자의 '의도'를 고려하면서 조금의 '불안'과 '불신'을 유지한 채 약간의 '신뢰'를 가져 보면 어떨까요?

데일 마틴이 성경 해석에 관한 인터뷰를 하면서 어거스틴의 성경 해석 원칙을 인용하는 걸 보았습니다.

> 성경이나 성경의 일부를 이해하노라고 생각하면서 하나님과 이웃에 대한 이중의 사랑을 육성하는 데 이바지하지 않는 해석을 하는 사람은, 아직 성경을 바르게 이해하지 못했다. 그와 반대로, 사랑을 육성하는 데 도움이 되는 해석을 하는 사람은, 설령 그 곳에서 원저자가 표현하고자 한 정확한 뜻을 붙잡지 못했다고 하더라도, 그것이 사랑을 장려하는 데 도움이 되는 해석이라면, 그의 해석은 해로운 것이 아니며, 기만 행위라는 비난은 면한다.[19]

신학을 아무리 공부해도, 하나님 사랑과 이웃 사랑을 하는 데 도움을 주는 해석을 하지 않는다면 성경을 바르게 이해한 것이 아니라는 어거스틴의 말에 찔리게 됩니다. 그리고 성경 저자의 의도

---

[19] 성 아우구스티누스, 「기독교 교양」, 김종흡 옮김, 크리스천다이제스트, 2017, p. 61.

를 파악하지 못했다 하더라도, 사랑에 도움이 되는 것이라면 괜찮은 해석이라는 것도 큰 용기를 줍니다. 다만 어거스틴은 1,500년 전의 사람이니, 현재 살아 있는 신약학자인 데일 마틴과의 의견 차이는 '원저자가 표현하고자 하는 정확한 뜻'을 우리가 알 수 있느냐, 안다면 얼마나 알 수 있느냐에 달려 있습니다. 우리가 성경의 원저자(물론 원-원 저자는 하나님이시죠!)의 뜻을 '알 수 있다'는 입장인 어거스틴의 의견을 따를 수도 있고, '알 수 없다'는 입장인 데일 마틴의 의견을 따를 수도 있습니다.

어느 쪽을 따르든, 더 중요한 것은 '당신이 내놓는 해석이 하나님 사랑, 이웃 사랑의 정신에 부합하느냐'는 것이겠죠. 그리고 교회의 2000년 역사와 우리의 삶을 돌아보았을 때, 때로는 우리가 사랑이라고 생각해서 했던 말과 행동이 '폭력'일 수 있다는 것을 감안해야 합니다. 내가 하는 해석과 실천이 '폭력인지, 사랑인지'를 분별할 수 있는 감수성을 키워 나가는 것은 성경을 소유한 사람들의 숙제입니다.

하나님은 인격적인 분이실까요?

"인격적인 하나님을 만나셨나요?"라는 질문을 들어보신 적이 있으신가요? 저는 20대 때 선교단체 IVF에서 활동하면서 많이 들었던 질문입니다. 길섶교회에 참여하는 분들도 이런 질문을 많이 받아 왔나 봅니다. 그래서 교회에서도 '인격적인 하나님'에 관한 이야기를 나누게 되었습니다. 이야기를 들어보니, 이 질문이 신앙생활을 똑바로 하고 있는지 점검하는 공격적인 뉘앙스로 느껴졌다는 분들이 많았습니다. 하지만 이 질문을 신앙 검사지로 사용하지 않는다면, 교회에서 서로 다른 신앙 스타일에 대해 이야기해 볼 수 있는 좋은 도구가 될 수 있을 것 같습니다. 개인마다 생각하는 '하나님의 인격성', 또는 '하나님을 인격적으로 마주한다'라는 개념이 상당히 다를 수 있어서, 이야기를 나누면서 서로 배워갈 수 있는 좋은 주제 같습니다.

이 글을 쓰는 저나, 읽는 여러분이나 비슷한 수준의 인식 능력을 가지고 있는 사람이기에, 우리는 하나님을 온전히 알 수 없습니다. 하나님은 사람의 이해 수준을 넘어서는 우주보다 크신 분이십니다. 그래서 우리는 하나님을 이해하기 위해 그분을 어느 정도 작게 축소시켜야만 합니다. 그래야 하나님을 상상할 수 없는 공포의 존재에서(무서운 분이셔서가 아니라, 우리의 감각, 인식으로 포착할 수 없기에 오는 공포) 경외감을 느끼고, 존중하고, 사랑하고, 따르고 싶은 존재로 받아들일 수 있기 때문입니다.

이런 맥락에서 저는 하나님을 '인격적 하나님'으로 상상하는 편입니다. 가끔은 하나님께서 망원경으로 저를 보고 계신 것 같기도 하고(너무 확대하시면 부담스럽기 때문에, 줌 화질이 좋지 않은 망원경으로 상상합니다), 문자나 음성 메시지를 보내시는 것 같은 느낌을 받습니다. 하나님과 '언어'로 소통이 가능할 것 같다는 상상을 한다는 것입니다. 사람과 사람이 하듯이 소통할 수 있는 '인격'의 하나님은 아니라는 것을 알지만, '인격적'인 소통이 가능하다는 상상을 합니다. 이것은 신앙생활의 스타일이고 개성입니다. '하나님의 인격성'을 상상할 때의 장점은 하나님과 '친밀감'을 갖기 쉽다는 데 있는 것 같습니다.

하나님의 '인간적일 것 같은 인격성'을 상정하지 않고도 얼마든지 기독교 신앙의 길을 걸어갈 수 있습니다. 하나님과 언어로 대화를 한다기보다는, 깊은 침묵 가운데 하나님과 소통하는 감각을 키워나갈 수 있습니다. 하나님을 어떤 공간을 독점하는 캐릭터처럼 상상하지 않고, 세상을 떠받치는 원리나 에너지, 혹은 '진리 그 자체'로 상상하면서도 성숙한 신앙을 키워 나갈 수 있습니다. 어떤 분들은 "성경에 쓰여진 하나님의 모습과 활동을 봐라. 하나님은 사람들과 대화도 하고, 분노도 하고, 후회도 하고 그런 인격적인 하나님 아니냐, 하나님의 인간적인 인격성을 상정하지 않고도 믿음을 가질 수 있겠느냐"고 반문하실지 모르겠습니다. 하지만 전문 신학자 중에 "하나님께서 분노하셨다, 후회하셨다, 말씀하셨다"와 같은 성경의 표현을 문자적으로 이해하는 사람이 있을까요? 그렇게 보는 것은 인간보다 훨씬 크신 하나님을 인간과 같은 '인격성'을 가진 존재로 축소시켜서 상상하는 것과 비슷하다고 보시면 될 것 같습니다. 성경의 이야기가 말로 전해지고, 글로 기록되고, 편집되고, 다시 이야기되며 신앙의 힘을 발생시킬 때, 하나님은 사람이 이해할 수 있는 차원의 언어로 설명될 수 있습니다.

아무리 좋은 정보가 담겨 있어도, 공동체의 언어 수준에 맞지 않는 글은 의미나 효과가 없습니다. 하나님이 어떤 분이신지 메시지를 전하려면, 해석을 통한 의미가 발생할 수 있도록 공동체 수준의 언어로 묘사해야 합니다. 하나님께서 에덴 동산을 거니시고, 아담을 찾지 못해서 찾고 있다든가, 이스라엘 백성들의 고통을 들으시고, 모세를 부르신다든가 하는 장면 등을 어떠한 해석 없이 문자적으로 믿는 것은 오히려 크신 하나님을 인간 수준의 작은 하나님으로 제한하는 행위가 됩니다. 성경을 존중하는 것 같아 보이는 단순함이 오히려 하나님의 위대하심을 축소시키는 불신앙이 될 수 있는 것입니다.

반대로 '하나님의 크심'을 있는 그대로 보고자 어떠한 상상도 하지 않는다면 하나님을 '나의 하나님'으로 고백하기 어려워집니다. 하나님과 어떠한 '관계'라는 것이 가능하다고 믿어지기 어렵기 때문입니다. 그래서 저는 가끔씩은 하나님을 '인간적인 인격성'을 가지신 하나님으로 제한시키는 것도 필요하다고 생각합니다.

제가 '신앙'을 갖게 된 계기도 이러한 '인격적인 하나님과의 만남'이라고 할 만한 사건이 있었기 때문입니다. 대학교에 들어가서 1년 정도, 기독교 신앙에 대해 알아보긴 했지만 이성적으로는 도저히 신을 믿지 못하고 있었는데요. 하루는 이런 기도를 하게 되었습니다. "하나님이 계시다면, 영의 하나님(성령)이 계셔서 사람에게 신호를 줄 수 있다면, 제게 신호를 주세요"라고 말이죠. 제가 처음 이렇게 스스로 기도라는 걸 해 보았을 때, 공포의 감정이 한순간에 따뜻함으로 바뀌고, 친밀한 언어로 속삭이는 듯한 느낌도 받았고, 결정적으로는 '로마서 8장 9절'이라는 글자가 눈에 보이는 것 같은 경험을 했습니다. 저는 아직 기독교인이 아니어서 '로마서'가 뭔지도 잘 모르는 상태였습니다. 물론 그전에 어딘가에서 들어본 단어가 무의식 중에 떠오른 것일 수도 있겠지요. 순간적으로 느껴진 따뜻함이나 하나님께서 들려주신 것 같은 친밀한 메시지도 애정 결핍이나, 운동 부족(?) 때문에 생겨난 착각이었을 수 있습니다. 당시에는 중요한 경험이었지만 10년쯤 지나면서는 '내가 착각으로 기독교인이 된 것일 수도 있겠다' 싶더라고요.

중요한 것은 제가 누군가의 말이나 글로 설득을 당해서 하나님을 믿게 된 게 아니라는 점입니다. 착각이었든 진짜였든, 어떤 체험을 통해 기독교 신앙에 입문하게 되었습니다. 그래서 신학 공부를 10년째 하고 있는 지금도, 하나님께서 어떤 느낌을 저에게 주실 수 있다고 믿는데요. 다만 달라진 것은 제가 하나님이 주시는 신호를 잘 캐치할 만큼 높은 수준의 존재는 아니라는 것을 인정하게 된 점입니다. 그래서 하나님이 주시는 신호를 잘못 받아들일 확률이 90% 이상이기 때문에, 신학 공부나 사람들과의 소통을 통해 하나님의 뜻을 찾는 공동의 작업으로 잘못된 해석을 교정해 나가야겠다고 생각하게 되었습니다.

앞서 말씀드린 기도 체험 중에 어떤 신호(?)로 보았던 성경 말씀은 로마서 8장 9절입니다.

> 그러나 하나님의 영이 여러분 안에 살아 계시면, 여러분은 육신 안에 있지 않고, 성령 안에 있습니다. 누구든지 그리스도의 영이 없으면, 그리스도의 사람이 아닙니다. (롬 8:9, 새번역)

새번역 성경은 여기서 "성령"에 주석을 달아 "영"이라고도 표현합니다. 성경에서 영(Spirit)은 바람과 같이 눈에 보이지 않지만 존재하는 생명의 활동, 창조의 활동, 또는 생명 그 자체를 표현합니다. 거룩한 영(성령), 영, 하나님의 영, 그리스도의 영 등 다양한 어법으로 사용되면서 때로는 우리가 사는 세계 안에서의 모든 하나님의 활동을 묘사하기도 하고, 예수님의 사역을 돕는 존재로 표현하기도 합니다. 예수님의 승천 이후에는 남겨진 신앙인들이 예수님을 계속해서 따를 수 있도록 돕는 고유한 인격(자아)가 있는 것 같은 존재로 그려지기도 합니다.

주로 성령이라고 부르는 '거룩한 영'은 특별히 어떤 한 가지로 규정되지 않는 하나님의 활동, 생명의 원천 등으로 다양하게 상상해 볼 수 있습니다. 교회의 전통은 삼위일체[20]라는 틀 안에서 성령을 한 위격을 가진 고유한 존재로 설명해 오기도 했습니다 데일 마틴은 로마서 8장이 삼위일체의 교리에 관한 이야기로 읽어 낼 수 있는지에 대해 다음과 같이 설명합니다.

> 로마서 8장은 주목할 만한 삼위일체론적 본문으로 읽을 수 있지만, 그 '원문' 또는 저자의 의미를 찾기 위해 '본문 읽기'를 하는 것이 아니라 신학적 해석을 통해 그렇게 읽어 내는 것이라는 점을 인정해야 합니다. (중략) 로마서 8장은 프뉴마의 다양한 의미, 따라서 "영"과 "성령"에 대한 다양한 해석을 위한 많은 기회를 제공하기 때문에 영에 대해 생각하는 데 매우 유익한 본문입니다.[21]

즉, 성경을 토대로만 해서는 삼위일체라는 교리가 나올 수 없다는 것입니다. 그럼에도 데일 마틴은 교회의 교리인 삼위일체 교리를 존중합니다. 오늘날의 전문 성서학자들은 삼위일체 교리에 대해 개인마다 다양한 입장을 가지고 있습니다. 그렇기에 오늘날

---

20 삼위일체는 성부 하나님, 성자 예수님, 성령 예수님이 동일한 신적 본성(essen-tia)을 가졌지만 서로 **구별되는** 독립된 위격(persona, subsistentia)을 가지고 계시는 분이라는 신앙고백입니다. 하나님을 공동체적인 존재로 이해하고, 정삼각형의 틀 안에 신성의 위격을 베열시킴으로 하나님을 이해하는 전통적이고 추천할 만한 하나의 설명입니다.

21 Dale B. Martin, 「*Biblical Truths*」, Yale Universe press, 2017, 5. Spirit, 전자책 pp. 247~248, 저자 사역. https://tinyurl.com/2oyevr45

의 신앙인 개인들에게도 삼위일체 교리를 중요하게 생각할 수도, 혹은 그렇지 않고 하나님에 대해 다양하게 상상할 수도 있는 옵션을 주어야 한다고 생각합니다. 모든 전문 신학자들이 성경을 연구하고 100% 합의를 볼 수 있는 것이 아니기에, 교인분들에게 삼위일체 교리를 무작정 강요해서는 안 될 것 같습니다.

삼위일체를 인정하든 인정하지 않든, 하나님의 영, 거룩한 영(성령)의 인간적인 '인격성'을 상상해 볼 수 있습니다. 또는 거룩한 영을 하나님의 세상에서의 활동, 생명을 불어넣는 힘, 생명 그 자체로서 해석할 수도 있습니다. 저는 신앙하는 개인에게 교회가 다양한 해석의 옵션을 안내해 주고, 스스로 신앙의 길을 찾아나갈 수 있도록 도와야 한다고 생각합니다.

예수님에 대해서는 '인간적인 인격성'을 상상하는 것이 비교적 어렵지 않은 일일 것 같습니다. 성육신 하신 하나님의 아들로서, 복음서에 나타난 예수님의 활동은 사람의 수준에서 소통할 수 있는 신성한 인격으로 상상할 수 있는 근거가 됩니다. 하지만 예수님 또한 '어떠한 예수님을 신앙하고 따를 것인가'에 대해서는 상당히 다양한 선택지가 있습니다. 예수님의 신성과 인성 중에 어떤 부분을 더 중요하게 생각하고 신앙생활을 할 수도 있고, 또 둘 다를 중요하게 여기며 신앙생활을 할 수도 있습니다. 또한 예수님의 '인간적인 인격성'에도 내가 어떤 부분에 매력을 느끼는지 각자만의 대답을 가질 수 있는 영역입니다.

"인격적인 하나님을 만났나요?"라는 질문이 "당신은 신앙생활 똑바로 하고 있나요?"라는 질문으로 사용되지 않도록 주의해야겠습니다. 오히려 '인격적인 하나님' 이란 주제를 가지고, 한 개인이 하나님을 얼마나 다양한 방식으로 신앙할 수 있는지를 이야기하고, 서로 다른 신앙의 길을 존중할 수 있는 하나의 계기가 되었으면 좋겠습니다.

천사와 악마 사이의 인간 : 교조주의 넘어서기(2)

지난 팬데믹 기간에 교회는 왜 이렇게 잠잠했을까요? 동료 목사들을 만나면 다들 무언가 바쁘게 지냈던 것 같은데, 몇 년의 시간을 되돌아보면 '교회가 무얼 한 건가?'라는 회의감이 듭니다. 열심히 하지 않았다는 게 아니라 '너무 똑같은 것만 반복하고 있지 않았나'라는 생각입니다. 교회에는 당연히 똑같이 반복해야 하는 것들이 있지만, 최근 몇 년의 큰 변화가 필요했던 시기에 새로운 도전, 실천들이 적었다는 건 심각하게 반성해야 하는 일이라고 생각합니다.

'개혁된 교회는 항상 개혁되어야 한다(Ecclesia reformata, semper reformanda est)'라는 개신교의 모토가 이제는 무색해진 것 같습니다. 변화하는 상황 속에 교회가 '다시, 재구성(re-form)' 되어가는 게 개신교의 '매력'이라고 생각했기 때문입니다. 생물 진화론의 언어를 빌려 오면, 개신교는 가톨릭에 비해 변화하는 상황에서 맞게 변하고 적응할 수 있는 적응-친화적 교파라고 할 수 있겠습니다. 가톨릭교회보다 개신교 교회가 '우월하다'는 것이 아니라, '적응 가능성'이 높아야 하는 게 아닐까 싶은 거죠. 이름 자체가 '뜯어고침', 개혁이니까요.

루터가 이신칭의 교리(믿음으로 의롭다 함을 받는다)를 그렇게 강조한 데는, 새로운 실천을 하기에는 당시의 교회가 너무 무거워졌다고 느낀 이유도 있지 않았을까요? 루터가 교회를 전면 부정하려 했다기 보다는 쓸데없는 공로주의와 면벌부의 악행 등을 비판을 하려했던 것이, 새로운 교회 운동의 출발점이 되었습니다.

독일 훔볼트 대학에서 루터에 관한 연구를 한 김용주 박사는 종교개혁 시기의 칭의론 논쟁의 중점을 다음과 같이 설명합니다.

> 루터의 칭의론과 가톨릭교회의 칭의론의 결정적인 차이는 인간의 상태에 대한 평가에 있다. 가톨릭교회는 인간의 전적 부패를 부정하고, 타락한 후에도 인간은 은혜의 도움을 받기만 하면 수선되어 죄를 이길 수 있고 선을 행할 수 있다는 전제에서 출발한다.[22]

개신교에서는 인간 자체의 변화를 강조하지 않고, '죄인임에도' 하나님의 인도하심으로 거룩한 실천을 하는 성화의 과정에 들어간다고 설명합니다. 이런 맥락에서 개신교는 '은혜'라는 종교 언어를 사용하는데요. 가톨릭에서는 '은총'이란 종교 언어를 사용해서 선을 행할 수 있는 본성으로의 '변화, 새창조' 쪽에 강조점을 둡니다.

가톨릭 신학자 호세 안토니오 사예스(José Antonio Sayés)는 다음과 같이 말합니다.

> '성화 은총'은 다음과 같은 두 가지 차원을 내포한다. 첫째, 우선 이 은총은 하느님께서 지속적인 형태로 인간을 변모시키는 가운데 그 안에 내주하는 것을 포함한다. 우리는 이를 창조되지 않은

---

22 김용주, 「칭의 루터에게 묻다」, 좋은씨앗, 2017, pp. 170~171.

은총(gratia increata)이라 부른다. 둘째, 인간은 이러한 은총을 통해 그리스도 안에서 새롭게 변모된 피조물로 드러나는데 우리는 이를 창조된 은총(gratia creata)이라 부른다.[23]

고대, 중세에서는 국가나 지역 단위에 따라 그 지역이 취하고 있는 가톨릭 또는 개신교의 성경 해석과 교리적 입장에 동의해야 했습니다. 하지만 현대사회에서는 그러지 않죠. 가족과 친구의 영향으로 교회를 결정할 수도 있지만, 스스로가 여러 입장의 설교와 예배를 참여해 보고 교회를 결정할 수 있습니다.

저도 장로교 신학교에서 교육을 받을 때는 루터의 이론을 토대로, 성령론을 더해서 '성화의 과정'을 풍성하게 설명한 개혁주의-개신교 전통에 매료되었습니다. 하지만 지금은 어떤 전통, 이론, 해석이 '지금보다 조금 더 나은 변화'를 가져오는 효과가 있을지를 중립적인 입장에서 살펴보는 편입니다. 오늘날의 심리학, 정신분석학, 뇌과학 등 전문 분야의 이론들도 살펴보고, 스스로에게도 적용해 봅니다. 몇 년의 경과를 보면서 저의 생각, 글, 영상, 설교, 행동 등에 긍정적인 변화가 있는지를 살펴보는 것이죠. 당연히 엄청난 효과의 '성화', '신화' 같은 것은 없었습니다. 그렇다고 미세한 변화들이 아예 없었느냐 하면, 그렇지는 않은 것 같습니다. 저의 말이나 글, 만나는 사람들, 교회 공동체의 방향성, 분위기 등 아주 작게 변화가 느껴지는 것들은 분명 있기 때문입니다.

굳이 중세나 근대의 칭의론 논쟁에 목숨을 걸 필요는 없다고

---

23 호세 안토니오 사예스, 「은총론」, 윤주현 옮김, 수원가톨릭대학교출판부, 2011, p. 57.

생각합니다. 수백 년 전부터 내려오는 교리 공식은 교회에 '전통'이라는 안정감을 주지만, 현대인에게 직접적인 효과를 반드시 주는 것은 아닙니다. 사람마다 피부로 느끼는 것이 다를 것입니다. 게다가 현대 성서학은 1세기의 맥락을 새롭게 상상해 볼 수 있는 다양한 근거들을 제공하고 있습니다. 쿰란문서, 나그함마디문서등 최근 1세기 사이에 새롭게 발견되고 번역되는 고대 문서들을 토대로, 성경의 '배경'에 대해 다시 상상해 볼 수 있는 기회가 늘어나고 있습니다.

구약성경과 신약성경 사이에 있었던 수백 년의 기간은 진공상태가 아닙니다. 우리가 성경이라고 '경전화'하지는 않았지만, 다양한 신앙 공동체에서 읽힌 문헌들이 많습니다. 그 문헌들을 제2성전기 문헌들이라고 하는데요. 제2성전기 문헌을 연구하는 그룹 중에 가장 대표적인 곳이 '에녹 세미나'입니다. 길섶교회처럼(?) 미팅 오울 프로 카메라를 사용하여, 전 세계의 제2성전기 전문가들, 현대 성서학 전문가들이 온-오프로 세미나를 하고 있습니다. 토론한 내용을 홈페이지, 유튜브 등을 통해 자료를 공개하고 있어서, 저처럼 가난한(?) 목사에게도 큰 도움이 됩니다.

에녹 세미나의 가브리엘레 보카치니(Gabriele Boccaccini)[24]는 칭의론에 관해서 다음과 같이 말했습니다.

---

24 가브리엘레 보카치니는 미시간대학교에서 제2성전기 유다이즘과 초기 랍비문학을 가르치는 교수입니다. 할아버지, 아버지가 모두 2차 세계대전 기간에 나치에 저항하는 활동을 했습니다. 피렌체에서 유대인과 기독교인들이 하나가 되어 나치에 저항했던 것이 계기가 되어 전쟁이 끝나서도 두 그룹간에 대화를 위한 협회가 만들어졌고, 가브리엘레 보카치니 또한 가족의 영향을 받아 그곳에 가입하게 됩니다. 카를 바르트나 본회퍼와 같은 소수의 개혁교회, 루터교회 신학자를 제외한 대다수의 교회가 나치에 협력했다는 사실을 생각해 볼 때, 이러한 종교간 연대 활동이 있었고, 그 흐름이 제2성전기 연구의 부흥으로 이어지고 있다는 것은 관심을 가져 볼 만한 일이겠습니다.

바울이 이해한 바에 따르면 칭의는 "과거의 죄들로부터의 용서, 씻김, 그리고 정화됨"이고 "그리스도를 신뢰하는 믿음"을 기반으로 인간을 지배하는 대상인 죄로부터의 해방"이다. 그리고 구원은 각 사람의 행위에 따라 집행될 마지막 심판의 결과이다. (바울이 죄인들에게 설교했던) 믿음에 의한 칭의와 (바울이 결코 설교하지 않았던) 믿음에 의한 (영원한) 구원을 동일시하는 일은 바울에 대한 기독교적 재해석이 만든 주된 왜곡들 중 하나이다.[25]

보카치니는 믿음과 행위를 이분법적으로 구분하는 해석(율법, 행위가 아닌 믿음으로만 구원받을 수 있다)에 반대합니다. 이것은 보카치니 뿐만 아니라, 최근 반세기 동안 진행된 '새 관점'[26]이라 불리는 연구 흐름 위에 선 신약학자들의 입장이기도합니다. 오히려 보카치니는 개신교 전통에서 말하는 '구원의 시작으로서의 칭의'는 현대신학에서도 수용 가능한 이야기라고 합니다. 다만 구원은 인생의 전 과정을 하나님 앞에 보여 드림으로 받는 최종 심판까지를 포함하는 개념이라고 주장합니다.

한국의 제도권 교회에서 '구원파'라고 불리는 어떤 교회들은

---

25 가브리엘레 보카치니, 「바울이 전하는 세 가지 구원의 길」, 이상환 옮김, 학영, 2023, pp. 259~260.

26 1500년대 종교개혁 시기의 이신칭의 논의의 연장선상에서 '우리는 율법의 행위가 아니라, 은혜를 통해 믿음으로 구원받는다'라는 모토로 구약과 신약, 유대교와 기독교를 구분짓는 전통을 '옛 관점'이라고 합니다. 반면에 1900년대 이후 수많은 1세기 전후의 고대 문헌들의 발견을 통해 배경 지식이 늘어나면서 단순히 행위 구원, 믿음 구원으로 이원화킬 수 있는 것이 아니라, 다양한 유대교들(Middle Judaism)의 흐름 안에서 예수님의 구원 메시지를 여러 각도로 해석할 수 있다는 새로운 제안들이 최근 반세기 동안 나오고 있는데, 그러한 흐름을 '새 관점'이라고 합니다.

'예수님을 믿음으로 과거, 현재, 미래의 죄까지 다 용서받는다'는 극단적인 해석을 내놓았습니다. '오늘 죽으면 천국 갈 자신이 있습니까?'라는 질문이 이와 비슷한 분위기에서 만들어진 질문입니다. 제2성전기 연구자들이나, 교리와 상관없이 성경을 연구하는 전문가들은 이러한 구원 공식을 강요하지 않습니다. 예수님을 따르는 사람들은 하나님 앞에 선한 실천들을 계속해서 시도할 뿐이고, 구원의 길로 인도하시는 하나님을 믿음으로 붙잡는 것이지, 구원의 증표같은 것이 있는 것은 아니기 때문입니다.

'인간이 선을 행할 수 있느냐, 전적으로 타락해서 스스로 선을 행할 수 없느냐'의 문제도 제2성전기의 종교 문헌에 따르면 일관된 입장을 정할 수 없습니다.[27] 예를 들어. 가톨릭 성경에 포함되어 있는 집회서(시락서)에는 다음과 같은 구절이 있습니다.

> 한처음에 주님께서 인간을 만드셨을 때 인간에게 자유 의지를 갖도록 하셨다. 네가 마음만 먹으면 계명을 지킬 수 있으며 주님께 충실하고 않고는 너에게 달려 있다. (집회서 15:14~15, 공동번역)

집회서는 인간이 자유의지를 가지고 있음을 강조하고, 따라서 하나님의 명령을 수행할 수 있음을 강조하고 있습니다. 보카치니에 의하면, 집회서는 이스라엘이 셀류키드 왕조에게 지배받던 시기의 공동체 문헌으로 추정됩니다. 반면 쿰란 공동체에서 발견된 다음과 같은 구절이 있습니다.

---

[27] 가브리엘레 보카치니는 「Roots of Rabbinic Judaism」에서 샌더스가 제2성전기 유대교를 언약적 율법주의라는 하나의 키워드로 무리하게 통일시켜 버렸다고 비판합니다.

인간에게 주어진 자유는 어디로 갈지 선택하는 것이 아니라 자신이 어디에 있는지 발견하는 것이다.[28]

쿰란 공동체는 에세네파의 한 종교 분파 공동체로 추정됩니다.[29] 그들은 하나님께서 세상의 시작과 끝을 모두 정하셨다는 강력한 예정론을 믿었습니다. 따로 모여 살았기에 가장 고고학 자료나 문헌 데이터가 많이 발견되는 공동체입니다. 집회서와 달리 인간의 자유의지를 상당히 부정적으로 보고 있습니다. 각 개인은 창조될 때에, 하나님의 뜻에 따라 선한 영에게 영향을 받을 수 있는 공간(parts)과, 악한 영에게 영향을 받을 수 있는 공간의 수가 정해져 있어서, 의인과 악인이 이미 결정되어 있습니다. 쿰란공동체 문헌인 사해사본 4Q186에는 빛의 힘과 어둠의 힘의 영향을 받는 공간이 3가지의 비율로 정해져 있는데, 각각 6:3, 1:8, 8:1로 되어 있어서 사람은 중립의 길로 갈 수 없고 빛의 길 또는 어둠의 길 어느 한쪽을 향해 나아가게 된다고 말하고 있습니다.[30]

---

[28] Dimant, "*Qumran Sectarian Literature*", 538, Gabriele Boccaccini. *Beyond the Essene Hypothesis: The Parting of the Ways between Qumran and Enochic Judaism* (Kindle Location 2836). Kindle Edition에서 재인용, 저자 사역

[29] 이것은 가브리엘레 보카치니의 입장입니다. 처음에 쿰란에서 사해사본이 발견되었을 때, '에세네 분파 = 쿰란 공동체'라는 공식의 에세네 가설이 세워졌다가, 나중에 다양한 문헌들을 비교 연구하면서 그 이론이 정확히 맞아떨어지지 않는다는 걸 학자들이 알게 되었습니다. 가브리엘레 보카치니는 제2성전기 기간에 다양한 유대 공동체들이 존재했고, 그중에 에세네파 운동의 흐름이 있으며, 쿰린 공동체는 에세네파에서 갈라져 나온 특수한 공동체로 설명합니다.

[30] Gabriele Boccaccini, 「*Beyond the Essene Hypothesis: The Parting of the Ways between Qumran and Enochic Judaism*」, William B. Eerdmans Publishing Company, 1998, CHAPTER 3 : The Prehistory of the Sect, 전자책 p. 741, 저자 사역. https://www.amazon.com/Beyond-Essene-Hypothesis-Parting-between/dp/0802843603

마지막으로 에녹 공동체는 집회서의 공동체와 에세네파 공동체의 중간 입장입니다. 제2성전기 전문가 집단의 이름이 '에녹 세미나'인걸 보시면 아시겠지만, 창세기 6장의 '에녹'이란 인물을 모티브로 한 에녹 문헌은 제2성전기 유대교 문헌 중에 가장 중요한 문헌입니다. 보카치니의 설명을 인용해 보겠습니다

> 에녹의 이야기는 우주의 반란(타락한 천사들의 맹세와 행동)에 의한 창조 질서의 붕괴를 중심으로 전개됩니다 "온 땅이 아사셀의 가르침으로 말미암아 부패하였으니 모든 죄를 그에게 기록하라"(에녹1서 10:8). 이 우주의 반역이 홍수라는 재앙을 초래한 것은 물론 새로운 창조의 필요성을 불러일으켰습니다. (중략) 창세기에 따르면, 하나님이 직접 보시고 "심히 좋았더라"(창 1:31)고 칭찬하신 완벽한 세상보다 더 완벽한 것은 없습니다. 무언가 크게 잘못되지 않는 한, 그 누구도 잘 작동하는 것을 바꾸지 않을 것입니다. 묵시적(apocalyptic) 사고에서 종말론(eschatoloty)이란 원형론의 산물입니다. 모세 율법의 문제도 원형론의 산물입니다. 그것은 율법에 대한 직접적인 비판에서 나온 것이 아니라 천사의 반란으로 인해 악의 존재로 인해 혼란스러운 우주에서 사람들이 모세 율법을 포함한 어떤 율법도 따르기 어렵게 되었다는 인식에서 비롯된 것이었습니다.[31]

---

[31] Gabriele Boccaccini, Jason M. Zurawski, 「Torah: Functions, Meanings, and Diverse Manifestations in Early Judaism and Christianity, Torah and Apocalypticism in the Second Temple Period」, 2022, 전자책 p. 233, 저자 사역. https://books.google.co.kr/books/about/Torah.html?id=5-PmzgEACAAJ&redir_esc=y

에녹1서는 아담과 하와의 선악과 이야기로 악의 기원을 설명하지 않습니다. 창세기 6장에 하나님의 아들들이 사람의 딸들을 취한다는 다소 이해하기 어려운 이야기를 토대로 악의 기원을 새롭게 만들어 냅니다. 타락한 천사들로 인해 사람들은 죄의 길로 이끌림을 받도록 영향을 받고 있다는 것입니다.

마태복음 25장 31절에서 46절에는 예수님께서 최후의 심판을 묘사하는 장면이 나옵니다. 삼위일체 교리를 믿느냐, 이신칭의 교리를 믿느냐 이런 걸로 기준을 삼는 것이 아니라, 도움이 필요한 사람에게 어떤 도움을 주었는가를 기준으로 심판을 한다는 내용입니다.

> 저주받은 자들아, 내게서 떠나서, 악마와 그 졸개들을 가두려고 준비한 영원한 불 속으로 들어가라. (마 25:41, 새번역)

이처럼 25장 41절에는 악마를 위해 준비한 '영원한 불'이라는 표현이 나오는데요. 신약성경에 갑자기 많이 등장하는 귀신, 악마에 관한 이야기와 그들을 위해 준비된 지옥은 에녹1서의 이야기를 모티브로 하고 있습니다. 선한 영적 존재인 천사들과 악의 길로 유혹하던 악한 천사들이 공존하는 세계에서 인간은 의의 길을 갈 수도 있고, 악의 길을 갈 수도 있습니다. 사람은 선의 가능성과 불가능성을 함께 가지고 있는 '흔들리는 주체'인 것입니다.

'천사와 악마와 같은 인간이 아닌 영적인 존재를 믿느냐 아니냐'는 개인의 판단에 맡겨야 할 문제 같습니다. 저는 에녹 문헌이든, 신구약 정경에 나오는 천사, 귀신에 관한 이야기이든, 그들의 이름과 활동을 문자적으로 믿지는 않지만, 다른 방식으로 이러한 존재가 있을 수 있다고 생각합니다. 우리는 보통 사람을 '무엇이든 할 수 있는 존재'와 '아무것도 할 수 없는 존재' 사이에서의 어떤 지점에 위치시킵니다. 두 극단 사이에서 갈팡질팡하는 사람을 고대의 언어로 번역하면 '천사와 악마 사이의 인간', '천사와 악마에게 영향을 받을 수밖에 없는 인간'으로 말할 수 있지 않을까요?

칭의론을 수학 공식처럼 정리해 내고, 어느 교파의 이론을 진리로 인정하느냐가 신앙의 기준점이 될 필요는 없다고 생각합니다. 인간의 자유의지와 은혜/은총의 관계는 제2성전기 시대에도 의견이 다양했고, 고대-중세-근대의 교회에서도 의견이 다양했습니다. 그보다 더 중요한 것은 '내가 어떤 실천을 했느냐'입니다. 그리고 내가 항상 실천을 잘하는 완벽한 존재가 아니기 때문에, 하나님의 영의 도우심이 필요하고, 교회 공동체가 필요한 것이 아닐까요? 칭의론의 메신저인 교회가 스스로 변화되는 모습을 하나도 보여 주지 못하면서, 칭의가 뭐니, 성화가 뭐니 하는 이야기는 큰 의미가 없어 보입니다.

11
성경 해석은 어떤 효과를 만들어 낼 수 있을까요?

신앙: 저는 이런 이유로 예수님을 팔로우합니다만…

신학을 하면서 가장 놀랐던 것은 '예수님이 어떤 분이신가'에 관한 합의점이 없다는 것이었습니다. 저는 20대 때 제가 생각했던 예수님의 모습이 진리이고, 모두가 저와 같은 예수님을 사랑하는 줄 알았는데요. 신학자들이 내놓는 예수님의 모습은 너무나 다양했습니다. 프린스턴신학교 데일 엘리슨(Dale C. Allison) 교수의 「역사적 그리스도와 신학적 예수」(비아)의 한 단락을 인용해 보겠습니다.

> 현대 예수 연구 서적들에는 수많은 역사적 예수상이 담겨 있고 학자들이 제시한 예수상은 지나치게 많다. 톰 라이트는 예수를 유대인 예언자이자 거의 정통 그리스도교인으로 그린다. 마커스 보그는 예수를 영원한 지혜를 가르친 종교적 신비주의자로 묘사한다. E. P. 샌더스는 알베르트 슈바이처와 유사하게 예수를 유대 종말론적 예언자로 그린다. 존 도미닉 크로산에게 예수는 갈릴리

인이면서도 견유학파 철학자 같은 소농으로서, 권력에 바탕을 둔 로마제국의 정치와 극명한 대비를 이루는 평등한 왕국과 비폭력적 하느님에 대한 비전을 제시한 인물이었다.[32]

사도신경과 같이 교회가 정한 신앙고백문 속의 예수님이 아니라, 역사학의 방법론과 신학의 방법론을 함께 사용해서 예수님이 어떤 분이셨을지를 추론하는 분과를 '역사적 예수'라고 합니다. 복음서 중에 비교적 일찍 쓰였을 것으로 추정되는 마가복음조차도 예수님이 활동하셨던 시간대에서 30~40년 뒤에 기록된 것으로 논의되는데요. 게다가 복음서마다 예수님에 대한 묘사에 조금씩 차이가 있고, 강조점도 다르기 때문에 어떤 이야기에 더 중점을 두고 예수님을 상상하느냐에 따라 다양한 해석이 가능합니다.

예수님의 신성과 인성에서 어느 쪽을 더 중요하게 생각할지(부활의 실재성을 중요하게 생각하는지), 예수님의 활동에 정치적 요소가 얼마나 강했을지, 1세기 유대교 문화와 헬라 문화 중에 예수님은 어느 쪽 영향을 더 받으셨을지 등, 어떤 기준에 어떤 식으로 답하느냐에 따라 예수님의 이미지가 조금씩 달라질 수 있습니다.

기성 교회에서 고생을 많이 하신 분들이 '역사적 예수' 이야기에 관심을 갖게 되면 대체로 '인간 예수'에 대한 관심이 급증합니다. 교회에서 예수님의 죽음과 부활, 하나님의 아들로서의 권능 등 예수님의 신성에 관련된 이야기만 들어왔다 보니 '인간 예수'의 이야기가 새롭게 들리기 때문입니다. 앞서 인용문에 소개된 마커스

---

32 데일 C. 엘리슨, 「역사적 그리스도와 신학적 예수」, 김선용 옮김, 비아, 2022, pp. 31~32.

보그(Marcus J. Borg), 존 도미닉 크로산(John Dominic Crossan)이 속한 '예수 세미나'[33]가 예수님의 신성과 인성의 밸런스를 되찾으려는 노력을 많이 했습니다. 데일 엘리슨이 소개한 크로산의 역사적 예수 이미지를 보면 알 수 있듯이, 기적과 부활의 이야기보다는 예수님의 활동을 정치적으로 재해석하려는 경향이 많습니다. 예수 세미나의 '역사적 예수' 또한 한국에 더 알려지고, 공유될 필요가 있지만, 성서학자들 사이에서 예수 세미나 회원의 이야기가 많이 인용되지 않는다는 점, 그리고 세미나의 활동이나 저술들이 새롭게 생산되지는 않는다는 점에서 아쉬움을 느낍니다.

저는 복음서에 나와 있는 예수님의 다양한 기적들이 문자 그대로는 아닐지라도 어떤 형태로든 일어나지 않았을까 라고 상상합니다. 예수님의 말씀이 참으로 놀랍고, 아름답지만, 예수님의 '말'만으로 그렇게 '팔로위'와 '안티'가 급증할 수 있었을까 의구심이 듭니다. 오늘날의 20~30대분들이 취업이 안 되면 그분들에게 성경 해석이고, 신학이고 큰 의미가 없게 될 확률이 높은데요. 그것은 1세기에도 마찬가지였을 것 같습니다. 몸과 마음이 아프고, 배가 고픈 이들에게 우선순위는 성경 해석이 아니라 '고통의 해결'이

---

[33] 예수 세미나는 현대 신학을 토대로 문자주의, 교리주의 신앙을 벗어나자는 것에는 에녹 세미나와 같지만, 연구 방법이 전혀 달라 보입니다. 예수 세미나는 도마복음을 정경 복음서와 같이 중요하게 여기며, 초월적이고 기적을 행하며 죽으시고 부활하신 예수님의 이미지보다는 철학적이고, 의료적이며, 정치적 활동을 하는 예수님으로 해석하려는 경향이 강합니다. 에녹 세미나는 제2성전기 분헌 연구를 토대로 신약성경을 이해하는 배경 지식을 넓히고, 단어와 사상을 새롭게 추적합니다. 예수 세미나가 묵시종말론이라는 개념을 삭제하는 경향이 있다면, 에녹 세미나는 묵시종말론을 성경을 읽는 가장 중요한 세계관으로 이해합니다. 성향이 매우 다르지만, 모두 존중받아 마땅한 입장이라고 생각하며, 개인적으로는 에녹 세미나의 입장을 더 중요하게 생각하고 있습니다.

아니었을까요?

    누가복음 5장 17~26절에는 예수님께서 몸이 자유롭지 않은 사람을 만나는 장면이 나옵니다. 예수님은 그 사람의 병을 바로 고치지 않으시고, 죄 용서의 말씀을 하십니다. 사람들이 의아하게 생각하자, 예수님은 인자에게 죄를 용서하는 권한이 있다고 하시죠. 그리고 나서 몸이 불편한 이를 치유하시는 기적을 보이십니다.

    예수님의 부활도 사실[34]이 아니고, 예수님의 기적도 사실이 아니라는 전제하에, 복음서는 예수님을 특별한 존재로 만들고자 의도적으로 이런 이야기를 지어내었다고 할 수도 있습니다. 중요한 것은 '기적'이 아니라, 예수님이 어떤 사람을 만났고, 누구의 편에 섰는가, 누구를 정죄하였는가를 이 텍스트를 통해 살펴보고 우리가 믿는 하나님이 어떤 분이신지를 다시 상상해 보자고 메시지를 전할 수도 있습니다.

    예수님이 스스로를 표현하는 언어인 사람의 아들, '인자'라는 말도, 그냥 평범하게 '사람'을 뜻하는 언어로 이해할 수 있습니다. 그렇다면, '서로 서로 용서하라' 또한 예수님이 나같은 '사람'에게 누군가를 용서할 권한이 있다는 가르침을 전한다고 볼 수도 있겠지요.

    반면에 앞선 장에서 소개해드린 에녹 세미나에서는 에녹1서에 나오는 '인자'[35]의 특별함을 강조합니다. 에녹1서에는 마귀들의

---

34   증명 가능한 역사적, 과학적 의미에서의 '사실'이 아니라, 성경에 묘사된 조금씩 다른 부활에 관한 묘사들에도 불구하고, 공통적이라고 말할 수 있는 예수님의 '다시 살아나심'의 사건이 실제로 발생되었다고 믿는다는 의미에서의 '사실'을 말합니다.

35   히브리어로는 벤 아담(בֶּן־אָדָם)은 사람의 아들(son of man)이란 뜻입니다. 보통 명사로 '사람' 또는 자기 자신을 부르는 호칭으로 볼 수도있고, 에녹 세미나의 연구결과에 따라, 제2성

꾀임에 넘어가서 악의 길로 갔던 죄인들은 심판받는 게 당연한 일인데, '인자'라는 특별한 존재에 의해 회개하는 죄인들은 구원받을 수 있는 가능성이 열리는데요. 이런 맥락에서의 '인자'가 '메시아(그리스도)'라는 개념과 합쳐지면서 예수님이 구원자로서의 특별한 권한이 있음을 설명하는 이야기로 읽어 낼 수도 있다는 것입니다. 같은 '인자'라는 단어를 어떤 배경에서 읽어 내느냐에 따라 아주 다른 해석이 나올 수 있습니다.

    모든 해석은 존중받아야 하고, 교회에서 더 널리 공유할 필요가 있겠습니다. 심지어 예수를 실제로는 '없는 존재'[36]로 가정하고 성경을 해석하려는 입장도 있는데, (바쁜 세상에서 왜 그러는지 이해는 안되지만) 이런 입장도 당연히 존중해야 한다고 생각합니다. 하지만 저는 예수님이 성경과 똑같은 모습의 기적은 아니더라도, 그와 유사한 기적을 행했을 것 같습니다. 그리고 그 기적을 '어그로' 삼아 사람들의 주목을 받고 '새로운 회개의 길, 구원의 길'을 전하지 않았을까, 라고 상상해 봅니다. 가브리엘레 보카치니는 이것을 '제3의 길'이라고 설명하는데요. 스스로의 자유의지로 선한 양심에 따라 살아가는 이가 (어떤 맥락에서든) 구원받을 수 있는 길, 그리고 구약성경을 토대로 토라(율법)를 성실하게 해석하고 실천함으로 의의 길에 이르러 구원받을 수 있는 길, 그리고 예수님을 통

전기 문헌에서 '사람의 아들'이 죄인에게 구원의 새로운 길을 제공하는 특수한 존재로 사용되었던 맥락을 적용하면 구원자로서의 특수한 호칭으로도 이해할 수 있습니다.

36   예수님이 역사적으로 존재했던 존재가 아니다고 보는 입장에는 대표적으로 로버드 M. 프라이스(Robert M. Price)가 있습니다. 이러한 입장도 당연히 존중해야 한다고 생각합니다. 다만 그러한 전제를 깔고 보았을 때, 성경이 어떻게 종교의 책이 될 수 있고, 그리스도교 신앙이 이렇게 재구성될 수 있을지를 합리적으로 설명해 내야 한다고 생각합니다.

해 회개한 죄인이 구원받을 수 있는 제3의 길이 생겨났다고 보는 것입니다.

'예수님 믿는 사람 외에는 모두 지옥 갔으면 좋겠다'가 너무 강해지면, '세상에 교회 안 다니는 모든 사람들과, 구약성경의 아브라함, 모세, 다윗, 룻 등도 예수님 영접하는 기도 안 했으니까 지옥가셔야 한다'고 까지 업그레이드 되실 수 있습니다. 이러면 약간 사회생활이 힘들어지실 수 있습니다. 밥 먹고 성경연구만 하는 학자들도 구원에 관해 충분한 근거를 가지고 다양한 상상을 하고 있으니까요. 조금만 '다른 가능성'을 생각할 수 있으면 좋겠습니다.

교회가 평소에 다양한 입장을 소개하지 않으니까, '신학'을 처음 접하는 분들은 교회에 쌓인 게 많아서 '기적 없음 → 부활 없음 → 예수는 100% 인간 → 교회 안 나감' 이런 테크트리(Tech tree)를 타게 되는 경우가 생기는 것 같습니다. 물론 어렸을 때부터 교회를 다니셔서, 어쩔 수 없이 교회를 평생 다녀야 하시는 분들은 성경이나 예수님에 관한 해석과 상관없이 그냥 교회를 다니실 것 같습니다. 또는 '신학 매니아'이셔도 자기 입장이 없이 그냥 성경을 물어뜯는 재미로 교회를 나오실 수도 있을 것 같습니다. 하지만 그렇지 않은 보통의 경우는 교회를 계속 나와야 하는 이유를 찾지 못할 것 같아요. 부활이 '신앙의 의미로서의 사실'도 아니라면 신약성경의 '이야기 가공 정도'가 너무 심해지기 때문입니다. 쉽게 말해 '뻥'이 너무 많아서 이 텍스트를 굳이 종교 경전이라고 할 수 있을지, 저도 납득하기 쉽지 않습니다.

저에게는 예수님의 '기적과 부활 이야기'가 예수님의 따뜻한 말씀, 행동들보다 조금 더 중요합니다. 제가 감성이 조금 부족해서 그럴 수 있는데요. 차별받는 사람들을 만나시고, 제자로 부르시고, 함께 교제하고 위로하는 모습은 너무나 아름답지만, 그 이야기 자체가 '종교성'을 만들어 낸다고 생각하지 않습니다. 죽음과 부활을 통해 새로운 구원의 길을 열어 주신 하나님의 아들, 예수님 그분이 차별받는 사람들을 만나 주셨고, 제자로 부르시고, 공동체를 세웠기 때문에 '종교'가 된다고 생각합니다. 복음서는 그저 심심할 때 구경하는 책이 아니라, 우리가 따라야 할 '하나님의 아들의 행동'에 관한 이야기니까요.

어떤 분은 '다음 생에서의 '부활'이 무슨 의미가 있느냐[37], 나는 예수님 믿지만 부활은 필요없다. 죽으면 자연으로 돌아가면 좋겠다' 하실 수 있겠습니다. 이런 말을 들으면, '저 분은 잘 살고 계시는구나' 하는 생각이 먼저 듭니다. '현세에서 충분히 감사한 삶을 살아서, 다시 살아나지 않겠다'는 분에게는 하나님께서 그에 맞는 길을 허락해 주실 거라고 생각합니다. 조롱하거나 비아냥거리는 말이 아니라, 그것도 가능한 옵션일 수 있다고 생각하는 것입니다.

다만, 세상에는 너무 어이없게 죽음을 맞이한 사람들이 많습니다. 자연사하지 못하고, 일찍 생명을 잃은 아이들, 청년들도 많습

---

[37] 예수님의 부활이 육체의 부활이냐, 하나님이 주신 환상으로 몇몇 사람들에게 임한 것이냐, 이런 건 큰 의미가 없습니다. 물론 우리의 언어로 표현하자면 '육체의 부활'에 좀 더 가깝다고 할 것 같습니다. 예수님의 부활에 관한 묘사는 지금 이 세계의 물리 구조와는 조금 다른 형식으로, 연속성과 불연속성을 모두 포함하고 있습니다. 보카치니의 경우 에녹1서에서 사람의 영혼이 몸을 떠났다가 다시 몸에 들어와서 일으킴을 받는 것으로 표현되는 구절들도 '몸의 부활'을 말하는 것으로 묘사합니다. 영혼(정신)과 육체를 강하게 구분짓는 헬라철학의 영향을 받는 공동체도 있지만, 대다수는 몸의 부활을 생각했고, 그래서 쿰란 공동체에도 숙은 이의 시체를 어떻게 매장해야 하는지에 대한 고민의 흔적이 있습니다. 물론 다른 시스템이 작동하는 몸(소마 프뉴마티콘)이기 때문에 시신이 중요한 것은 아니겠지만, 부활의 '물리적 특징'은 다음 챕터인 '종말론'의 세계관과 연결지어 생각할 때 많은 상상을 가능하게 합니다.

니다. 신학 이론으로는 해결할 수 없는, '이미 끝난' 절망들이 많다는 것입니다. '부활' 이야기가 줄 수 있는 종교적 상상은 '하나님께서 그들에게 두 번째 기회를 주실 것'이라는 가능성을 열어 줍니다. 헤어지는 시간을 충분히 가지지 못했던 사람들이 다시 만날 수 있는 가능성이 생겨 나는 것입니다. 몸과 마음이 너무 아파서 자유롭게 살지 못했던 이들에게 자유로운 삶의 기회를 상상해 볼 수 있도록 합니다. 현세의 삶이 의미없다거나, 대충 살자는 이야기가 아닙니다. 일단 끝난 문제들, 죽어도 해결 불가능한 문제들도 다시 건드려 볼 수 있는 실마리, 그 신비는 열어 두어야 한다는 것입니다.

제가 예수님을 믿고 따르는 이유는 바로 이것 때문입니다. 목사로 살아가 보려는 이유도 이것이고요. 저 또한 가장 가까웠던 친구와 뜻하지 않게 사별을 했고, 아픔의 시간을 가진 지 13년 정도 되었습니다. 고등학교 때부터 친구였고, 같은 대학에 가서 함께 신앙생활을 시작했습니다. IVF와 교회에서도 함께 시간을 보냈던 친구였는데, 납득하기 어려운 사별을 맞이했습니다. 신앙 공동체의 친구들과 충분히 슬퍼하고 이야기 나누었어야 했는데, 제가 미성숙해서 그러지 못했습니다. 모든 걸 차단하는 마음으로 신학교에 갔고, 그래서 관계들도 많이 소원해졌습니다.

지금도 다 회복이 된 건 아닙니다. 하지만 신학적인 상상력을 통해, 하나님께서 그 친구와 차 한 잔 할 시간을 만들어 주실 거라는 믿음을 갖게 되었습니다. 부활했다고 해서 항상 붙어 다니라고 하면, 그것도 좀 골치 아플(?) 일이죠. 못다한 이야기를 할 시간이 필요할 뿐입니다. 제가 성경을 해석했을 때, 이것은 가능한 상상이라고 생각합니다. '하나님께서도 마음 아파하신다', 이런 이야기는 저에게 큰 도움이 되진 않습니다. '예수님께서 십자가에 달리실 때, 하나님은 얼마나 마음이 아프셨을까?' 이런 이야기도 위로가 되진 않습니다. 제가 감성이 많이 부족해서 그럴 수도 있는데요. 저에게는 '모든 게 끝난 것은 아니다, 기회가 있을 수 있다'라는 가능성이 중요합니다. 예수님은 현실 세계에 그런 독특한 가능성을 만들어 주신 분이시고, 그래서 저는 그런 예수님을 '팔로우'합니다. 제가 특별한 영성이 있어서 예수님을 따른다거나, 아무것도 대가를 바라지 않고 예수님만 바라본다거나 그러진 않습니다. 그런 신앙고백을 찬양이나, 신앙 훈련의 의미로 할 필요는 있다고 생각하는데요. 보통은 다들 바라는 게 있지 않나요? 이왕이면 하나님께서 열받아 하시지 않으시고, 허락해 주실 만한 것을 바라면서 예수님을 위해 헌신하면 괜찮지 않을까 싶습니다.

　예수님을 사랑하고, 따르려는 이유는 모두 다를 수 있습니다. 어떤 신학 틀로 예수님을 보느냐에 따라서도 다양한 해석이 가능하지만, 신앙하는 개인이 예수님의 어떤 모습에 감동을 느끼는지는 이론의 영역을 벗어나는 일입니다. 감동의 이유도 평생 같을 수가 없습니다. 한 개인의 삶에서도 예수님을 따르려는 이유는 달라질 수 있습니다.

　교회가 예수님을 사랑해야 하는 이유를 '한 가지 이유'로 제한해서는 안 된다고 생각합니다. 저에게는 '부활'이 제일 중요하지만, 교회로 모이는 사람들은 저마다 각자의 이유가 있을 것이기 때문입니다.[38] '각자의 이유'는 자신의 삶과 성경의 해석을 토대로 만

38　프린스턴대학교의 종교학과 교수인 일레인 페이절스(Elaine Pagels)는 도마복음과 같은 신약 정경 외 문헌(영지주의, 또는 영지주의적인 문헌)의 전문가입니다. 그녀는 아들과 남편,

들어질 것입니다. 성경의 해석은 우리가 예수님을 따르는 사람이 되는 무한한 이유를 발생시키는 힘(효과)을 가지고 있습니다.

희망: 공포의 종말론 vs 희망의 종말론

'회의주의에 빠지지 말자, 무기력감에 억눌리지 말자.' 제가 개척교회를 하는 5년 동안 놓지 않으려 했던 생각입니다. 회의감에 빠져서 헤어나지 못하게 되면 목사를 그만두어야 한다고 할 것 같았습니다. 제 스스로가 실패감이나 무력감에서 벗어나지 못하면서 설교를 하고 있다면, 그 상황이 저에게 큰 타격을 줄 수 있기 때문입니다.

'뭘 해도 안 될 거야, 사람은 변하지 않아, 나도 변할 수 없어, 교회도 변하지 않지, 세상은 언제나 그대로야'라는 탄식 속에 갇히면 다음과 같은 시편 구절이 떠오릅니다.

> 주님, 깨어나십시오. 어찌하여 주무시고 계십니까? 깨어나셔서, 영원히 나를 버리지 말아 주십시오. (시 44:23, 새번역)

이 불경스러운 성경 말씀은 우리가 우울감에 덜 빠지도록 도와줍니다. 고대의 신앙인들도 이렇게 참신하게 하나님께 불평하고 있는 걸 보면 '나만 힘든 게 아니구나'라는 생각이 듭니다. 이런

모두와 사별하는 아픔 속에서도 그리스도교 신앙으로 살아왔습니다. 하나님의 신성 안에서, 모든 존재가 연결되어 있다는 감각(2세기의 영지주의 문헌이 강조하려는 기독교 신앙의 강조점 중 하나입니다)은 그녀가 신앙 안에서 상실의 고통을 넘어서게 해 주는 힘이 었습니다. 저와 같이 꼭 육체적 부활이 아니더라도, 다른 신앙의 스펙트럼을 통해 삶의 힘을 가져낼 수 있으며, 어떤 것이 개인에게 신앙의 유효한 효과를 낼 수 있을지는 개인마다 다를 것입니다.

불평이 오랜 세월 여러 편집자들의 고민 속에서도 탈락되지 않고 성경에 들어와 있다는 게 신기합니다. 이 이야기를 전하고, 기록해 온 공동체 사람들도 '다 힘들었구나'라는 생각에 위로가 됩니다. 그리고 "영원히 버리지 말아주십시오"라는 말에서 희망을 봅니다. 지금은 하나님께 버림받은 것 같지만, 이 기간이 몇 일, 몇 달을 갈지 모르겠더라도 영원하지 않기를 기도하는 것입니다. 하나님께서 세상을 '영원히' 버리지는 않는다는 고백에서 '희망의 가능성'이 생겨납니다.

구약과 신약 사이의 제2성전기 기간 동안, 고대 유대 공동체는 여러 제국에 의해 지배를 받았습니다. 전문적으로(?) 절망을 경험하는 시간이었습니다. 그 기나긴 고난의 시간 중에 개인이, 그리고 공동체가 '하나님'을 잃지 않고자 새로운 언어를 만들었습니다. '묵시종말론'이라는 장르의 언어입니다.

묵시종말론의 전문가인 예일대학교의 존 콜린스(John J. Collins) 교수는 묵시문학(apocalypic literature)을 '서술적 틀을 지닌 계시문학의 한 유형'이라고 설명합니다.[39] 쉽게 말씀드리면, 천사와 악마와 같은 초월적 존재가 등장하고, 현실을 넘나드는 초월적 공간에서 여러 이야기들이 전개되어 신앙을 설명하는 장르입니다.

그리고 종말론(eschatology)은 세상의 끝날에 관한 이야기입니다. 시편 44편 23절의 "영원히 버리지 말아 주십시오"라는 신앙의 간구가 '세상의 마지막 날'에 관한 '스토리'로 재구성된 신앙고백입니다. 묵시문학 장르의 이야기 중에는 '오늘의 고난과 세상의 끝

---

[39] 존 J. 콜린스, 「묵시학적 상상력」, 박요한 옮김, 가톨릭출판사, 2006, p. 27.

날의 회복(의인의 구원과 죄인의 심판을 포함하는)에 관한 이야기를 포함하는 것이 많아서 묵시종말론(apocalyptic-eschatology)이라고 합쳐서 말하기도 합니다.

이런 배경을 알고 있으면 다음과 같은 신약성경 데살로니가전서의 '묵시종말론적인 표현'도 이해해 볼 수 있습니다.

> 주님께서 호령과 천사장의 소리와 하나님의 나팔 소리와 함께 친히 하늘로부터 내려오실 것이니, 그리스도 안에서 죽은 사람들이 먼저 일어나고, 그 다음에 살아남아 있는 우리가 그들과 함께 구름 속으로 이끌려 올라가서, 공중에서 주님을 영접할 것입니다. 이리하여 우리가 항상 주님과 함께 있을 것입니다. (살전 4:15~16, 새번역)

이 구절에 관한 존 콜린스의 간단한 설명도 인용해 보겠습니다.

> 데살로니카인들에게 보낸 첫째 편지는 기원후 50년 경에 쓰여졌다. 이 편지는 바울의 편지들 가운데 가장 오래된 것이다. 사실 이 편지는 신약성서에서 가장 오래된 책이다. 이 책이 중요한 것은, 초기 교회를 보게 하는 첫 번째 창인 높은 수준의 종말론을 미리 보여 주기 때문이다.[40]

신약성경에서 바울의 편지가 가장 먼저 쓰였고, 그중에서도

---

40 존 J. 콜린스, 「묵시학적 상상력」, 박요한 옮김, 가톨릭출판사, 2006, p. 490.

데살로니가전서가 먼저 쓰였을 것이라는 데에는 대다수의 학자들이 동의합니다. 천사가 나오고, 세상의 마지막 날에 관한 주제를 신앙의 언어로 설명하는 것은 이미 수백 년의 전통이 있는 말하기 방식이었습니다. 하지만 신약성경의 신앙고백은 그 마지막 날에 구원을 완성시킬 존재로 예수님을 중심에 두고 있다는 점에서 이전의 묵시문학과 차이점을 보입니다.

이러한 묵시종말론적 신앙고백의 핵심은 세상의 끝 날에 새로운 시작이 일어난다는 희망입니다. 마지막 날에 예수님이 무슨 구름을 타고 오시는지, 하늘에서 오시면 한국 하늘에서 오시는지, 미국 하늘에서 내려오시는지, 또는 우리 몸이 공중에 몇 km 정도 떠오르는 건지 같은 게 중요한 포인트가 아니라는 이야기입니다. 마지막 날의 구체적인 과정, 순서, 묘사의 분위기 등은 다양한 묵시종말론의 말하기 방식에 따라 조금씩 달라집니다. '조금씩 다름'은 수백 년의 묵시문학 전통에서도 이미 그래 왔고, 그게 신약성경이 쓰일 때도 똑같이 적용되는 것입니다. 요한계시록의 묘사와 바울의 글의 묘사에도 차이가 있습니다. 중요한 것은 '새로운 창조, 회복, 새로운 기회'에 대한 희망입니다. 신앙의 글들은 '종말론적인 희망'이라는 '방향성'에 있어서는 공통점이 있습니다.

날짜와 숫자에 집착하는 문자적 해석은 묵시종말론의 감성을 파괴하는 삭막한 해석입니다. 한국에는 특히나 종말론을 가지고 공포 마케팅을 하는 교회가 많습니다. 뉴스에 나오는 사이비-이단 교회뿐만 아니라, 제도권 교회에서도 '종말'은 '공포'를 먼저 떠오르게 하는 해석을 많이 생산해 냈습니다. 종말론이 '희망'이 아니라, 사람들이 교회를 떠나지 않게 하는 '권력 장치'가 되어 버린 것입니다. 청소년부 일을 할 때 만난 아이들은 어렸을 때부터 교회에서 '무슨 죄를 지으면 지옥에서 무슨 벌을 받는다'는 이상한 영상물에 노출되어 있었습니다. 청년부 일을 할 때 만난 어떤 분에게는 교회를 나오는 이유가 '지옥가기 싫어서'라는 대답도 들었습니다.

물론 요한계시록에는 마지막 날의 심판을 초월적 존재들이 세상에 재난을 허락하는 것 같은 묘사들이 있지만, 그러한 표현들은 묵시-종말의 문학이라는 '감성'으로 읽어 내야 하는 구절들입니다. 요한계시록은 언제 끝날지 모르는 절망의 상황이 영원한 것은 아니라는 것을 이해시키고, 회의주의에 빠지지 않게 하려는 신앙의 글입니다. 시련과 고통을 주는 존재들은 언젠가 심판받을 것이라는 것은 고난 속에 있는 사람에게는 희망의 이야기입니다. '교회 안 다니는 사람은 이렇게 될 거다'라는 폭력적인 이야기가 아니라, 주저앉으려는 사람의 멱살을 잡고서라도 그들을 다시 일으키려는 이야기가 묵시종말론 장르의 신앙고백입니다. 그래서 때때로 '전투적인' 언어도 사용됩니다.

앞서 언급한 데살로니가전서 4장 15~16절의 앞부분인 13절에는 다음과 같은 내용이 있습니다.

> 형제자매 여러분, 우리는 여러분이 잠든 사람(죽은 사람들)의 문제를 모르고 지내는 것을 원하지 않습니다. 여러분은 소망을 가지지 못한 다른 사람들과 같이 슬퍼하지 않아야 할 것입니다. (살전 4:13, 새번역)

제가 친구를 잃은 경험이 있다 보니, 이런 구절이 눈에 더 들어

오는 건지도 모르겠습니다. 죽음은 '끝났다, 실패했다'라는 절망을 주는 가장 큰 힘입니다. 바울은 신앙인의 '소망'은 죽음에 지지 않는 종말론적인 힘이라는 것을 강조합니다. 물론 바울은 세상의 마지막, 예수님이 다시 오시는 시간은 자신이 살아 있는 동안에 일어날 것이라고 생각했습니다. 그래서 이미 죽은 이들과 현재 살아 있는 이들에 함께 예수님을 만날 것이라고 강조합니다. 묵시종말론의 언어에서 정확한 시간 개념은 존재하지 않습니다(구약성경에서도 특히 숫자는 감성으로 접근해야 합니다). 따라서 바울의 시간 계산에 실수가 있었을 수 있음을 인정해야 합니다. 하지만 수천 년이 지나 이 글을 읽고 있는 우리는 같은 형식의 이야기를 할 수 있습니다. 예수님이 다시 오시면, 이미 잠든 이들과 지금 살아 있는 이들이 함께 만날 것이라고 말입니다. 과거의 생명과 현재의 생명이 사랑하는 예수님 안에서 함께 민날 수 있다는 상상은 성경을 토대로 한 근거 있는 상상입니다.

로마서에서 바울은 조금 더 큰 스케일의 묵시종말론을 이야기합니다.

> 소망은 남아 있습니다. 그것은 곧 피조물(creation)도 썩어짐의 종살이에서 해방되어서, 하나님의 자녀가 누릴 영광된 자유를 얻으리라는 것입니다. (롬 8:20~21, 새번역)

이런 글은 기후 위기 시대를 살아가는 우리에게 또 다른 희망을 줍니다. 창조세계가 지금은 썩어질 수 밖에 없는 종살이를 하고 있지만 마시믹 날에는 해방되어 자유를 얻을 것이라는 이 이야기는 스케일이 참 크지만, 종교에서 다룰 수 있는 특별한 희망입니다. 마지막 시간대의 '회복'이라는 것은 인간에게만 해당되는 것이 아니고 모든 피조물, 창조세계의 영역에 이루어진다는 것보다 더 큰 희망이 있을까요?

로마서 8장에서 바울이 말하는 '하나님의 자녀'는 하나님의 영에 이끌리는 사람을 말합니다(롬8:14). '영(Spirit)'은 헬라어 프뉴마(πνεύμα)를 번역한 말인데요. 데일 마틴은 1세기의 언어인 프뉴마를 다음과 같이 소개합니다.

> 바울은 고대 그리스-로마 세계의 대부분의 사람들과 마찬가지로 프뉴마가 매우 가늘고 보통 눈에 보이지 않는 희귀한 물질(substance)이긴 하지만 여전히 일종의 '물질(stuff)'이라고 가정합니다. 사실 프뉴마에 대한 고대 개념은 고대 과학, 의학, 심지어는 상식에도 널리 퍼져 있습니다 (중략) 우주에서 프뉴마의 의미와 역할에 대한 가장 정교한 설명은 스토아 철학에서 찾을 수 있습니다. 스토아 철학에 따르면 우주 전체는 물질주의의 계층 구조(hierarchy of materialism)이며, 프뉴마는 가장 순수하고 정교하며, 유동적이고, 가장 강력한 물질로 간주됩니다 (중략) 태양, 달, 별은 모두 프뉴마로 이루어졌습니다 (중략) 모든 자연은 프뉴마에 의해 구조화되고 함께 유지됩니다. 프뉴마는 정신을 작동시키는 원동력입니다. 사실 정신과 뇌를 분리하면 정신은 프뉴마 그 자체이고 뇌는 공기에서 프뉴마를 수용하고 정제하는 기관이라고 말할 수 있습니다. 그러나 그럼에도 불구하고 스토아학파는 프뉴마를 물질적 실체라고 믿었다는 사실을 기억해야 합니다. 지

금은 다소 문제가 되는 단어를 사용해도 무방할 정도로 '물리적(physical)'이었습니다.[41]

성경에서 '영'으로 번역되는 프뉴마는 '물리적 영(데일 마틴의 표현으로 The Material Spirit)'이라고 할 수 있습니다. 오늘날 정신, 의식, 자아를 뇌라는 물리적 기관과 연계해서 설명하는 현대적인 방식을 고대의 프뉴마 개념과 연결지어 생각해 볼 수도 있을 것 같습니다.

중요한 것은 성경은 프뉴마(영)에 '하나님의', '거룩한', '그리스도의' 등의 표현을 덧붙여서 신앙의 언어로 만들고, 하나님이 세상에서 활동하시는 신비를 묘사하고 있다는 것입니다. 고린도전서 15장에서 바울이 부활의 몸을 프뉴마로 작동하는 몸($\sigma\tilde{\omega}\mu\alpha\ \pi\nu\varepsilon\upsilon\mu\alpha\tau\iota\kappa\acute{o}\nu$)으로 말하는 것도 이런 맥락입니다. 정신과 육체를 아우르는 '하나님의 프뉴마'를 통해 새로운 시스템으로 작동되는 몸의 탄생 가능성을 말하는 것이죠.

창조 세계의 해방, 회복 또한 하나님의 프뉴마를 통해 이루어질 것이라고 상상해 볼 수 있습니다. 우주를 존재하게 하고, 작동하게 하는 하나님의 프뉴마(영)가 언젠가 우주를 새롭게(리뉴얼) 할 것을 소망해 볼 수 있는 것입니다. 기독교 신앙은 우주가 폐기처분될 것을 믿는 것이 아니라, 우주가 '더 좋은 우주'가 될 것을 믿는 것입니다(외계인이 있다면 외계인분들도 혜택을 볼 수 있겠습니다). 이러한 묵시종말론의 아이디어를 통해 지구의 문제, 환경의

---

[41] Dale B. Martin, 「Biblical Truths」, Yale Universe press, 2017, 5. Spirit, 전자책 pp. 246~248, 저자 사역. https://tinyurl.com/2oyevr45

문제에도 다양하게 적용해 볼 수 있지 않을까요?

물론 묵시종말론의 언어를 사용한다고 해서 모든 고통의 이유가 밝혀지고, 하나님의 정의 문제가 해결되는 것은 아닙니다. 그리고 이런 말하기 방식으로 만들어진 희망이 모든 회의주의와 무기력감, 우울의 통증을 한 번에 해결해 주는 만병통치약은 아닙니다. 하지만 눈앞의 통증을 어디에 서서 바라보는지 시선의 방향이 바뀝니다. 반드시 '회복'이 될 것이라는 미래의 '마지막'에서 오늘의 '고난'을 보는 것입니다. 마지막에는 죽음 자체의 문제가 해결될 것이라는 희망을 가지고 와서 현실의 죽음을 보는 것입니다. 어쩌면 현실에 없는 희망을 미리 대출받아서 사용하는 것이 묵시종말론일 수 있겠습니다. 이러한 묵시종말론의 언어로 고난과 죽음의 문제를 본다면, 우리가 절망에서 희망으로 넘어가는 시간을 조금은 단축시킬 수 있지 않을까요?

새로운 정체성 : 그리스도인이라는 이름의 기원

교회에서 질문을 잘못했다가 이상한 시선을 받아 본 경험이 있으실 것입니다. 과학, 성평등, 인권 등의 주제가 아니어도, 목사나 장로 등의 교회 리더쉽에 다른 의견을 내었을 때 어려움을 겪었다는 이야기를 많이 들었습니다. 교회 운영자 집단과는 다른 이야기를 두 번, 세 번 했다가는 살짝 믿음이 부족한 사람으로 찍히게 될 확률이 높은데요. 이것은 교인 뿐만 아니라 목사도 마찬가지입니다. 서열이 아래인 목사가 함부로 교회의 운영에 비판적인 이야기를 했다가는 퇴직을 준비해야 합니다.

교회에서 갑자기 짤리는 것 뿐만 아니라, 안 좋은 소문도 선물로 받는데요. 저도 살짝 경험해 보았습니다. 감사한 것은 저뿐만 아니라 제 주변의 친구 목사님들도 비슷한 경험이 많아서, 그렇게 힘들거나 외롭지는 않습니다. 저에게만 어려운 일이 있었다면 '하나님께서 나에게 저주를 내리셨구나' 했었을텐데요. 목사들이 집단적으로 비슷한 어려움에 처하는 걸 보니 제가 개인적으로 하나님께 저주받은 것이 아니고, 하나님께서도 한 번에 바꿔 버릴 수 없는(바꾸지 않으시는) 세상의 문제라고 이해하게 되었습니다.

20~30대 전도사, 목사들이 새로운 목소리를 내지 못하는 이유는 아마도 '교회 세계에서 낙인 찍히기 싫어서'가 아닐까 싶습니다. 교회가 다른 건 몰라도 '낙인 창조'에는 탁월하기 때문입니다. 그래서 새로운 교회 운동을 하려는 20~30대 예비 교회 개척자분들은 낙인 찍혔을 때 주눅들지 않고, 더 에너지 '뿜뿜'하는 방법을 배워야 합니다. 앞으로 신학교 커리큘럼에 꼭 들어가야 하는 내용이 될 것 같은데요. 교회와 신학교에게 '무엇이든 좋아요, 제 뇌를 당신께 드립니다' 하지 않으면, 낙인 찍히는 경험을 겪게 될 확률이 매우 높기 때문입니다.

집단이 만들어 내는 '낙인 효과'를 소화하고, 극복해서 신앙 공동체의 '이름'으로 만든 것이 바로 '그리스도인-크리스티아노스(Χριστιανός, christian)'라는 주장이 있습니다. 엑서터대학교의 호렐 교수(David G. Horrel)가 「기독교인 되어 가기 : 베드로전서와 기독교인 정체성 만들기에 대한 에세이(*Becoming Christian: Essays on 1 Peter and the Making of Christian Identity*)」라는 책에서 한 이야기인데요. 그의 글을 인용해 보겠습니다.

베드로전서에 크리스티아노스(Χριστιανός)라는 단어가 등장하는 문맥은 초기 기독교 역사에서 이 용어의 기원과 중요성을 이해하는 데 매우 중요합니다. 적대감과 고통의 시대에 신자들은 그리스도에 대한 충성 때문에 욕을 먹습니다. (중략) 앞서 살펴본 바와 같이 신약성경의 다른 곳에서 알려진 내부자들의 용어는 이 구절의 앞부분에서 '그리스도의 이름 때문에 욕을 받는다 (ἐν ὀνόματι Χριστοῦ)'로 표현됩니다. 크리스티아노스(Χριστιανός)는 기능적으로는 그리스도(Χριστός)의 지지자 또는 당파를 의미하지만, 구체적으로 '살인자', '도둑' 등과 함께 고통의 직접적인 원인이 될 수 있는 여러 가지 낙인 중 하나로 등장합니다.[42]

호렐 교수가 언급하는 내용은 베드로전서 4장을 해석한 내용입니다.

여러분이 그리스도의 이름으로 모욕을 당하면 복이 있습니다. 영광의 영 곧 하나님의 영이 여러분 위에 머물러 계시기 때문입니다. 여러분 가운데에 아무도 살인자나 도둑이나 악을 행하는 자나 남의 일을 간섭하는 자로서 고난을 당하는 일이 없도록 하십시오. 그러나 그리스도인으로서 고난을 당하면 부끄러워하지 말고, 도리어 그 이름으로 하나님께 영광을 돌리십시오. (벧전

---

[42] David. G Horrell, 「Becoming Christian: Essays on 1 Peter and the Making of Christian Identity, Bloomsbury」, 2013, Chapter 6 : The Label Χριστιανός (1 Pet. 4:16): Suffering, Conflict, and the Making of Christian Identity, 전자책 p. 182. 저자 사역. https://www.logos.com/product/52217/becoming-christian-essays-on-1-peter-and-the-making-of-christian-identity

| 4:14~16, 새번역)

16절에 '그리스도인'이라고 번역한 단어가 크리스티아노스(Χριστιανός)라는 단어입니다. 예수님을 뜻하는 '그리스도'라는 말에 '이아노스(ιανός)'라는 접미어가 붙어서 만들어진 말입니다. 그리스도를 따르는 사람, 추종자, 팔로워, 참여자, 그 그룹안에 있는 사람 등으로 뜻을 생각해 볼 수 있고, 영어의 크리스천(christian)이란 말이 기원입니다.

비슷한 표현으로, 바울은 그리스도의 것(Χριστοῦ, 고전 3:23), 그리스도 안에 있는 사람(ἄνθρωπον ἐν Χριστῷ)이란 표현을 사용했습니다. 이 표현들이 신앙인들이 서로를 부르는 언어로만 사용되었다고 한다면, 크리스티아노스(Χριστιανός)는 사도행전에서 나타나듯이, 1세기의 세상 사람들이 예수를 따르는 신앙 공동체(유대인, 비유대인 포함)를 부르는 표현으로 사용되었습니다.

| 제자들은 안디옥에서 처음으로 '그리스도인' 이라고 불리었다.
| (행 11:26, 새번역)

| 그러자 아그립바 왕이 바울에게 말하였다. "그대가 짧은 말로 나
| 를 설복해서, '그리스도인'이 되게 하려고 하는가!" (행 26:28, 새
| 번역)

즉 1세기의 어느 시점에서부터는 공동체 외부에서 볼 때, 예수를 따르는 사람들을 부르는 하나의 호칭이 필요할 만큼의 '정체

성'이 만들어졌고, 그 때 만들어진 언어가 그리스도인, 크리스티아노스(Χριστιανός)라는 것입니다.

신학자들은 바울의 친서로 알려지는 몇 개의 편지글들 외에는 편지의 저자명과 편지의 실제 저자를 직접적으로 연결시키지 않습니다. 오히려 편지의 내용을 보고 이 텍스트가 어느 시점에 어느 지역에서 읽혔을지를 추론하는데요. 베드로전서도 마찬가지입니다. 베드로가 살아 있을 때, 이 편지를 소아시아(지금의 터키 지역)의 여러 신앙인들에게 썼다기 보다는(벧전 1:1), 1세기 후반 또는, 2세기 초반의 신앙 공동체에게 들려졌을 이야기로 추정합니다. 베드로가 생전에 전했던 메시지가 계승되어서 다음 세대의 신앙 공동체에 베드로의 이름으로 공유되었거나, 또는 소아시아의 지역에 베드로의 이름을 중요하게 생각하는 신앙 공동체가 있었다고 추정해 볼 수 있습니다. 오늘날로 따지면 신뢰할 만하고 인지도도 있는 유튜브 채널과 같은 역할을 '베드로'라는 이름이 했다고 할 수도 있겠네요. 신앙 공동체에게 이 이름으로 각색된 신앙의 글을 전하면, 이곳저곳 이 글이 회람될 때 유효한 신앙의 효과를 낼 수 있겠다고 판단했기 때문에 '위명'을 사용했겠지요. 오늘날의 '저자' 개념을 사용하면 성경을 이해하기 어려운 면이 있습니다.

호렐 교수는 베드로전서에 나오는 '그리스도인'이란 개념을 '사회적 낙인'과 관련하여 설명합니다. 1세기의 신앙 공동체를 공동체 밖의 사람들은 '살인, 도둑, 악을 행하는 자, 남의 일을 간섭하는 자'(벧전 4:15)로 낙인을 찍고 있다는 것입니다. 그러기에 베드로전서의 저자는 신앙인들이 이런 일을 실제 행해서도 안 되고, 이런 일로 고소, 고발을 당하지 않도록 더욱 주의를 해야 하고, 사회로부터 오는 여러가지 낙인과 고난을 신앙으로 이겨내고 하나님께 영광을 돌리자고 격려하고 있습니다.

어떤 학자들은 베드로전서 4장 14절에 쓰인 '모욕'이란 단어를 보고, 이 글을 읽는 신앙 공동체의 고난은 '명예 훼손' 정도의 문제라고도 말합니다. 하지만 1세기의 '명예와 수치'는 사람의 '생명'만큼 중요한 개념일 뿐만 아니라, 4장 12절에 나오는 '시련의 불길'이란 표현을 보면 그렇게 '언어 수준'의 문제라고 단정짓기 어려워 보입니다.

지중해권 전 지역에 행해진 심각한 박해는 3세기 중반이나 되서야 일어났지만, 그 전에도 국지적으로 심각한 수준의 박해는 계속해서 일어났습니다. 1세기 후반, 2세기 초반의 역사가 타키투스(Pulibius Cornelius Tacitus)와 플리니(Gaius Pliny)의 글을 통해 당시 로마 사회의 '그리스도인'의 고난이 어떤 것이었는지를 추측해 볼 수 있습니다. 호렐 교수의 글을 인용해 보겠습니다.

> 그러나 네로의 그리스도인에 대한 조치는 기독교인이라는 이유로 신원을 파악하고 처벌한 최초의 중요한 사건입니다. 그리스도인들이 받은 혐의는 표면적으로는 방화죄였지만, 방화가 아니라 기독교를 고백했다는 이유로 체포되었습니다. 게다가 타키투스의 기록에 따르면, 체포된 많은 사람들이 '방화죄가 아니라 인류에 대한 혐오(odio humani generis convicti sunt)'로 유죄 판결을 받았다고 합니다. 이 '혐오(misanthropy)'는 의심할 여지없이 판테온의 신들을 숭배하는 일반적인 관습에 대한 기독교인들의 '반사회

적' 거부에서 비롯된 것입니다.⁴³

네로 황제는 AD 64년에 일어난 로마 대화재의 원인을 그리스도인들에게 돌렸습니다. 그리스도인들은 지역의 여러 신들의 제사에 참여하지 않았기 때문에 사회적인 미움을 받고 있었기에 네로의 낙인 찍기의 희생자가 될 수 있었습니다. 물론 타키투스는 네로의 말을 믿지 않는다고 했습니다. 혐의는 '로마시에 불을 질렀다'이지만, 처형된 이유는 '인류에 대한 혐오'라는 걸 보면, 당시의 지식인들도 이러한 박해의 절차에 문제가 있었다는 걸 알았던 것 같습니다. 하지만 거짓 소문의 힘은 오늘날이나 예전이나 강했을 것입니다. 그리스도인의 이미지에는 심각한 타격이 갔을 것이고, 여러 거짓 이유로 부당한 대우를 받게 되는 일들이 생겨났을 수 있습니다.

AD100~110년 사이로 추정되는 소아시아(베드로전서의 수신지)의 총독 플리니가 당시의 로마 황제 트라야누스에게 보낸 편지가 있습니다. 호렐 교수는 이 편지글을 1세기의 신앙 공동체가 어떤 고난을 겪고 있는지를 상상할 수 있는 근거로 제시합니다.

그동안 기독교인으로 제 앞에 끌려온 사람들에 대해 제가 관찰한 방법은 이렇습니다: 저는 그들에게 그들이 기독교인인지 물었

---

43   D. G. Horrell, 「Becoming Christian: Essays on 1 Peter and the Making of Christian Identity」, Bloomsbury, 2013, Chapter 6 : The Label Χριστιανός (1 Pet. 4:16): Suffering, Conflict, and the Making of Christian Identity, 전자책 p. 192. https://www.logos.com/product/52217/becoming-christian-essays-on-1-peter-and-the-making-of-christian-identity

고, 그들이 그것을 인정하면, 나는 질문을 두 번 반복하고 처벌로 위협했으며, 그들이 계속하면 즉시 처벌을 받도록 명령했습니다. 그들의 의견의 성격이 무엇이든간에, 나는 설득력이 있고 융통성 없는 고집은 분명히 교정될 가치가 있다고 확신했습니다. 같은 열광에 사로잡힌 다른 사람들도 내 앞에 데려왔지만 로마 시민이었기 때문에 나는 그들을 로마로 보내라고 지시했습니다.

익명의 정보에 따르면 몇몇 사람들에 대한 혐의가 담긴 고발장이 제 앞에 놓여 있었는데, 조사 결과 그들은 자신이 기독교인이 아니거나 기독교인이었던 적이 없다고 부인했습니다. 그들은 나를 따라 신을 부르고, 당신의 동상 앞에서 포도주와 향으로 종교 의식을 바쳤으며, 그리스도의 이름을 욕하기도 했지만, 실제로 기독교인인 사람들은 이러한 준수에 강요하지 않는다고 합니다. 그러므로 나는 그들을 풀어주는 것이 옳다고 생각했습니다. (중략) 증인이 직접 고발한 사람들 중 일부는 처음에는 스스로 그리스도인이라고 고백했으나 곧 부인했고, 나머지는 이전에는 그 수에 속했지만 지금은 (일부는 3년 이상, 일부는 그 이상, 일부는 20년 이상 전에) 그 믿음을 포기했습니다. (중략)

그들은 자신들의 죄, 즉 잘못의 전부는 날이 밝기 전에 정해진 날에 모여서 그리스도께, 신에 대한 기도의 형식을 취하고, 어떤 사악한 목적을 위해서도 아니며, 사기, 도둑질, 간음도 하지 않고, 그들의 말을 위조하지 않으며, 그들이 그것을 전달하도록 요청받을 때 신뢰를 부인하지 않으며, 그 후에는 헤어졌다가 다시 모여서 무해한 식사를 함께 먹는 것이 그들의 관습이었다고

| 고백했습니다.[44]

베드로전서를 AD 100년대의 글로 읽어 내는 것도 충분히 가능하기에, 위의 편지글의 배경을 그대로 베드로전서의 배경으로 이해하는 것도 가능합니다. 혹은 플리니의 편지에서 3년 전과 20년 전(그전에는 도미티아누스 황제의 박해가 있었습니다)에도 이렇게 변절한 사람들이 있었다는 내용이 있기에, 베드로전서가 1세기 후반의 편지글이라 할지라도 비슷한 배경으로 유추할 수 있다는 것이 호렐 교수의 주장입니다. 즉, 신앙 공동체는 일반 사회에서 고소 고발(사기, 도둑, 간음 등)을 받기 일쑤였고, 사회적인 분위기가 좋지 않을 때는 '그리스도인'이라는 이름 자체만으로 처형을 받을 수 있었다는 것입니다. 베드로전서 1장 14절의 "그리스도의 이름으로 받는 모욕"은 결국 사회적 낙인, 혐오자, 범죄자로 오해받는 낙인으로 인한 고난을 뜻하는 말일 수 있다는 것입니다.

이런 맥락에서 호렐 교수는 헨리 타지펠과 존 터너의 '사회적 정체성 이론(social identity theory)'이 제안하는 두 가지 대조적인 개념을 소개합니다. 사회적 이동성(social mobility)과 사회적 변화(social change)인데요. '이동성'은 낙인 효과가 심해졌을 때, 개인은 그 조직을 떠난다는 것입니다. 플리니가 트라얀 황제에게 보고하듯이, 모욕과 처형의 고난에 '그리스도인' 정체성을 포기한 사람들이 생겨나는 것이 '사회적 이동성'의 예가 될 수 있습니다.

---

[44] The Project Gutenberg EBook of Letters of Pliny, by Pliny, "XCVII To THE EMPEROR TRAJAN(97번글 : 트라얀 황제에게), 링크 : https://www.gutenberg.org/files/2811/2811-h/2811-h.htm#linknoteref-1066

오늘날 사람들이 교회를 떠나고, '그리스도인'이라는 정체성을 벗어버리는 이유는 무엇일까요? 1~2세기의 상황과 조금 다른 점은 '사회 이동'을 하게 만드는 힘의 작동이 공동체 밖에서 안으로 작용하기 보다는 공동체 운영진에서 참여자에게로 작동하는 경우가 많다는 것입니다. 믿기 힘든 교리를 억지로 믿도록 강요하고, 인간의 존엄성을 위협하는 성경 해석을 내놓고, 차별적이고 폭력적인 말과 행동이 생겨날 때, 사람들은 교회를 떠납니다. 심한 경우 '그리스도인'이라는 정체성을 포기하기도 합니다. 물론, 본인이 종교보다 다른 가치를 찾게 되어 떠나는 경우도 많겠지만, 종교 집단 운영진의 '혐오 활동'이 참여자들이 교회와 그리스도인 정체성을 포기하게 만드는 경우가 많다는 것입니다.

'사회적 변화'는 '창의적인 재구성'을 말합니다. 낙인을 위해 만들어진 언어를 긍정적인 언어로 새롭게 만들어 내는 전략입니다. 호렐 교수는 '퀴어(queer)'를 그러한 예로 듭니다. '낯설다'라는 의미를 가진 퀴어가 처음에는 성소수자를 비하하는 말로 사용되었지만, 오늘날은 긍정적인 의미로 성소수자의 정체성을 소개하는 언어가 되었습니다. 베드로전서 저자가 제시하는 전략은 사회에서 낙인의 언어로 사용하는 그리스도인(크리스티아노스)을 신앙 공동체가 스스로를 부르는 언어로 사용하되, 공동체의 정체성을 '선한 일을 하는 사람들, 하나님께 자신의 영혼을 맡긴 사람들'로 정체성을 바꾸어 버리자는 것입니다.

> 그러므로 하나님의 뜻을 따라 고난을 받는 사람은, 선한 일을 하면서 자기의 영혼을 신실하신 조물주께 맡기십시오. (벧전 4:19,

| 새번역)

이것은 사회에서 받는 낙인, 혐오를 그대로 되돌려 갚아 주지 말고, 새로운 정체성, 새로운 실천을 위한 긍정적인 에너지로 승화시키는 전략입니다. 종교가 사회에 필요한 이유가 혐오와 폭력을 줄이고, 선한 일을 위한 열정을 지켜낼 수 있는 창의성을 제공하는 데 있지 않을까요?

교회로 인해 받은 고통이 크면 클수록, 그 고통을 더욱 더 새로운 교회를 만들어 내는 창의적인 에너지로 전환시켰으면 좋겠습니다. 교회가 부끄럽다고 해서 '그리스도인'이라는 정체성까지 버려 버리지 않았으면 좋겠습니다. 버리기엔 너무 아까운 이름 아닌가요? '그리스도인'이란 이름을 '교회 등록인, 교리주의자'에서 '예수를 따라서, 고난을 받음에도 선한 일을 하는 사람', '그리스도를 따라서, 세상에 혐오를 줄이고, 사랑을 늘리는 사람' 등 다양한 의미를 담아서 새롭게 사용할 수 있으면 좋겠습니다.

4부

교회, 다시 세워 볼까요?

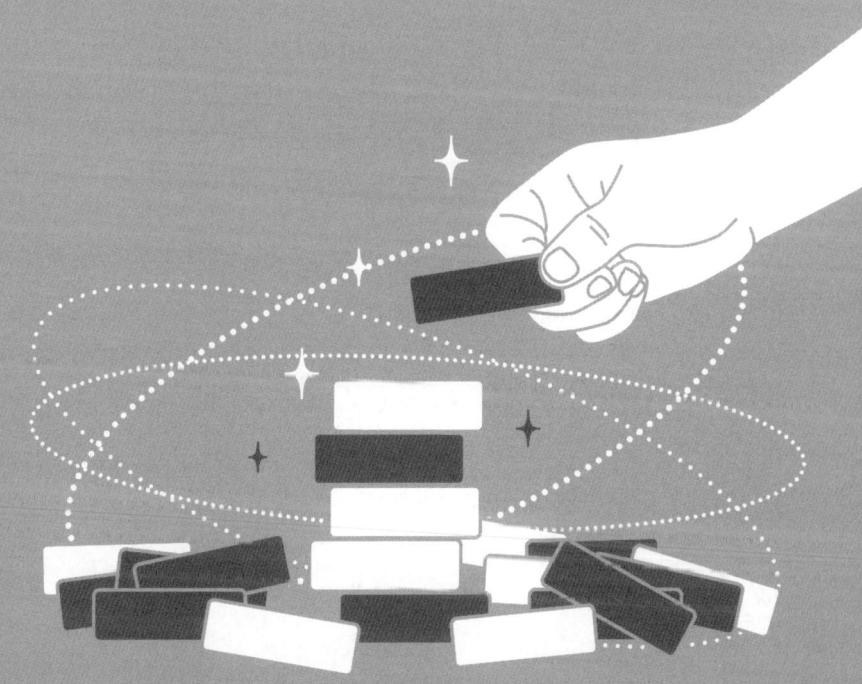

12
설교가 세뇌가 되지 않으려면?

설교는 선포일까요?

설교란 무엇일까요? 매주일 설교를 하는 저도 막상 이야기를 시작하려니 막막합니다. '제가 생각하는 설교는 이런 것입니다'라는 명료한 답이 곧바로 나오지는 않더군요. '설교가 무언가요?'라는 질문을 지금 설교를 하고 계시는 목사님들께 물었을 때, 바로 자신의 대답을 내놓을 수 있는 분이 얼마나 될지 궁금하네요.

신학교에 다닐 때는 '설교는 예수 그리스도를 통해 계시된 하나님의 복음[1]을 선포(케리그마)하는 행위다' 같은 몇 가지 모범 답안을 배웠는데요. 구체적인 표현은 조금씩 다르지만 대체로 제도

---

1 데일 마틴은 「*Biblical Truths*」에서 복음(기쁜 소식)을 "예수 그리스도의 행동, 믿음, 신실함을 통해 하나님께서 인간에게 주시는 것"으로 설명합니다(p. 90). 복음을 로마제국의 언어를 신앙의 언어로 바꾸어 낸 정치적인 개념으로 설명할 수도 있고, 예수님의 죽음과 부활에 집중해서 죽음 자체를 이기신 구원의 소식에 중점을 둘 수도 있습니다. 데일 마틴처럼 예수님의 행동, 공생애의 삶 자체도 복음의 언어에 담아서 믿는 이들이 예수님의 길을 걸어갈 수 있게 된 은혜를 복음이란 말에 담을 수도 있습니다. 또한 구약에 나오는 희년의 정신, 해방의 정신이 예수님을 통해 실현되었음을 강조하며 '복음'을 이해할 수도 있겠습니다.

권 개신교 신학교에서는 설교를 '복음의 선포'[2]로 가르쳤던 것 같습니다. 이 질문으로 이야기를 시작해 보면 좋겠습니다. 설교는 일종의 '선포'일까요?

설령 교회가 처음 시작된 1세기에 공동체 예배 안의 메시지를 예수님에 관한 기쁜 소식을 전하는 선포로 인식했을지언정, 2000년이 지난 현대사회의 종교 모임에서도 설교는 여전히 '선포'여야 하는지는 조금 고민해 볼 일입니다. 이미 기독교의 메시지가 대략 어떤 내용인지 정보가 오픈돼 있는 현대사회에서 '선포하는 행위'가 그렇게 의미 있을지 의구심이 듭니다.

제도권 교회에서 전도사·목사로 몇 년간 지내면서, 선포는 참 잘하는데 말과 행동이 너무 뒤틀려 있는 경우를 종종 봤습니다. 삶과 분리된 선포만 계속 듣다 보니 목사인 저도 회의감에 빠지곤 했는데 교회의 현실을 알고 있는 성도분들은 오죽했을까요. 어떤 분들은 설교 자체를 없애야 교회 개혁이 되지 않겠느냐고 제안하시기도 했는데요. 그래도 설교는 개신교 전통에서 중요한 시간이라 아주 무시할 수는 없을 것 같습니다. 교회를 찾는 첫 번째 기준도 설교인 경우가 많기 때문입니다. 설교 없는 예배가 성도분들에게 얼마나 힘이 될 수 있을지는 잘 모르겠습니다.[3] 그러니 차라리 설

---

2   데일 마틴은 「Biblical Truths」에서 현대 독일 학자들이 주장하는 케리그마를 "예수 그리스도를 통해 하나님에 대한 신앙을 갖도록 하는(전향, 개종하게 하는) 구원의 메시지" 라고 설명합니다(p. 90).

3   이것은 '설교 중심의 예배'를 경험하며 살아온 저의 개인적인 의견입니다. '인이'를 줄이고, 다양한 의례를 통해 침묵, 기도, 찬양으로 하나님께 집중하는 예배, 그리고 설교 대신 참여자들의 '나눔'만으로 진행되는 예배도 중요한 교회의 전통이라고 생각합니다. 저에게도 새로운 공부와 경험이 필요한 영역입니다.

교를 새롭게 정의하고, 설교자에게 필요한 매너나 규칙을 다시 점검하고 논의해 보는 일이 중요할 것 같습니다. 현대사회에서 교회의 설교는 무엇이 어떻게 바뀌어야 할까요?

확신 없이 설교하기

10년간 신학을 공부하고 설교해 왔지만 지금까지도 풀리지 않는 질문이 하나 있습니다. '목사들을 가르치는 신학 교수들은 확신이 없는데, 왜 정작 목사들은 설교할 때마다 확신이 차고 넘칠까?' 하는 것입니다. 물론 신학 교수 중에서도 공부량이 많지 않은 (?) 분들은 확신에 가득 차 있기도 했는데요. 대체로 연구를 성실히 하는 분들은 자기 의견에 과도한 확신을 갖지 않았습니다. 오히려 학생인 제가 물어보는데도 "이런 부분은 저도 잘 모르니 전도사님이 조사해 보고 알려 주세요"라고 대답하는 교수님도 계셨지요. 제가 볼 때는 그분이 가장 실력 있는 교수님 중 한 분이었습니다.

덴마크 코펜하겐대학교 신약학부에는 트롤스 엔버그 피터슨(Troels Engberg Pedersen)이라는 교수가 있습니다. 고대 그리스철학과 신약학을 함께 연구해서 바울서신에 나타난 스토아철학의 언어들을 조사하고, 그 연관성을 토대로 바울서신·요한복음 등을 해석한 세계적인 신학자인데요. 어느 인터뷰 영상에서 피터슨 교수가 신학을 하나의 '추론 작업(Guess Work)'으로 소개하는 것을 들었습니다. 신학은 어떤 해석 틀을 가져와서 성경을 새롭게 이해해 보려는 일종의 추론 작업이라는 것입니다.

목사들은 신학 전문가들의 추론 작업 중에서 설득력 있어 보이는 이론을 선택해 설교라는 틀에 맞게 재가공하는 일을 하게 되는데요. 그러니 좋은 설교란 해석의 엄밀성과 내적 정합성을 높이는 작업을 얼마나 성실하게 하느냐에 달린 것이라고 할 수 있지요. 또한 설교는 교회 공동체를 위한 다양하고 적실한 2차 추론 작업이므로 '확신'의 언어를 자제해야 하지 않을까 싶습니다.

말을 이렇게 하니까 복잡해 보일 수 있는데요. 좀 더 간단히 말씀드리면, 현대사회에서 우리가 보유한 자료를 갖고서는 아무도 하나님을 '과학적 사실성'을 갖춘 확신의 언어로 묘사할 수 없다는 것입니다. 설교자는 하나님께 직접 들은 이야기를 전하는 사람이 아닙니다. 설교를 듣는 사람과 비슷한 수준으로 하나님을 모르는 한 사람이지요. 다만 노력할 뿐입니다. 수많은 성경 해석 중에 지금 우리 신앙 공동체에 유의미해 보이는 해석을 선택해, 하나님을 새롭게 상상해 볼 수 있도록 도전하는 그런 노력 말입니다.

그럼에도 누군가가 지기 설교에 초월적 확신을 갖는다는 것은, 추론의 중간 단계를 뛰어넘었다는 말입니다. 그것이 듣는 사람에게는 즉시적인 안정감도 가져다주고, 마치 하나님을 순간적으로 느끼는 듯한 효과도 불러오고 위로도 줄 수 있을지언정, 그런 설교자는 약간의 '사기'를 치고 있는 것이라고 보면 될 것 같습니다. 이건 제 솔직한 생각을 말씀드리는 것이고요. 저는 '확신'하는 설교자는 확신하는 만큼의 강도로 '속이는 행위'를 하고 있다고 확신(?)합니다.

설교의 재정의

그러나 신학이 하나의 추론과 가설 위에서 하나님을 추적하는 인간의 작은 노력이라면, 설교자는 항상 불안해하고 자신감 없이 설교해야 할까요? 그러면 교회가 망하겠죠. 저는 현대사회의 상식에 맞는 교회가 늘어나기를 소망하지, 교회가 다 망해 없어지기를 바라지 않습니다. 저도 설교하는 사람이고, 교회에 진심인 사람이니까요. 다만 설교가 일말의 의심도 허용하지 않는 100%의 진리를 전하는 시간이 아니라는, 설교자 또한 하나님을 직접 만날 수 없는 인간이라는 한계를 정확하게 설명하고 난 뒤, 그럼에도 책임감 있고 성실하게 하나님을 새롭게 상상할 수 있는 성경 해석을 준비해 왔다고 고백하면 어떨까요? 전문 신학자 집단의 이야기를 참고해 우리 교회 공동체에 소개하고 싶은 새로운 성경 해석 중 하나를 소개하는 시간으로 설교를 재정의하는 것이죠. '전문 신학자 집단'의 이야기라고 하니까 좀 있어 보이는데, 그냥 신학자들의 이야기, 책, 유튜브 강의 등을 교인들 눈높이에 맞게 새롭게 재해석해 보자는 것입니다. 하나님에게 직접 계시를 받는 설교자는 없으니까요 (있다면… 부럽습니다).

물론 신학자들의 이야기뿐만 아니라, 다른 분야의 아이디어, 설교자 개인이 삶 속에서 느끼는 것, 개인적 실천 등을 설교에 담을 수도 있습니다. 또 교회 구성원에게 들은 이야기나 그분들의 성경 해석을 소개할 수도 있겠지요. 어쨌든 예배 안에서 성경 해석에 관한 이야기를 다루는 일은 설교의 최종 편집자인 설교자의 권한입니다. 다양한 콘텐츠를 다양한 상상력으로 최종 편집하는 것이지요.

하지만 저는 설교의 가장 많은 부분을 차지하는 자료의 원천은 전문 신학자들의 '집단 지성'이어야 한다고 생각합니다. 설교의 안전성을 확보하기 위해서요. 가끔은 주관적 해석도 좋고, 신학 전문가가 아닌 분들의 참신한 이야기를 듣는 것도 매우 좋지만, 해석의 안전성을 담보하려면 결국 오늘날 신학 전문가들이 내놓은 여러 결과물을 살피고 요약·정리해 주는 게 필요할 것 같습니다.[4]

설교를 이렇게 엄밀하게 준비하고자 노력하지만, 실제 설교를 듣는 분이 어떤 포인트에서 신앙의 도전을 받을지는 예상하기 어렵습니다. 설교 내용에 일부 동의해 긍정적인 도전을 받을 수도 있겠지만, 때로는 듣는 분이 설교 내용 중 일부를 창의적으로 재해석해 자기만의 콘텐츠로 소화할 수도 있고, 설교 내용에 전적으로 반대하는 경우도 있지요. 그럴 경우에는 반대 내용을 토대로 새롭게 성경을 해석해 볼 수도 있겠습니다.

종교적인 언어로 말하자면 '성령의 조명하심', '하나님의 영의 활동을 통한 신앙의 도전'은 설교 중 어떻게 작동할지 아무도 모릅니다. 다만 설교자가 충실한 해석을 소개하기 위해 최선을 다하고, 듣는 분들은 그 내용을 우상화하지 않고 다양한 비평의 자유 안에서 구도求道의 노력을 기울인다면, 하나님께서 전하는 사람이나 듣는 사람에게 은혜를 내려 주시지 않을까요?

설교자의 직업 전문성

이런 맥락에서 최근 1~2년 사이에 제가 설교 과정에서 새롭

---

[4] 10장에서 성경의 해석과 책임 윤리에 관해 말씀드렸듯이 전문 신학자들도 성경을 모두 다르게 해석합니다. 설교자는 다양한 신학 토론 속에서 '하나의 해석'을 선택해서 공동체에 소개하는 일을 하는 거라고 생각합니다. 다만 신학자들의 연구가 공동체 멤버들의 '삶'과 상당히 거리가 있는 이론에 치우친 이야기들도 많은데요. 그래서 설교자가 신학자들의 아이디어를 새가공하는 작업을 해야 할 때가 많습니다. 전문 신학자분들이 공동체의 설교자들이 적용할 수 있는 현실적인 아이디어를 더 많이 공유해 주면 좋겠는데요. 신학자들은 이론의 세계에서 나름 바쁘시다 보니 교회 현장까지 고려하지는 못하는 경우가 많은 것 같습니다.

게 갖추게 된 매너는 '내용의 출처를 말하자'입니다. 설교를 준비하기 위해 참고한 책·주석이 무엇인지, 어떤 유튜브 영상을 봤는지 곁들여 준다면, 듣는 사람이 설교자를 우상화하지 않을 수 있습니다. 지금 듣는 이야기가 설교자의 머릿속에서 처음 창조된 이야기가 아니라는 것을 알게 되기 때문이지요. 설교자가 모든 이야기의 창조자가 아닌, 일종의 편집자라는 이해를 공유하는 것이 매우 중요하다고 생각합니다. 그래서 그날 들은 이야기가 흥미로웠다면, 설교자가 참고한 원자료들도 찾아보며 공부를 더 심화해 나갈 수 있겠지요.

이렇게 했을 때, 설교자는 설교를 듣는 이와 하나님 사이의 벽이 되지 않을 수 있습니다. 설교자가 자신을 절대화하지 않고 자신의 '기능'을 정확히 짚어 주는 것입니다. 설교자와 설교의 내용은 설교를 듣는 이들이 하나님을 상상할 수 있도록 돕는 도구이자, 성경의 이해를 돕는 보조 장치로 머물러야 합니다. 설교자의 인기가 올라가거나 설교자에게 특별한 권위가 만들어지지 않을 수 있는 방법을 찾아내야만, 설교를 지속적·반복적으로 할 수 있는 직업 전문성을 갖췄다고 할 수 있을 것입니다.

앞서 말씀드린 표현을 사용하자면 '설교의 내용을 충실히 준비하면서도 확신의 언어는 없앨 수 있는가', '확신의 언어를 사용하지 않으면서도 설교 시간의 안정성을 확보할 수 있는가', '새로운 성경 해석으로 도전하면서도 설교자 자신의 존재감을 지워 낼 수 있는가' 하는 과제를 수행해 낼 실력을 키워 나갈 때, 설교자의 직업 전문성이 생겨나는 것이라고 생각합니다.

그래서 설교자는 기본적으로 이런 표현을 사용하지 않아야 한다고 봅니다. "내가 하나님의 음성을 들었다", "오늘 우리에게 주시는 하나님의 말씀은…", "하나님이 여러분에게 이런 이야기를 들려주고 싶어 하십니다" 등 신접한 사람들이나 할 법한 표현들을 사용한다면, '전문가'라고 하기는 어렵습니다. 그분들은 위와 같은 표현들을 활용해 설교 내용을 허위 포장하는 것이라고 생각합니다.

대신 설교자는 일종의 시간 여행 가이드 역할을 해야 합니다. 성경의 단어·문장 사이의 의미들을 추적하고자 여러 사고실험을 수행하고, 신학자들이 제시하는 새로운 데이터를 가져와 성경의 몰랐던 부분을 함께 알아 가고, 다시 돌아와 오늘날 우리에게 이 본문이 어떻게 다양하게 적용될 수 있을지 나눈다면, 설교자가 전문 신학자가 아니더라도 해석의 가이드이자 이야기의 최종 편집자로서의 전문성을 인정받을 수 있지 않을까요?

제가 설교자의 '직업 전문성'이란 표현을 사용한다고 해서 설교를 '목사'만 해야 한다고 생각하는 것은 아닙니다. 오히려 정반대입니다. 다만 목사가 좀 더 많은 빈도로 설교를 하고, 또 그에 대한 급여를 받는 만큼 전문성이 필요하다는 이야기입니다. 신학이 아닌 다른 분야의 직업 전문성을 갖고 있는 교회 구성원의 설교라면 당연히 그런 엄밀성을 과하게 요구해서는 안 되겠지요. 오히려 좀 더 편하게, 평소 생각하던 신앙적 고민이나, 개인적 성경 해석 또는 책이나 강의에서 기억에 남는 것들을 어떠한 형식 없이 소개하는 시간을 보내도 공동체에는 충분히 축복과 힘이 되는 시간이 될 것입니다.

설교는 누구나 할 수 있어야 합니다. 참고로 저는 설교뿐만 아니라 세례·성찬 등 교회의 모든 일 중 '목사만' 할 수 있는 일은 전혀 없다고 생각합니다. 교회 구성원이 해서는 안 되는 교회 일이라는 게 있을까요? 다만, 신학을 전공하고 설교를 반복적·정기적으로 하는 분에게는 그만큼의 전문성이 필요하다는 말입니다.

설교 피드백을 편안히 나누는 교회

이렇게 얘기했지만, 개척교회를 해 보면 설교가 얼마나 중요한 일인지 다시 한 번 느끼게 됩니다. 여러 가지로 부족한 게 많은데도 설교에서 뭔가 통하는 지점이 있다면, 부족한 점은 눈감아 주고서라도 교회로 오는 분이 있기 때문입니다. 어떤 교회의 정신이 마음에 들어도 사실 설교에서 막히는 게 있다면 그 공동체에 들어가 함께하기 어려운 게 현실입니다.

그래서 저도 설교 실력을 계속 키워 나가고 싶은데요. 사실 어렵습니다. 설교에 대해 솔직한 이야기를 나누고 피드백을 받을 수 있는 공간이 적기 때문이지요. 이렇게 글로 고민을 남기고 있는 저도 친구 목사님들과는 이런 이야기를 나누지 않습니다. 남의 설교에 대해 뭐라 말하지도 않고요. 괜히 말했다가는 관계에 문제가 생길 것 같아서 그렇습니다. 목사의 말을 비평하면 안 된다는 분위기가 있어서인지 목사들끼리도 결코 설교에 대해서는 말하지 않습니다. 그래서 아쉽게도 설교 실력을 키울 기회가 적습니다. 이 글을 계기로 뭔가 시작할 수 있으면 좋겠습니다.

동료 설교자 혹은 전문 신학자 집단에게 설교 피드백을 받기 어려운 현실이기에, 설교에 대해 편하게 피드백을 나눌 수 있는 교회 공동체 분위기를 만드는 일이 중요한 것 같습니다. 개교회 안에서 설교 피드백을 수시로 받고, 설교자가 자기 객관화를 잘해서 자기 설교의 장단점을 인지하고 있다면, 앞으로 어떤 부분을 키워 나가야 할지 감을 잡을 수 있기 때문입니다.

오늘 설교 정말 재밌다고 할 줄 알았는데 재미없다고 하면 저도 살짝 충격받고, 오늘 설교는 정말 난이도를 잘 맞췄다고 생각했는데 어렵다고 하면 또 충격받습니다. 그래도 아무 말 없이 교회를 떠나지 않고 이런 말을 해 주는 게 얼마나 감사한 일인가요(물론 매주 혼나면 자존감이 떨어질 수 있습니다). 이런 피드백을 받는다고 해서 다음 주일예배 설교에 바로 극적인 변화가 생기는 건 아닙니다. 저는 피드백을 받고 나서 항상 시간을 달라고 합니다. 실제로 바뀌는 데까지는 시간이 걸리니까요. 그래도 계속해서 피드백을 받고 조금씩 노력하면, 변화가 일어나고 새로운 합의점을 찾아가는 과정에서 설교자의 실력이 늘어나지 않을까 기대하고 있습니다.

설교의 평가 기준

평가라는 것은 괴롭히는 것이 목적이 아니라, 서로 성장하기 위한 선한 목적이라면 꼭 필요하다고 생각합니다. 설교에 대해서도 '평가 기준'이라는 게 있으면 어떨까요. 저희 교인분들이 제 설교를 평가해 주신다면, 이런 기준들을 가지고 다양한 관점에서 평가를 해 주시기를 바라는 마음으로 몇 가지 정리를 해 보았습니다.

① 신학적 타당성
- 설교를 준비하면서 어떤 자료를 참고했는가?
- 오늘 설교는 어떤 신학자(또는 신학자 그룹)의 이야기를 토대로 준비했는가?

- 설교의 전개는 설득력이 있었는가?

② 창의성
- 설교에서 어떤 부분이 설교자의 창의적인 생각이었는가?
- 다른 설교와 어떤 면에서 차별성이 있는가?

③ 전달력
- 설교의 핵심 메시지가 잘 전달되었는가?
- 난이도가 너무 어렵지 않았는가?
- 설교의 스피치, 표정, 퍼포먼스는 어땠는가?
- 재미있었는가?

④ 적용 가능성
- 설교의 결론이 너무 추상적으로 끝나지 않았는가?
- 일상에서 실천해 볼 수 있는 챌린지를 주었는가?

저는 그동안 설교할 때 문자주의, 교조주의에 빠지지 않는 제3의 길을 찾으려다 보니 ①번 '신학적인 타당성'을 준비하는 데 에너지를 많이 썼었습니다. 신학적인 부분은 모든 교인분들이 세세하게 비평하기 어려운 면이 있습니다. 하지만 교인분 중에 신학에 진심인 분들이 많아 여러 입장에서 비평을 해 주시는데요. 설교를 마치고 나서 다른 의견들을 들으며 저도 많이 배우는 편입니다.

②번 창의적인 면이 잘 될 때도 있고, 때로는 전문 신학자의 이야기를 소개하는 데 시간을 많이 쓰기도 했습니다. 그래도 표절을 하지 않기 위해 설교에서 출처를 말하려고 노력했습니다. 저는 '설교의 창의성'이 가장 중요한 영역이라고 생각하고 있고, 모든 개신교 신학교육은 설교자가 창의성을 가질 수 있도록 도와야 한다고

생각합니다. 일단 설교자가 다른 사람의 설교를 듣는 것을 그만두고, 자신의 공부를 시작할 때 '창의성'의 감각이 만들어지기 시작한다고 생각합니다.

③번 전달력의 경우에는 많이 안 좋은 편입니다. 이 부분에 있어서 혹독한 피드백을 받고 있고, 앞으로 수년간 고행을 통해 새롭게 갖추어야 할 영역입니다. '유잼 설교'(재미있는 설교)의 길은 멀고도 험합니다. 신학교 가기 전에는 제가 재밌는 사람이었는데요. 신학을 하다 보니 삭막해져서 '재미력'이 많이 떨어졌습니다. 신학교 커리큘럼의 문제라고 생각합니다.

④번의 적용 가능성도 최근에야 생각하게 된 부분인데요. 저는 '열린 결말로 끝내서 듣는 분들이 결론을 내려보면 어떨까' 했지만 또 혹독한 비판을 받았습니다. 설교를 통해 '이번 한 주에는 이런 쪽에 어떤 실전을 해 보도록 노력해야겠다'라는 최소한의 방향성은 제시해 설교가 '완결성'을 갖게 하려고 다시 노력하고 있습니다. '설교를 들었으니 이런 이런 것을 하세요!'라는 위계적인 명령의 느낌이 아니라, 함께 도전해 보자는 챌린지의 느낌으로 전달하기 위해 노력하고 있습니다.

13
매너리즘에 빠지지 않는 예배가 되려면?

예배의 의미, 예배의 순서

21세기에 가장 영향력 있었던 신약학자 제임스 던은 예배를 "인간이 '하나님의 자기 계시'라 인식한 것에 보이는 반응"이라고 요약했습니다. 하나님께서 세상을 창조하시고, 예수님을 통해 구원의 길을 열어주시고, 하나님의 영으로 이끌림 받으며 살아갈 수 있게 해 주신, 하나님의 은혜에 대한 신앙 공동체적 응답을 '예배'라고 할 수 있겠습니다.

제임스 던은 1세기 신앙 공동체 예배에 다음의 네 가지 실천이 있었을 것이라고 설명합니다.

> 가. 기도가 예배의 중심이었다… 기도는 피조물이 창조주에게 의존함을 나타낸다.
> 나. 하나님을 찬미하며 하나님께 부른 찬송도 예배의 표현이었다.
> 다. 예배를 드릴 공간, 시간, 예배를 주관할 사람을 구별하였다.
> 라. 하나님께 헌물을 드리는 것도 예배의 근본 요소였다.

일상을 멈추고, 시간과 공간을 구별하여 하나님께 집중하는 것은 구약성경의 안식일 정신을 계승하는 것이기도 합니다. 하나님 안에서의 쉼과 평화라는 정신, 토요일 안식일 규정을 신앙 공동체는 그다음 날인 '주의 날'에 새로운 루틴으로 계승했습니다. 물론 유대인이면서 예수를 따르는 이들은 안식일과 주일을 함께 지켰겠지만, 이방인들은 주일예배에 참여함으로 신앙을 성장시켰을 것입니다.

유대인의 회당 문화와 신약성경의 이야기를 살펴보면, 기도와 찬양의 시간과 함께 구약성경과 나중에 정경이 될 신약성경의 텍스트 기록, 또는 말로 전달되는 이야기들을 서로 공유하는 시간이 예배의 중요한 순서가 되었을 거라고 추측해 볼 수 있습니다. 또한 식사 교제를 하며 대화하고, 그러는 가운데 신앙의 질서에 맞는 새로운 공동체들이 만들어지는 것도 예배의 효과라고 할 수 있겠습니다. 「디다케」[5]와 같은 초기 신앙 공동체의 문헌을 보면 복음서의 성찬식이나 세례가 중요한 예전으로 여겨졌음을 알 수 있습니다.

하지만 1세기의 모든 교회가 예배의 모든 순서를 공유하지는 않았을 것입니다. 4세기 이후, 기독교가 로마의 국가 종교가 되기 전까지의 신앙 공동체들은 서로 다른 신앙의 문헌을 소유했고, 따라서 신앙의 무게 중심이나 예배의 형식들도 다양했을 것입니다.

요한복음 연구자로 유명한 폴 앤더슨(Paul N. Anderson)은 '요한복

---

5 「디다케」는 '가르침'이라는 뜻을 가지고 있고, 저작 연도가 1세기로 추정되는 매우 중요한 문헌입니다. 「디다케」에는 세례와 성찬, 기타 공동체의 운영에 관한 내용이 담겨있어서, 처음 신앙 공동제가 시작될 때 가졌던 생각들을 추론해 볼 수 있습니다.

음이 강조하는 예배'에 대해 다음과 같이 설명합니다.

> 진정한 예배는 올바른 종교적 형식이나 전례의 미학에 달려 있지 않습니다. 이러한 것들은 인간에게는 중요할 수 있지만 하나님에게는 결코 필수 조건이 아닙니다. (중략) 요한복음 9장에 나오는 종교 지도자들처럼, "우리가 본다"고 주장하는 이가 오히려 계시자의 역사에 대해 눈이 멀게 될 수 있습니다. 종교는 영적 가치, 이상 또는 경험을 발전시키고 재현하기 위해 고안된 패턴과 형태의 인간적 구성으로 이루어져 있기 때문입니다. 그러나 역설적이게도 예배자가 예측할 수 없고 통제할 수 없는 성령의 바람에 자신을 내맡길 때에만 실제로 신의 현존을 만날 수 있습니다. (중략) 장소, 형식, 단어가 다를 수 있지만, 신성한 말씀은 결코 구분될 수 없으며 영과 진리 안에서 언제나 만날 수 있습니다(요 4:24).[6] (중략) 신약성경이 요한복음뿐이라면 세례와 성찬이라는 기독교 예식에 대한 성경적 근거가 없었을 것입니다.[7]

1~2세기의 특정한 신앙 공동체가 예배의 순서 중 하나에 특별한 의미를 부여했다고 해서, 2000년이 지난 오늘날의 신앙 공동

---

[6] 요한복음 4장에서 예수님이 사마리아의 여인에게 말씀하신 '영과 진리로 드리는 예배'가 어쩌면 매너리즘에 빠지지 않는 예배일 수 있겠습니다. 본문은 '어디서 예배를 드리는가, 누가 예배를 집례해야 하는가, 어떤 민족/공동체의 예배만 하나님께서 받으시는가, 예전은 어떻게 해야 하는가' 라는 절차와 방법을 우상화하지 않고, 사람이 제한할 수 없는 하나님의 영 안에서 예수 그리스도의 진리를 붙잡으려는 자세를 강조하고 있다고 해석할 수 있기 때문입니다.

[7] Paul N. Anderson, 「*The Riddles of the Fourth Gospel: An Introduction to John*」, Fortress Press, 2011, Chapter 10 : The Life of the Church, 전자책 pp. 227~228. https://www.logos.com/product/164001/the-riddles-of-the-fourth-gospel-an-introduction-to-john

체에서도 똑같은 의미를 부여할 필요는 없다고 생각합니다. 중세 시대의 교회나 근대 시대의 교회도 마찬가지입니다. 수백 년 전의 성찬 논쟁이 당시의 교회 정체성을 규정하는 중요한 논쟁이었다는 것을 존중하는 것과, 그것을 오늘날도 똑같이 해석하고 적용해야 한다는 것은 다른 문제입니다.

하나님의 사랑, 은혜에 대한 반응, 예수님을 통해, 하나님의 영 안에서 예배에 참여한다는 큰 방향성에 동의가 된다면, 저는 이것만으로도 교회의 '공교회성'이 만들어진다고 생각합니다. 예배의 부름, 사도신경으로 예배를 시작해야 예배라고 할 수 있다거나, 축도로 마쳐야만 예배라고 할 필요가 없다는 것입니다. 예배에 설교는 있을 수도 있고, 없을 수도 있습니다.

신앙고백, 기도, 설교, 찬양, 축복 등의 순서들을 어떻게 조합하느냐는 것은 신앙 공동체의 지율에 맡겨야 한다고 생각합니다. 각각의 교회가 다양한 형태의 예배를 만들어 보고, 수정하고, 재조정해 나갈 때, 각 교회 예배의 '독특성'과 '역동성'이 회복될 수 있을 것입니다.

함께 만드는 루틴, '생성형+참여형' 예배

미학을 가르치는 홍익대학교 최광진 교수는 「창조적 인간으로 살아가기」(현암사)라는 책에서 '예술의 패러다임 변화'에 관해 다음과 같이 이야기합니다.

> 역사에 기록된 중요한 예술가들은 당대의 인기와 상관없이 시대정신의 흐름을 정확하게 간파하고 패러다임을 이끈 작가들이다.

> 예술의 패러다임은 일반적으로 소수의 아방가르드에 의해서 새로운 혁명이 시작되고 점차 확산하여 아카데미즘으로 꽃피운다. 그리고 그것이 일반인들에게까지 확산하면 매너리즘으로 쇠락한다. 이것은 한 바이러스의 흥망성쇠처럼 마름모꼴의 형태를 띠게 된다.[8]

아카데미즘은 기존의 권위적인 체계로서, 대중에게 유행을 얻고 있는 시대의 주류적인 흐름을 말합니다. 반면에 아방가르드는 기존 질서의 문제점을 지적하고, 해체하는 새로운 운동가들입니다. 변화를 이끄는 이들이 새로운 질서를 만들어 내지만, 그 질서가 시간이 지나 녹이 슬어 버리면 변할 수 없는 권력 그 자체가 되어 버린다는 것입니다. 같은 책에서 '매너리즘'이란 말의 어원이 설명되어 있는 부분을 한 번 더 인용해 보겠습니다.

> 미학적 개념으로서 매너리즘은 '양식'을 의미하는 이탈리아어 '마니에라(maniera)'에서 유래한 말로 위작자가 대가의 걸작을 복사하듯이, 오직 기교로서 같은 양식을 반복한다는 의미다. 모든 타락은 수단이 목적을 대신할 때 나타나듯이, 예술의 타락도 수단에 불과한 양식적 기교가 창조적 의식을 대신할 때 나타난다. 매너리즘은 미를 명분으로 자행되는 예술의 타락이다.[9]

기성 체계가 무거워져서, '정신'은 없고 '기교/기술'만이 남았을

---

[8] 최광진, 「창조적 인간으로 살아가기」, 현암사, 2023, p. 53.
[9] 최광진, 같은 책, p. 57.

때를 '매너리즘에 빠졌다'고 할 수 있겠습니다. 수단이 목적을 대신하는 것을 예술의 타락이라는 말이 종교에도 똑같이 적용할 수 있을 것 같습니다. 예배에 참여하는 목적은 사라지고 그저 예전만 반복하고 있다면, 그리고 직업 종교인은 그 예전을 반복 수행하는 노동만 하고 있다면 종교도 매너리즘에 빠졌다고 할 수 있지 않을까요?

특히 예배는 신앙인이 평생 참여하는 것이라 '무한 반복'이라는 관성에 빠지기 쉬운 것 같습니다. 예배를 진행하는 집례자도, 예배에 참여하는 교인도 아무 생각 없이 어떤 의례를 반복할 때, 매너리즘이라는 종교의 타락이 시작될 수 있겠습니다.

길섶교회를 처음 시작할 때 '예배 순서 자체를 없애 버리면 안 되겠느냐'는 피드백을 받았습니다. 의미가 공감되지 않는 예배 순서에 지쳤던 분이라서 그런 제안을 하셨던 건데요. 그것도 좋겠다 싶었는데 막상 모든 순서를 빼 버리려고 하니 뭘 해야 할지 모르겠더라고요. 그렇다고 설교만 하는 것도 아닌 것 같고, 예전도 설교도 없이 친교만 나누는 것도 이상해 보였습니다. 결국엔 제가 경험해 왔던 예전의 틀로 예배를 시작하게 되었는데요. 예배로의 부름, 사도신경, 성부·성자·성령의 삼위일체 언어로 만들어진 기도와 축도 등을 그대로 가져와서 예전을 만들었습니다. 일단 가장 먼저 예전에서 축도를 빼게 되었는데요. 제가 너무 나이가 들어 보이기도 하고, 또 몇 명 안 되는 인원이 앉아 있는데 그렇게 하는 것도 모양이 이상해서 축도 대신 주기도문으로 예배를 마치게 되었습니다. 저는 사도신경과 삼위일체 언어를 사용해도 좋고, 안 써도 좋지만 교리가 불편한 분들에게는 강압적으로 들릴 수 있어서 차차 빼게 되었습니다. 나중에 교회 인원이 많아지고, 교리의 언어를 사용하는 예배에 대한 요청이 생기면 이런 언어를 사용하는 예배도 따로 구상해 볼 수 있겠지만, 지금은 사용하지 않고 있습니다.

현재 길섶교회 예배 순서는 다음과 같습니다(2023년 7월 현재).

[1부 예배]

예배를 시작하는 기도 - 여는 찬양 - 성서 함께 읽기(교회력 본문) - 나를 돌아보는 침묵 기도(2분) - 공동 기도1 - 묵상 노래(찬양) - 이웃을 바라보는 침묵 기도(2분) - 묵상 노래(찬양) - 말씀 읽기(설교 본문) - 말씀 나눔(설교) - 침묵 기도 - 묵상 노래(축복송) - 주기도문

[2부 나눔]

자유 나눔 (30분) - 신앙 나눔(1시간)

예배는 교인 중에 담당자 또는 자원하는 분이 진행하고 있습니다. 온라인 참여자도 예배를 진행할 수 있습니다. 예배를 시작할 때는 특정한 신앙고백문을 강요하기보다는 예배의 목적이 하나님 사랑, 이웃 사랑이라는 이중 계명을 실천하는 삶에 있다는 내용의 기도를 드립니다.

> 세상을 창조하신 하나님,
> 새로운 일주일을 허락하시니 감사드립니다.
> 오늘의 예배를 통해,
> 하나님을 더 사랑하고

> 이웃을 더 사랑하게 하소서.
> 온라인, 오프라인으로
> 함께 예배드리는 모든 분들이
> 예수님의 사랑으로 새로워지게 하소서, 아멘.

설교를 교회력 본문으로 하지 않기 때문에, 예배의 앞부분에 교회력 본문 중에서 한 말씀을 함께 읽는 시간을 두었는데요. 보통 시편 말씀을 읽습니다. 침묵 기도는 개인 기도, 중보 기도, 성경 말씀을 토대로 한 기도, 이렇게 세 번을 2분씩 합니다. 3분씩 하려다가 상당한 비판을 받았습니다. 침묵 기도는 2분을 넘기면 위험합니다. 개인 통성 기도는 하지 않고, 대신 침묵 기도가 마칠 때마다 준비해 온 기도문을 함께 읽습니다. 저희가 2023년 7월 2일 주일예배 시간에 읽었던 기도문은 다음과 같습니다.

> 하나님,
> 앞으로의 세상을 이끌어 갈 어린아이들, 청소년을 위해
> 기도합니다.
> 다양한 환경에서 자라나는 아이들이
> 선하신 하나님이 세상을 돌보고 있음을 체감할 수 있도록,
> 가정과 학교와 사회 곳곳에서 충분한 사랑과 돌봄을
> 받게 하소서.
> 특별히 가장 안전해야 할 곳인 가정에서 폭력을 겪는 아이들을
> 가엾게 여겨 주소서.
> 아이들의 환경이 바뀌게 하셔서,

아이들이 마땅히 누려야 할 것들을 받게 하소서.
아이들이 꿈을 찾아가는 과정 속에서 많은 실패를 경험하더라도,
항상 새로운 기회가 주어지고, 모두가 함께 응원해 주는,
아이들을 위한 사회로 조금씩 바뀌어 가길 소망합니다. 아멘.

　교인 가운데 청소년들을 주로 만나시는 분이 계셔서 함께 이야기 나눈 내용을 제가 기도문으로 만들었습니다. 공동 기도문은 교인들이 작성할 때도 있고, 교인들과 이야기 나눈 내용들을 토대로 목사가 작성할 때도 있습니다. "예수님의 이름으로 기도합니다"는 꼭 넣지 않아도 될 것 같아서 뺐습니다. 예수님으로 인해 살아가고, 믿음을 가졌고, 기도할 수 있다는 것은 교회 공동의 고백이어서 매번 기도가 끝날 때마다 넣지는 않습니다.
　그리고 설교라는 말 대신 '말씀 나눔'이라는 표현을 쓰고 있습니다. 진행자가 "설교 말씀 전해 주시겠습니다"라고 하면 설교자가 나이 들어 보이고, 권위적으로 느껴질 수 있기 때문입니다. 설교는 하나님의 어떤 한 모습을 새롭게 생각해 볼 수 있도록 돕는 하나의 해석을 소개하는 시간이며, 예배 후 이야기 나누는 시간에 대화의 소재를 제공하는 기능을 담당합니다. 교인분들 가운데 원하는 분이 있으면 설교를 할 수 있도록 했는데요. 주일예배보다는 수요 모임 시간에 맡고 있습니다. 주일예배에서 설교를 맡는 것은 교인분들에게 약간 부담이 되는 일이어서, 설교 시간을 나누어 같이 이야기를 준비해 보는 공동 설교를 해 보면 어떨까라는 아이디어만 가지고 있습니다.
　2부 나눔 시간에는 처음 30분간 신앙에 관한 주제를 토론하지

않고, 일상을 어떻게 보냈는지 자유롭게 이야기합니다. 이후에 신앙에 관한 이야기를 나눌 때도 설교자가 진행하지 않고, 돌아가면서 이야기를 나눕니다.

주일예배에 반드시 있어야 하는 순서는 없습니다. 모든 순서는 삭제되거나, 다른 순서로 바뀔 수 있습니다. 단, 교회의 참여자들이 함께 회의를 해서 정해야 합니다. 예배의 모든 순서에는 '의미와 기대 효과'가 있고, 각 순서들이 개인을 공동체에 종속시킨다거나, 신앙의 자유를 박탈하지는 않는지 함께 점검합니다.

평생 반복적으로 드리는 예배임에도 매너리즘에 빠지지 않을 수 있는 예방책으로 제가 생각하는 바는 다음과 같습니다.

① 예배에 참여자가 능동적으로 개입할 수 있는 요소를 늘린다(참여형 예배).
② 예배의 순서는 예배 공동체로 함께 살아가는 이들이 함께 수정해 나간다(형성형 예배).

물론 이런 방법을 고민해도, 예배에 지쳐서 종교 생활을 쉬게 되는 경우도 종종 보게 됩니다. 모든 분을 만족시킬 수 있는 예배는 없을 것 같습니다. 다만 교인분들이 예배를 통해 성숙한 신앙을 갖는 데 도움이 되는 경험을 할 수 있는 여러 방법을 찾아보고, 시도해 보려 노력하고 있습니다.

성찬례의 의미: 예전의 의미 바꾸기

개척교회를 시작하고 5년간 성찬식을 하지 않았습니다. 처음

1년은 성찬식을 준비할 만큼 여유가 있지 않았고, 이후에 팬데믹 기간을 경험하다 보니 성찬을 조심해야 했습니다. 20대부터 평생 다녔던 교회도 장로교회였고, 신학 교육을 받은 곳도 장로교 신학교였는데요. 성찬을 성령의 임재하심으로 예수님의 몸과 피가 '실재'하는 영적인 성례전으로 배웠습니다. 이런 성찬을 5년이나 안 했으니, 저는 큰 죄를 짓고 믿음을 잃었어야 하지만, 아무렇지도 않았고 믿음은 더 뜨거워졌습니다.

그렇다고 성찬식을 무시하자는 게 아닙니다. 수백 년간의 교리 논쟁과 교리 규칙은 참고 사항이지, 그것이 진리의 절대적 가이드라인은 아니라는 것입니다. 장로교 신학교를 다닐 때는 칼뱅의 성령으로 임재하시는 성찬례(공재설이라고 합니다)가 아닌 다른 주장을 하는 분들은 상당히 나쁜 분들이라고 생각했는데요. 몇 년간 교단 바깥에서 지내다 보니 과거 세뇌의 효과가 상당하다는 걸 알게 되었습니다. 그럼에도 제가 장로교 칼뱅 전통(개혁파 교회)에서 창조되었기 때문에 그 전통에 대한 애정은 여전합니다. 하지만 교회에서 꼭 그렇게 가르치거나 성찬을 그런 방식으로 전할 필요는 없다고 생각합니다. 제가 그렇게 교육받았다는 거지, 그게 절대적인 진리는 아니니까요.

1551년, 개신교 종교개혁가들에 반대하여 가톨릭교회는 트리엔트공의회에서 다음과 같이 '성찬례'에 대한 입장(화체설)을 발표했습니다.

> 빵과 포도주를 성별한 후에 우리 주 예수 그리스도는 참되게, 실제로, 본질적으로 존귀한 성찬 안에 그리고 그것들의 물질적 외

양 속에 들어가 계셨다. 이 일은 우리 구세주께서 그의 자연스런 존재 방식에 따라 하늘에서 아버지의 우편에 앉으신 사실과 모순되지 않는다. (중략) 어떤 논쟁적이고 사악한 사람들의 편에서 가장 비열한 행동은 그 말씀들을 그리스도의 살과 피의 진리를 부인하는 허구의 상상적인 비유로 비튼 것이다.[10]

종교개혁의 선두에 섰던 루터도 성찬례의 빵과 포도주가 예수님의 몸과 피의 본질로 변화한다고 생각했습니다. 다만 가톨릭교회가 그 원리를 아리스토텔레스의 철학으로 설명하려는 것에 반대하고, 예수님께서 그렇게 말씀하셨기 때문에 가능한 것이라는 주장을 합니다. 칼뱅은 루터와 입장이 비슷하지만 그것을 성령의 임재를 통해 설명하려 했습니다. 1551년 저 발표의 주 타깃은 사실 츠빙글리의 성찬례 해석이라고 할 수 있겠습니다. 츠빙글리는 같은 종교개혁 운동에 가담했지만 루터, 칼뱅과는 다른 입장이었습니다.

만일 어떤 사람이 자신의 옷에 하얀 십자가를 꿰매어 단다면, 그는 자신이 연방의 한 구성원이 되기를 소망한다는 것을 공표하는 것이다. 또 만일 그가 나헌펠스를 순례하며 조상들에게 주어진 승리로 말미암아 하나님께 찬양과 감사를 드린다면, 그는 자신이 진실로 연방의 한 지체임을 스스로 증언하는 것이다. 이와 비슷하게 세례의 표지를 받은 사람은 하나님께서 자신에게 말씀하는 것을 경청하고 하나님의 가르침을 배우며, 나아가 그 가르침을

---

10 알리스터 맥그라스, 『종교개혁사상 제3증보판』, 최재건 옮김, CLC, 2006, p. 301.

따라 삶을 살아가기로 단호하게 결심한 사람이다. 또 주를 기리는 만찬에서 하나님께 감사하는 사람은, 회중들 앞에서 그가 중심으로부터 그리스도의 죽으심을 기뻐하고 나아가 그 죽으심 때문에 그분께 감사한다는 사실을 증언하는 것이다.[11]

츠빙글리는 성례전을 자신의 정체성을 기억하며 하나님과 공동체 앞에 신앙을 고백하는 의미로 해석했습니다. 이런 입장은 가톨릭 쪽에서뿐 아니라 루터파, 칼뱅파(후에 개혁교회 전통이 시작되는) 모두에게 인정받지 못했습니다. 그렇지만 종교개혁의 중요한 일원으로서 츠빙글리를 빼놓을 수는 없습니다. 그리고 제가 5년간 성찬례를 하지 않는 임상 실험을 해 본 결과 츠빙글리의 입장에 손을 들어 주고 싶습니다.

현대 성서학과 사회학, 심리학 등과도 연계하여 보면 성례전이라는 것이 신앙에서 어떤 의미와 효과를 일으킬 수 있을지 다양하게 상상해 볼 수 있을 텐데요. 이러한 자유로운 생각의 출발점도 이미 1500년대의 중요한 종교개혁 전통 안에 포함되어 있다는 것입니다. 물론 가톨릭적인 해석, 루터파적인 해석, 칼뱅파적인 해석 등을 오늘날에도 그대로 가져가는 교회 또한 당연히 인정해야 합니다. 인정해야 하는 게 아니라, 교회의 대다수의 입장이지요.

예전의 이름(언어)과 형식을 그대로 가져가지만 현대적으로 재해석하고, 공동체의 상황에 맞게 수정·편집(?)할 수 있는 자유를 허락해 주어야만, 교회는 다양한 세대와 젠더 구성원들을 잃

---

11 알리스터 맥그라스, 「종교개혁 시대의 영성」, 박규태 옮김, 좋은씨앗, 2006, p. 96.

지 않을 수 있다고 생각합니다. 특정 교리 해석을 100% 수용해야만 교회다, 그래야만 교회의 구성원이 될 수 있다고 빡빡하게 강조하면 다양한 사람들의 자유로운 신앙 활동을 방해하는 일이 될 수도 있다는 것입니다. 기독교 역사학자인 알리스터 맥그라스(Alister McGrath)는 성례전을 다음과 같이 설명합니다.

> 성례는 눈으로 볼 수 있는 하나님의 은혜의 표지들이며, 우리로 하여금 그 은혜를 되새기게 하는 것들로 간주되었다. 묵상에 큰 도움이 되며, 그리스도인의 신앙과 분별에 새로운 자질들을 더할 수 있는 잠재성이 있다.[12]

개신교 예배가 '언어' 중심적이다 보니 "눈으로 볼 수 있는"(또는 만지고 느낄 수 있는?) 입체적인 순서가 부족한 점은 사실입니다. 특히 온라인 예배를 하는 길섶교회에게는 이런 부분이 치명적인 약점입니다. 하지만, 알리스터 맥그라스의 아이디어를 수용해서 다양한 은혜의 의미를 성찬례에 담아서 실천해 보고 싶은 생각은 있습니다.

예수님의 몸과 피가 실제적으로 임한다는 공식이 아니더라도, 성찬례를 통해 성육신하신 하나님의 아들이 사람들과 함께했던 시간을 묵상할 수도 있겠습니다. 또는 각자 떠오르는 예수님의 말씀과 행동을 묵상할 수도 있겠고, 예수님께서 찾아가셨던 사람들, 함께 식사했던 사람들을 기억하며 내가 누구를 찾아가고, 누구를 도

---

12   알리스터 맥그라스, 같은 책, p. 266.

와야 할지를 묵상할 수도 있겠습니다. 예수님과 제자들의 마지막 식사 장면을 상상하며 예수님의 마음을 헤아려 보는 시간이 될 수도 있겠고, 또는 예수님의 다시 오심과 종말론적인 회복, 세상이 줄 수 없는 신성한 희망 등을 상상해 보는 시간이 될 수도 있겠습니다. 또는 고린도전서 11장에서 바울이 이야기한 맥락을 떠올려 보면서 공동체 안에 차별이 없는지, 내가 속한 사회가 평등한 사회가 되기 위해 어떤 노력을 해야 할지, 또는 가난한 이를 위해 어떤 일을 할 수 있을지를 묵상해 볼 수도 있겠습니다.

그리고 꼭 빵과 포도주여야 할까요? 우리가 평소에 먹는 음식일 수도 있겠습니다. 교회가 준비할 수도 있겠지만, 각자가 자유롭게 특정한 음식을 준비해 와서 창의적으로 예전을 구성해 볼 수도 있겠습니다. 성찬례의 의미를 목사가 정해서 읊어 주지 않아도, 교회의 참여자들이 창의적으로 의미를 만들어 보고 서로 공유해 볼 수도 있겠습니다.

'전통적인 성찬식은 나쁘다'는 말이 아닙니다. 성경 말씀을 통하여 무한히 다양한 해석을 해 보고, 우리에게 의미 있으며 신앙의 도전이 되는 '효과'를 발생시킬 수 있는 방법을 찾아 보자는 것입니다. 교단 권력으로 자유로운 해석을 막는다면, 교회는 단조로워질 수밖에 없고, 창의적인 분들은 시험에 들고 탈교회를 할 수밖에 없을 것입니다.

성평등한 주기도문이 필요하지 않을까요?: 예배의 언어

예배에서 고민이 되는 것 중의 하나가 '언어'입니다. 오늘날 우리에게 맞는 언어로 신앙고백을 하려면 '언어'에 변화를 주어야 하기 때문입니다. 예를 들어 찬양이나 기도에 "왕이신 하나님"과 같은 표현을 쓴다고 한다면, 교회를 오래 다닌 분들이야 편하게 들리겠지만, 과거의 저처럼 교회에 대해 잘 모른 체 교회를 다니기 시작한 사람은 조금 난감할 수 있습니다. 살아생전에 '왕'을 본 적도 없지만(영국이나 일본에 사시는 분은 조금 다르겠습니다), 왕에게 지배를 받아본 적도 없다 보니까, 영화나 드라마에서 본 느낌을 투사할 수밖에 없기 때문입니다. "나의 주, 나의 하나님" 이런 표현에서 '주'라는 표현도 마찬가지입니다. 시대적인 차이도 있지만, 젠더의 측면에서도 대부분 성서 시대의 언어가 '남성' 언어로 하나님을 묘사하기 때문에 고민이 생깁니다. '주(주님)', '왕', '아버지' 등 하나님께 쓰는 고대의 종교 언어는 성 중립적 개념으로 하나님을 부르지 않습니다.

고대사회에서 가장 좋은 이미지, 가장 신을 높일 수 있는 비유 언어를 찾았을 때의 언어가 '남성 언어'였기 때문에, 현대인인 우리가 이것을 가지고 성경 저자들을 정죄할 필요는 없겠습니다. 저희도 2000~3000년 전에 태어났으면 99% 남성 언어로만 하나님을 찬양했을 것입니다. 그런데 지금은 고대사회가 아니잖아요? 제가 페미니스트인 것은 아니지만, 교회에 페미니스트들도 계시고, 페미니스트가 아니어도 교양 수준에서 '성평등'을 추구하는 분들이 계십니다.

그러다 보니 기도문을 인용하거나, 찬송가, 찬양을 선택하거나 할 때 조금 머리가 아픕니다. 저는 하나님을 남성으로 묘사하는 언어를 써서 기도하고 찬양해도 아무 문제가 없지만, 성평등 감각이 약간 있으신 분들이 혹시 시험에 들면 안 되기 때문에 고민을 하는 건데요. 기도문은 그냥 제가 쓰거나 교인분들에게 부탁을 해서 해결하는 편이지만, 찬양은 정말 큰 문제입니다. 찬양도 아주 쉬운 멜로디에, 너무 전투적이지 않고(?) 성평등하면서, 우리가 쓰는 일상 언어로 신앙을 고백할 수 있는 곡들을 만들어야 하지 않나 생각하고 있습니다.

앞서 언급한 것처럼 길섶교회는 예배 마지막에 축도를 하지 않고 예수님이 가르쳐주신 주기도문으로 예배를 마치고 있습니다. 그래야 이단이란 공격을 안 받을 것 같기도 하고, '양심 있으면 예수님이 하라는 기도를 주중에 한 번이라도 하자' 이런 다짐도 생길 수 있기 때문에 주기도문으로 마치고 있습니다.

개신교에서 지금 사용하고 있는 주기도문 번역은 다음과 같습니다.

> 하늘에 계신 우리 ①아버지(Πάτερ),
> ②아버지(당신)의 이름을 거룩하게 하시며
> ③아버지(당신)의 나라가 오게 하시며,
> ④아버지(당신)의 뜻이 하늘에서와 같이
> 땅에서도 이루어지게 하소서.
> 오늘 우리에게 일용할 양식을 주시고,
> 우리가 우리에게 잘못한 사람을 용서하여 준 것같이
> 우리 죄를 용서하여 주시고
> 우리를 시험에 빠지지 않게 하시고 악에서 구하소서.
> 나라와 권능과 영광이 영원히 ⑤아버지의(πατρὸς) 것입니다. 아멘.

하나님을 아버지라고 다섯 번 부르고 있습니다. 헬라어로 아버지라고 번역되는 파테르(Πάτερ)는 ①번과 ⑤번에 2회 쓰였고 ②~④번까지 총 3회 '당신의'라는 뜻의 헬라어, '쑤(σου)'를 사용했습니다. 그리고 주기도문의 마지막 문장 "나라와 권능과 영광이 영원히 아버지의 것입니다. 아멘"은 성경 사본마다 다양한 구절들이 있습니다.

1세기의 중요한 교회 문서인 「디다케」에는 "권능과 영광이 영원히 당신의(σου) 것입니다"[13]로 되어 있고, '아멘'으로만 끝나는 사본들도 있습니다. 초기 사본에서 중요한 사본인 알레포사본, 베자사본 등에는 마지막 문장이 아예 빠져 있기 때문에 예수님이 본래 가르쳐주신 주기도문은 '우리를 시험에 빠지지 않게 하시고 악에서 구하소서'로 끝나고, 마지막 문장은 예배에서 추가된 것으로 추정해 볼 수 있습니다. 이렇게 보면, 예수님이 가르쳐주신 기도는 시작할 때만 '아버지(Πάτερ)'가 한 번 사용된 것인데, 어쩌다 보니 저희가 쓰고 있는 번역본에는 '아버지'가 다섯 번 사용되고 있음을 알 수 있습니다.

만약 주기도문이 어쩌다 심심할 때 한 번씩 읽는 기도문이라면 고대세계에서 하나님을 부르는 비유 언어가 남성형이어도 크게 문제가 되진 않을 텐데요. 예배 때마다 쓴다거나, 길섶교회처럼 예배의 마지막, 가장 중요한 순서에 반복적으로 쓰는 경우라면 고민을 좀 해 봐야겠습니다. 어떤 분들은 성평등 이슈로 고민이 될 수도 있고, 가정에 복잡한 문제가 있는 분들에게는 아버지라는 호칭

---

13 「디다케」, 김재수 번역 및 해설, 대장간, 2019, p. 143.

이 불편할 수도 있기 때문입니다. 설령 가정이 화목해서 아버지와 아주 친하다 할지라도, 그 친한 아버지의 이미지가 신앙생활에 별로 도움이 안 될 수도(?) 있습니다. 평소 아버지라는 호칭은 DNA를 공유한 친아버지를 부를 때만 쓰기 때문에, 현실세계에서 느끼는 아버지 감정을 하나님께 투사하지 않는 게 더 도움이 될 수도 있겠습니다. 이는 단순히 아버지를 어머니로 대체한다고 해결될 일은 아닌 것 같습니다.

길섶교회에서는 다음과 같이 안내 문장을 적어 놓고, 새번역 성경의 마태복음 6장 9절에서 13절을 그대로 읽기로 했습니다. 단 '아버지' 옆에 '하나님'을 괄호로 두고, 예배 진행자는 '하나님'으로 읽고 있습니다. 가능하면 성경을 그대로 사용해서, 혹시 교회에 처음 오신 손님이 보시고 충격받지 않으시도록 하면서, 선택적으로 '하나님'이라는 호칭으로 기도에 참여할 수 있게 했습니다.

> *새번역 성경 마 6:9~13의 주기도문 말씀을 읽습니다. '하나님' 또는 '아버지'로, 편하신 호칭을 사용해 기도에 참여해 주세요.*
>
> 하늘에 계신 우리 아버지(하나님),
> 그 이름을 거룩하게 하여 주시며,
> 그 나라를 오게 하여 주시며,
> 그 뜻을 하늘에서 이루심 같이,
> 땅에서도 이루어 주십시오.
> 오늘 우리에게 필요한 양식을 내려 주시고,
> 우리가 우리에게 죄 지은 사람을

용서하여 준 것 같이
우리의 죄를 용서하여 주시고,
우리를 시험에 들지 않게 하시고,
악에서 구하여 주십시오,
[나라와 권세와 영광은 영원히 아버지(하나님)의 것입니다.
아멘.]

14
포스트모던 시대에도 영성 공동체가 가능할까요?

영성이 뭘까요?

영성에 관한 글을 제가 썼다고 하면, 길섶교회 교인분들이 의아하게 생각할 것 같습니다. 교회에서는 영성에 관해 많은 대화를 하지 않았기 때문입니다. 하지만 영성이란 주제에 대해 앞으로 의논하고, 훈련할 수 있는 방법을 고민해야 할 것 같다는 피드백을 종종 받고 있었는데요. 교회에서 신학 지식에 관한 토론은 많이 했던 반면, 공동체성과 신앙의 실천에 관한 이야기는 상대적으로 적게 했기 때문입니다. 교회가 신학 연구 단체가 될 것도 아니고, 지식의 양이 신앙의 성숙을 가져오는 것도 아닙니다. 따라서 교회가 '삶과 신앙을 연결시키는 영성 공동체'로서의 정체성을 잃지 않도록 노력해야 할 것 같습니다.

알리스터 맥그라스는 「종교개혁 시대의 영성」(좋은씨앗)이라는 책에서 다음과 같이 말합니다.

영성은 그리스도인의 삶을 가리키는 말이다. 단지 그 사상만이 아니라, 그것이 그리스도를 믿는 개개인과 공동체의 삶에서 눈앞에 드러나게 한 방식을 가리킨다. 영성은 사상과 삶, 신학과 인간 실존의 공존을 보여 준다. 종교개혁자들에게 영성은 하나님께서 은혜로 당신의 인격을 드러내시며 보이신 행위에 대하여 신자들이 각자 그리고 함께 반응하는 것과 관련되었으며, 사실상 삶의 모든 면을 아울렀다.[14]

주로 정신이라고 번역되는 스피릿(spirit)은, 말과 감정, 행동 등 삶으로 드러나는 모든 면을 종합적으로 설명하는 단어입니다. 그래서 영성이라고 번역되는 스피리츄얼리티(spirituality)를 어떤 가치를 추구하는 삶의 전 과정이라고 할 수 있겠습니다. 이런 맥락에서 그리스도교 영성을 그리스도인다운 삶을 추구하는 모든 과정이라고 하면 어떨까요?

그리스도교 신앙을 개인이 어떻게 소화하고, 삶에서 다양하게 실현해 내는가 하는 것은 어느 한 가지로 정형화시킬 수 없습니다. 신학의 다양성, 성경 해석의 다양성, 예전의 다양성을 인정했듯이 영성 또한 다양성을 인정해야 합니다. "그리스도인답다"라고 할 때, 구체적으로 어떤 모습이 '그리스도인다운' 모습인지 또한 해석의 문제이고 삶의 문제이기 때문입니다. 따라서 하나의, 진짜 그리스도교 영성이란 말은 성립되기 어려워 보입니다.

이것은 포스트모던 시대의 '국룰'입니다. 어느 한 개인이나 집

---

14 알리스터 맥그라스, 「종교개혁 시대의 영성」, 박규태 옮김, 좋은씨앗, 2005, p. 40.

단이 한 개의 의미값만을 절대적인 것으로 주장할 수는 없습니다. 조금 많이 보수적인 분들은 '포스트모던'이 사탄-마귀의 정신이라고 하실 텐데요. 정말 슬프지만 그런 해석조차도 인정해야 합니다. 그분들은 현대사회에서 가능한 다양성을 인정하지 않고, 타협하지 않는 것이 '영성'이라고 해석할 것입니다. 세상에서 사탄-마귀를 찾아내는 게 그분들에게는 영성 수련의 과정인 듯합니다.

반대로 진보적인 기독교 진영에서도 똑같이 독점적인 영성 해석을 주장할 수도 있습니다. '진짜 기독교는 반자본주의여야 한다', '관상 기도만이 기독교 영성의 길이다', '자기 비움이 기독교의 진리다', '고난을 수용하는 길이 기독교 영성가의 길이다' 등 다양한 입장의 해석을 존중하지 않고 어떤 하나의 해석만 '순수 영성'이라고 하는 것은 앞서 말씀드린 사탄 찾는 분들과 같은 태도입니다.

알리스터 맥그라스는 종교개혁가들의 영성을 하나님이 그리스도를 통해 보이신 은혜의 행위(복음)에 대한 성도들의 신실한 반응이라고 설명합니다. 하나님의 갑작스럽고 절대적인 성육신의 은혜를 강조하고, 그래서 그 시대의 모든 종교 관행들을 상대화시키며, 신앙인들이 결단하고 행동으로 응답하는 것이 '개신교 영성'이라는 것입니다. 합리적인 이성에 신앙을 가두지 않고, 그리스도의 십자가 고난을 피하지 않는 실천의 영성, 성령의 인도하심에 따라 성화의 과정을 따르는 영성, 교회를 체계화하고, 사회를 변혁시키는 영성 등 개신교 영성의 구체적인 내용 또한 다양하게 해석할 수 있습니다. 개신교뿐만 아니라 수많은 기독교 전통의 분파에서의 '영성'은 다 고유한 가치를 가지고 있습니다.

저는 영성에 관한 훈련, 교육을 개신교 스타일로 받아 본 적은 없습니다. 제도권 신학교에서도 오랜 기독교 전통인 관상 기도(침묵 기도) 방식의 영성 훈련을 주로 받았습니다. 한국교회에서 주로 하는 통성 기도(또는 방언 기도)와 다르게 관상 기도는 침묵 가운데 하나님을 찾고, 나를 살피는 교회의 오래된 기도 전통입니다. 초교파 영성 훈련 단체인 한국샬렘영성훈련원 김홍일 원장은 「기도하는 삶」(한국샬렘)이란 책에서 관상 기도를 다음과 같이 소개합니다.

> 기도란 우리를 사랑의 관계로 초대하시는 하느님의 부르심에 대하여 우리가 '생각과 말, 감정을 넘어서서 정신과 마음, 즉 우리의 전 존재를 여는 것'입니다. 이처럼 '하느님을 향하여 자신을 열고 단순히 하느님 사랑 안에 머무는 관상'은 대화라는 개념으로 포괄하기 어려운 기도의 또 다른 차원을 드러냅니다. 기도에서 '관계'라는 차원을 강조하는 경향은 기도에서 관상의 차원을 회복시키기 위한 한 가지 시도라고 할 수 있습니다. 관상(contempation)이라는 단어의 라틴어 어원은 이 같은 특징을 잘 드러내 주고 있는데, 영어로 관상을 뜻하는 Contemplation은 라틴어 cum(with)과 templum(temple)의 합성어로서 '하느님의 성전에 함께 머무는 것'을 의미합니다."[15]

우리가 하나님의 영 안에서 기도한다면, 각 사람이 하나님의 성전이 되고, 내면의 성전에 머무르며 하나님의 사랑 안에 거하는

---

[15] 김홍일, 「기도하는 삶」, 한국샬렘, 2022, p. 14.

것을 관상 기도라고 할 수 있겠습니다.

신학교 다닐 때 이렇게 멋있는 관상 기도를 배웠지만, 영성 과목을 가르치는 교수님이 세습 교회 쪽에 참여하시는 모습을 보고 영성의 허무함을 느꼈습니다. 또 제가 일했던 교회도 신학교에서 가르치는 방식의 '영성 교육'을 강조하던 곳이었는데요. 교회가 가르치는 것과 운영 방식의 차이를 보면서 영성의 부질없음을 다시 한 번 느꼈습니다. 신학교에서 침묵 기도의 깊은 영성을 배웠던 많은 선후배 목사님들은 침묵 수행을 너무 오래 하는 것 같습니다. 그런 침묵 수행은 예수님도 부담스러워하실 것 같습니다.

하지만 근래에 교회의 다른 방향성을 고민하는 중에 만난 선배 목사님들 중에 관상 기도의 영성으로 멋지게 살아가시는 분들도 만났습니다. 침묵 기도, 관상 기도를 제 인생에서 완전히 삭제시켜 버리려고 했는데, 특별한 향기를 내며 살아가는 영성가분들을 만나면서 영성 훈련에 대한 부정적인 이미지가 많이 줄었습니다. 그분들 중에는 한국샬렘영성훈련원에서 기도 훈련을 하신 분들이 많았습니다. 그래서 '저곳은 훈련 성공 확률(?)이 괜찮은 곳이구나'라고 느껴졌습니다. 그럼에도 아직까지는 제가 그런 데 참여할 마음은 생기지 않습니다.

지금 저에게는 얕은 수준에서의 침묵 기도면 충분합니다. '하나님을 감각하는 어떤 느낌'을 가질 수 있는 정도면 저의 신앙, 목회 활동에 충분한 땔감이 되고 있어서요. 더 깊은 영성 훈련을 하면 목회를 너무 열심히(?) 하게 되고, 교인분들이 부담을 느낄 수도 있을 것 같습니다. 목회자가 약간 영성이 안 좋은 면을 보여 주면, 교인분들이 스스로라도 영성을 추구할 방법을 찾게 되어 주체적인 신앙인이 될 수도 있습니다.

저는 원래 영성 스타일이 관상파는 아니고 하나님 음성을 한국어로 듣는 '언어파'였습니다. 약간 비공식(?)적인 영성 훈련 방법인데요. IVF 출신이지만 예수전도단 방식의 화끈한 음성 듣기 방법을 더 선호했습니다. 20대에는 방언 기도 생활을 오래 했고, 기도의 은사가 있으신 분에게 경건 훈련을 오래 받았습니다. 그분은 지금도 제가 가장 존경하는 신앙의 선생님이신데요. 이제는 제가 체력이 떨어져서 방언 기도도 안 하고, 순수함이 떨어져서 마음의 소리(?)도 잘 안 듣기 때문에 추구하는 영성의 컬러가 많이 바뀌었습니다. 그래도 20대에 처음 경건 훈련을 지도해 주신 선생님과 그분의 스타일에 큰 존경심을 가지고 있습니다.

서울에 와서, 신학교를 들어가기 전에는 책으로만 보던 여러 '언어파' 교회(설교하시면서 하나님의 음성을 들었다고 하시는 분들이 참 많죠?)나 공동체들을 돌아보는 데 시간을 쏟았는데요. 몇 달 돌아보고 위험하다는 결론을 내렸습니다. 기도하는 모습들이 너무 무서웠고, 책으로 보던 이미지와도 달랐습니다. 그쪽 방향으로 가다는 제가 사이비 교주가 될 확률도 높아질 것 같아서, 포기했습니다.

초등학교에서 시간강사 일을 할 때 저학년의 '안전한 생활' 수업을 많이 했습니다. 저는 시간이 오래 걸리더라도, 가능하면 부작용이 적고 안전한 방법을 선호하는 편입니다. 방언 기도나 '음성 듣기', '주여 삼창' 기도처럼 화끈한 기도보다는, 기도하는지 안 하는지 알쏭달쏭한 침묵 기도가 안전해 보입니다. 기도를 하며 언어로 환원될 수는 없는 신비한 느낌, 에너지, 새로운 힘을 얻는 것이 더 중요하다는 의미에서 비언어파, 느낌파(?)라고 할 수 있을까요? 물론 알쏭달쏭보다 '화끈화끈'이 좋으신 분들은 다른 길을 택하실 수도 있습니다. 두 가지를 병행할 수도 있고요. 이것은 개인의 선택 문제입니다. 다만 '하나님의 음성'이라고 하는 '언어적인 것'을 선호하는 분들은 사람의 언어로 구체화된 '내용'이 욕망의 투사로 만들어진 뇌의 창작물이거나 무의식의 발현물일 수도 있다는 가능성도 열어 두셔야 할 것 같습니다. 하나님의 음성일 수도 있고, 아닐 수도 있다는 가능성을 열어 두어야지, 안 그러면 저처럼 신학교에 입학하게 되는 불상사(?)가 생길 수도 있습니다.

영성의 다양한 스펙트럼: 개인, 이웃, 세계

신약성경에서 '영'으로 번역된 헬라어 '프뉴마'는 세계를 구성하는 작은 단위로서, 물리적 특징을 가지고 있습니다. 1세기 고대 스토아 철학자들은 순수한 영(프뉴마)이 모여 '정신'이 만들어지고, 더 나아가 신적 존재들도 만들어진다고 생각했습니다. 하지만 2세기에 들어서 영지주의 전통이 정신과 육체를 분리시키고, 육체를 영혼의 감옥으로 이해하는 경향이 생겨났는데요. 이런 흐름에서 '영성'을 이해하면, 영성이란 정신적인 무엇인가를 계발시키고 육체의 욕구를 줄이는 금욕주의 훈련이라고 오해할 수 있습니다.[16]

---

[16] 하지만 영지주의적인 경향(Gnoticism)의 문헌들이 말하는 '영지, 참된 지식'은 머리로만 이해하는, 교리를 수용한다는 개념이 아닌 삶의 차원의 언어이기 때문에 영성의 언어라고 할 수 있겠습니다. 신성의 조각이 세계에 흩어져 있고, 각 개인의 내면에서 발견해 실현해야 한다는 영지주의적 감성은 모든 존재들을 하나님의 빛 안에서 이해하려는 영성의 전통이고, 이런 면에서 도마복음과 같은 영지주의적인 경향의 문헌들도 주의 깊게 살펴볼 필요가 있을 것 같습니다.

신약성경의 저자들은 물리적·정신적 힘을 모두 포괄하는 프뉴마(영)의 개념에 '하나님의, 그리스도의, 거룩한' 등의 표현을 덧붙여서 신앙의 개념을 설명했습니다.

> 우리는 세상의 영(πνεῦμα τοῦ κόσμου)을 받은 것이 아니라, 하나님에게서 오신 영(πνεῦμα τὸ ἐκ τοῦ θεοῦ)을 받았습니다. 그것은, 하나님께서 우리에게 은혜로 주신 선물들을 우리로 하여금 깨달아 알게 하시려는 것입니다. (고전 2:12, 새번역)

영(프뉴마)을 세상을 존재하게 하고, 움직이게 하는 힘으로 이해할 수 있습니다. 하나님에게 오신 영을 받은 개인은 하나님의 은혜를 알게 됩니다. 구약에서 영은 '루아흐'(רוח)로 바람, 숨결을 뜻하는데요. 보이지 않지만 세상을 떠받드는 힘, 사람을 어디론가 밀어내는 힘으로 생각해 볼 수도 있습니다. 이런 비유 언어를 사용하면 하나님의 영은 사람이 하나님의 은혜 안에서 떠밀려서 하나님의 일을 할 수 있게 돕는 일을 한다고 생각할 수 있습니다.

이런 맥락에서 '영성'은 하나님의 이끄심을 느끼고, 힘을 빼고 그분의 이끌림에 몸을 맡기는 감성(?)이라고 할 수 있겠습니다. 너무 과도한 긴장과 불안으로 아무것도 할 수 없거나, 너무 많은 욕심 때문에 성령 하나님의 이끄심을 느낄 수도, 거기에 몸을 맡길 수도 없이 경직된 상태를 벗어나는 것, 그런 훈련이 개인의 영성 훈련일 수 있겠습니다.

고린도전서 2장 16절에서는 이렇게 하나님의 영에 속한 일을 하는 사람을 '그리스도의 마음'을 가진 사람으로 묘사합니다. 영

(프뉴마)을 그리스도께서 하신 말씀, 행동, 고난받으심, 죽음과 부활 등 모든 부분을 다시 생각하게 하고, 예수님을 닮아가고 싶은 마음과 결단, 실천을 하게 돕는 분으로 이해할 수 있습니다. 이런 맥락에서는 '영성'을 예수님 닮기, 또는 예수님의 말씀을 실천하고 체화하는 과정이라고 할 수 있겠네요.

'예수님 말씀의 실천'에도 무한한 다양성이 생겨날 텐데요. 가장 먼저 떠오르는 성경구절은 마태복음 5장 23~24절 말씀입니다.

> 그러므로 네가 제단에 제물을 드리려고 하다가, 네 형제나 자매가 네게 어떤 원한을 품고 있다는 생각이 나거든, 너는 그 제물을 제단 앞에 놓아두고, 먼저 가서 네 형제나 자매와 화해하여라. 그런 다음에 돌아와서 제물을 드려라. (마 5:23~24, 새번역)

희생 제사와 예배를 같은 것이라고 할 수는 없겠지만, 예수님의 이 말씀을 우리가 매번 참여하는 예배에 적용하는 데 큰 무리가 없을 것 같습니다. 원한이라고 하니까 스케일이 큰 일 같지만, 영어성경 NASB에서 '누군가가 당신에 반대하고 있으면(your brother has something against you)'이라고 번역한 것을 보면, 일상의 갈등들, 화해를 해야 하는 일들을 가리킨다고 해석할 수도 있습니다.

그렇다면 예수님의 말씀을 실천하는 '영성'은 '예배를 드리기 전에는 화해하고 오기'라는 챌린지를 받는 삶이 되겠네요. 쉽지 않은 일입니다. 아무리 영성 전문가여도 서로 화해는 하고 싶어 하지 않을 만큼 자존심 상하는 일들이 있을 테니까요. 지식이 커지고 수행이 길어지더라도 먼저 찾아가기, 먼저 연락하기, 먼저 화해를 요청하기 등 인간관계에서 '먼저'는 늘 어렵습니다.

영성을 개인의 어떤 특성을 '레벨 업'하는 개념으로 이해할 수도 있지만, 이렇게 관계에서의 '매너'로 이해해 볼 수 있을 것 같습니다. 영성의 스펙트럼을 넓히는 것이죠. 예수님께서 삭개오를 만나고, 사마리아의 여인을 만나는 모습을 보며 '내가 누구와 만나고, 식사하고 친구가 되어가는지'를 체크하는 것입니다. 예수님께서 제자 공동체를 만드실 때 재산순, 실력순, 공부 능력 같은 것으로 제자들을 뽑지 않으시고 각양각색의 사람들을 부르셨잖아요? 그렇다면 나의 관계망이 특별한 사회적 지위, 지식 수준, 특정한 젠더로 제한되어 있다면 그것을 바꾸어 내는 것이 '영성'이겠습니다.

교회 공동체도 마찬가지겠지요. 교회에 특정한 자격 요건을 갖춘 사람들만 모이는 '경향'이 있다면, 이미 그 공간에는 어떤 힘이 자동되는 것입니다. 교회의 리더십에 특정한 사회적 지위를 가진 사람만 있다면 그것 또한 특정한 기준의 힘이 암묵적으로 작동했다는 이야기겠지요. 영성의 스펙트럼을 조금 더 넓혀 볼까요?

> 예수께서는, 자기가 자라나신 나사렛에 오셔서, 늘 하시던 대로 안식일에 회당에 들어가셨다. 그는 성경을 읽으려고 일어서서 예언자 이사야의 두루마리를 건네 받아서, 그것을 펴시어, 이런 말씀이 있는 데를 찾으셨다. "주님의 영이 내게 내리셨다. 주님께서 내게 기름을 부으셔서, 가난한 사람에게 기쁜 소식을 전하게 하셨다. 주님께서 나를 보내셔서, 포로 된 사람들에게 해방을 선포하고, 눈먼 사람들에게 눈 뜸을 선포하고, 억눌린 사람들을 풀어주고, 주님의 은혜의 해를 선포하게 하셨다." (눅 4:16~19, 새번역)

주의 영(πνεῦμα κυρίου)은 가난한 사람을 돕고, 몸과 마음의 자유를 되찾도록 하고, 모든 억눌린 이들을 풀어주는 일을 하도록 합니다. 주님의 은혜의 해는 구약성경에 나오는 희년의 해로도 이해할 수 있는데요. 50년에 한 번씩 모든 빚을 탕감하고, 땅을 본래의 소유로 되돌리며 쉬게 하는 리셋의 시간을 희년이라고 합니다. 너무 스케일이 커서 실제로 이루지지는 않았던 것으로 추정되지만, 구약성경의 이야기가 이러한 희년 규칙의 정신을 향하여 나아간다고 할 수 있을 만큼 중요한 내용이기에 회당에 들어간 예수님께서 희년과 연관된 말씀을 읽은 것으로 보입니다.

지역공동체, 민족, 국가, 세계, 자연, 이렇게 큰 스케일의 이야기를 하는 것도 하나님의 영으로 하는 것이고, 따라서 이것도 영성입니다. 정치적인 행동, 현실의 정치 행동, 다양한 공동 실천 등을 통해 사회 구조의 문제를 다루는 것도 영성의 스펙트럼이라는 것입니다. 이런 큰 스케일의 구조 문제 중에는 몇 년 안에 해결될 수 있는 일도 있고, 시대와 시대를 거치면서 장기간 진행되는 일도 있습니다. 교회 차원에서 할 수 있는 일도 있고, 지역 행정단위, 국가 단위에서만 할 수 있는 일이 있습니다. 현실적인 가능성을 고려하지 않고 모든 구조 문제를 영성이라는 이유로 개인에게 짐을 지워 버리면, 오히려 그것이 영성적이지 않은 일일 수 있습니다. 개인과 공동체가 현실에서 감당할 수 있는 수준을 조금씩 늘려 나가고, 당장 풀 수 있는 문제와 시간이 필요한 문제, 또 세대와 세대를 거치며 해결해야 할 문제를 분별해야만 지속 가능한 관심과 실천이 이어질 수 있기 때문입니다.

누군가는 큰 스케일의 이야기만 좋아하고, 개인의 영성이나 공동체 영성을 소홀히 할 수도 있습니다. 정치에 관한 토론은 하지만, 실제 옆 사람을 만나고 위로하는 사랑의 실천이 없다거나, 나 자신을 돌보는 데 에너지를 쏟지 않는다면 이것은 영성의 다양한 스펙트럼을 존중하지 않는 태도일 것입니다.

영성 훈련의 방법이라는 게 있을까요?

영성 훈련은 개인과 공동체 차원에서 '그리스도인다운 삶을 창조해 내는 과정'을 위한 반복 가능한 훈련이라고 할 수 있겠습니다. 대부분의 기술 훈련이나 운동과 마찬가지여서 한 번의 행위로 무언가가 습득되는 일은 없을 것입니다. 영성은 삶의 과정이고, 반복되어 만들어지는 습관이자 태도입니다.

개인의 차원에서의 영성이라고 하면 기도 훈련이 먼저 떠오릅니다. 존 프리처드(John Pritchard)의 「기도」(비아)라는 책에는 다음과 같은 이야기가 나옵니다.

> 진흙이 섞인 물을 담은 잔을 떠올려 보십시오. 흔들고 뒤섞으면 물은 혼탁해지고 보기에도 좋지 않습니다. 그러나 잔을 가만히 두면 흙은 아래로 가라앉고 자연스럽게 물은 점차 맑아집니다. 결국, 침전물은 아래에 남고 위에는 깨끗한 물이 남습니다. 이처럼 우리가 속도를 늦춘다면 우리 삶의 내면에 있는 물은 맑아지고 우리는 우리 안에서 무엇이 일어나고 있는지를 바라볼 수 있게 됩니다. 이것이 우리가 영성 여정을 본격적으로 시작할 때 해

야 할 일입니다.[17]

　멈춤과 침묵은 영성 훈련의 시작점이자, 가장 중요한 훈련 포인트 같습니다. 내면의 혼란들을 잠재워서 생각과 감정, 의식과 무의식을 돌볼 때, 나의 생각과 하나님의 뜻을 분별해 낼 수 있는 확률을 높일 수 있습니다. 우리를 움직이게 하는 모든 욕망을 살펴보고, 욕망 자체를 부정하기보다는 욕망에 내가 지지 않을 수 있도록 '관찰하는 연습'이 필요합니다.

　기도를 어렵게 생각하면 시작할 수가 없습니다. 마치 백지에 그림을 그리는데, 엄청난 그림을 그려야겠다는 압박이 있으면 첫 선을 긋기가 어려워지는 것과 같습니다. 기도를 매일 선긋기 연습을 하는 드로잉 훈련이라고 생각하면 어떨까요? 엄청난 기도를 해내야 하는 게 아니라면, '예수 기도', '센터링 기도' 등 여러 기도의 방법을 굳이 배워야 하나 싶습니다. 한국살렘영성훈련원 김홍일 원장님은 기도의 방법에 대해 다음과 같이 이야기합니다.

> 그리스도교 기도에서 중요한 것은 방법이 아니라 '지향'입니다. '어떻게'가 아니라 '누구를 향하여' 기도하는가? 그것이 그리스도교적인 기도인가 아닌가를 구분하는 기준이 됩니다. 우리는 앉아서 기도할 수 있고, 서서 기도할 수도 있으며, 걸으면서 기도할 수 있고, 보면서 기도할 수도 있습니다.[18]

17　존 프리처드, 「기도」, 민경찬 옮김, 비아출판사, 2016, p. 14.
18　김홍일, 같은 책, p. 19.

「기도하는 삶」에는 다양한 기도의 방법이 소개되어 있는데요. 각자가 원래 하던 기도의 방법을 사용하면서 가끔씩 책에 소개된 다른 방법을 사용해 보면 좋겠습니다. 기도에 관해서는 '어떻게'가 중요하지 않고 '지향'이 중요하다는 문장에 100% 동의가 되네요.

저는 주중에 앉아서 책을 보거나 공부를 할 때가 많습니다(공부도 일종의 영성 훈련이라고 생각합니다). 그래서 몸의 에너지를 소비하지 않는 시간이 많습니다. 기도를 할 때도 가만히 앉아서 하려면 몸에 쌓인 에너지 때문에 힘이 듭니다. 그래서 걸으면서 기도합니다. 조용히 걸으며 하나님을 생각하고, 신앙에 관련된 생각을 하면, 하나님의 마음이 느껴질 때도 있고, 글거리나 설교거리가 떠오르기도 합니다. 신앙의 활동 에너지가 걸으면서 하나님을 생각할 때 나오는 편인 것이지요. 몸을 일정하게 움직이는 게 마음의 고요함을 만들어 내고, 다양한 주제의 기도를 하는 데 도움이 됩니다. 반면 몸을 사용하는 노동을 하는 분들은 특정 공간에서 몸을 멈추고 기도하는 게 더 도움이 될 것입니다.

기도의 레벨이나, 특별한 기술, 어떤 단어나 문장을 반복한다는 것들은 저에게는 별 효과가 없었기에, 누군가에게 추천하지는 않습니다. 짧게라도 어떠한 형태의 '멈춤', '침묵' 안에서 하나님과 내 영혼을 느낄 수 있는 환경을 만들어 내는 것이 영성 훈련의 본질 같습니다.

기도 수행뿐만 아니라, 몸과 마음을 돌보는 것 또한 영성 훈련이라고 생각합니다.[19] 자신의 몸과 마음을 어떻게 돌볼 것인가 하

---

19 몸의 돌봄과 마음의 돌봄이 분리될 수 없는 것이지만, 특별히 마음을 컨트롤하는 데 어려움을 겪는 분들도 있기 때문에 구분지어서 설명해 보았습니다. 현대 신경과학에서는 마음, 몸,

는 것은 개인의 상황에 맞게 맞춤형 훈련이 필요할 것 같습니다. 저는 감성이 약한 편이라, 마음은 조금 덜 돌보아도 되는 편인데요. 오히려 몸을 돌보는 게 저에게 더 필요한 영성 훈련이라고 생각합니다. 식습관을 어떻게 고쳐나갈지, 일정한 운동량을 어떻게 확보할지를 고민하며 건강한 습관과 규칙을 만드는 게 저에게 필요한 영성 훈련입니다. 단, 몸의 돌봄을 어느 수준으로 할 것인가는 개인이 결정할 문제이기에 건강 관리나, 몸 관리에 너무 과도하게 몰입하는 것도 조심해야 할 것 같습니다.

비종교인들도 몸을 열심히 돌봅니다. 그분들의 몸 돌봄은 영성에서의 몸 돌봄과 어떤 차이가 있을까요?. 몸을 돌보면서 너무 과도하게 멋 내는 데 영혼이 팔리지만 않는다면(약간 멋 내는 것은 괜찮을 것 같습니다), 하나님이 주신 몸이라는 이해와 함께 몸을 살피면 같은 차원의 이야기가 될 것 같습니다.

마음 돌봄은 저 자신의 문제여서라기보다, 제가 교회일을 하면서 만난 분들 중에 심한 우울감, 우울증, 무력감에 시달리는 분들이 늘 많았기 때문에 이 부분에 대해 제가 어떤 도움이 될 수 있을지를 고민하는 편입니다. 기독교 관련 책을 보기보다, 정신분석학이나 여러 심리학책들, 뇌과학책들을 읽고 참고해야 할 내용들을 정리합니다. 마음의 어려움이 '질병' 수준의 문제라고 판단될

자아, 의식과 같은 것을 물리적인 몸에 기반한 현상으로 보는 편입니다. 의식과 자아에 독립적인 고유성을 인정하는 분들도 있고, 단순한 몸의 현상으로 해석하려는 분들도 있습니다. '몸의 부활'이란 개념이 현대인의 합리적 기준에서 믿기 어려워 보이는 면은 있습니다. 하지만 '나'라는 존재가 몸과 마음의 유기적 연결성에서 만들어지는 현상이라고 이해하면, 몸의 부활은 죽음 이후의 자아-연속성을 설명할 수 있는 좋은 옵션이라고 해석해 볼 수 있습니다. 이러한 흐름에서 '몸과 마음을 함께 돌보는 것이 '기독교 영성'이라고 할 수 있겠습니다.

때는 영성 훈련이라는 이유로 함부로 이것저것을 권하기보다, 전문가의 상담과 약물 치료를 권할 필요가 있습니다.

목사에게는 이게 기도와 훈련으로 될 일인지, 전문 의료인의 도움이 필요한 일인지를 분별할 수 있는 능력이 필요한데요. 그래서 정신과 의사 선생님이 여는 세미나에도 참여해 보고 관련 교양을 넓히기 위한 노력을 하지만 쉬운 일은 아닙니다. 정죄하거나, 함부로 판단하지 않고, 열린 태도로 이야기를 들어주려는 태도가 필요한 것 같습니다. 들으려는 태도도 영성의 영역이라고 생각합니다.

이러한 공동체 안에서의 대화의 태도 훈련은 공동체 차원의 영성 훈련 과정에 포함될 것 같습니다. 이것은 혼자 기도한다고 되는 것은 아닌 것 같고, 공동체 안에서 솔직한 대화의 경험을 쌓으면서 훈련할 수밖에 없는 영역 같습니다. 반복 경험을 통한 습관화가 영성 훈련의 중요한 방향성이겠다 싶은데요. 김홍일 원장님의 책에 습관과 성령, 하나님의 도우심에 관한 이해에 도움이 되는 내용이 있어 인용해 보겠습니다.

> 저는 제임스 스미스가 제자화의 여정에서 '습관의 힘'이 지니는 중요성을 강조하는 것이 영성 형성 과정에서 하느님의 주도성과 성령의 역할을 축소시키려는 의도라고 생각하지 않습니다. 주장의 핵심은 제자가 되는 과정이 '아는 것'과 '믿는 것' 그 이상이라는 점과 의도된 반복석 수행을 통해 형성된 습관은 영성 형성 과정에서 성령의 초대와 인도하심에 더욱 열린 태도로 응답할 수 있도록 돕는다는 점을 강조하는 것이라고 생각합니다. 우리가 성

령을 향해 더 자주, 더 많이 열려 있는 만큼 우리를 빚어 가시는 성령께서 일하실 수 있는 공간은 더 확장됩니다.[20]

개신교 신학에서 개인의 실천, 수행의 의미를 약화시키고, 하나님의 은혜를 강조하다 보니 '습관'[21]을 만드는 반복 수행에 대한 강조가 약해진 면이 있던 것 같습니다. 마인드 코칭이나 라이프 스타일을 만드는 비종교적인 일상 훈련 프로그램에도 충분히 배울 점이 있겠습니다. 다만 성령 하나님, 하나님의 영의 이끄심(또는 이끌림)에 따른 '습관의 형성'은 함께 이야기하며 영성 훈련 과정으로 소화할 수 있을 것 같습니다.

습관의 형성을 공동체 차원으로 가지고 올 때는 푸코의 지적을 고려하지 않을 수 없습니다.

> 그리스도교 사목, 혹은 구체적이고 특수한 사목적 활동을 발전시켰던 그리스도교 교회는, 특이하기도 하고 또 제 생각에 고대 문화와는 완전히 이질적인 어떤 관념을 발전시켰습니다. 그 착상이란, 모든 개인이 그의 나이나 지위에 상관없이, 생애의 처음부터 끝까지, 그의 세세한 행위들에 이르기까지, 통치받아야 하고 또 통치받도록 자신을 내맡겨야 한다는 것, 다시 말해서 자신을 구원으로 인도하는 누군가와 전면적인 동시에 면밀하고 세밀한 복종 관계를 맺어야 한다는 것입니다. (중략) 결국 수 세기 동안 그리스교회에서는 techne technon(테크네 테크논, 기술 중의 기술)이

---

20 김홍일, 같은 책, p. 49.
21 삶의 총체적 태도라는 면에서 아리스토텔레스의 '하비투스'라는 개념을 사용하기도 합니다.

라 불렸고 라틴 로마 교회에서는 ars artium(아르스 아르티움, 기술 중의 기술)이라 불렸던 것이 바로 양심의 인도였고 인간들을 통치하는 기술이었다는 사실을 잊지 말아야 합니다. 물론 이 통지 기술은 오랫동안, 결국 비교적 한정된 실천들과 결부되어 존속했으며, 중세 사회에서조차도 수도원 생활과 결부되어 있었고, 말하자면 특히 비교적 제한적인 영적 집단들에서 실천되었습니다.[22]

20세기의 유명한 프랑스 철학자 푸코가 보기에 사람을 컨트롤하는 통치 기술은 교회에서 발전하였다는 것입니다. 수도원 생활은 몇 시에 자고, 몇 시에 일어나고, 몇 시에 노동하고, 어디서 활동해야 하는지 시공간의 틀과 행동 규칙을 '영성'이라는 이유로 사람에게 주입하는데, 이 규칙이 자신에게 작용하는 미시적인 권력이라는 것을 눈치채지도 못하게 '체회'시켜서 자율적으로 따르게 만든다는 것입니다. 그리고 이런 통치 기술은 근대화 이후 학교, 병원, 정치체제 속에 들어가서 사람들을 컨트롤하는 정치 기술로 발전한다는 것이 푸코의 논지입니다.

목사 훈련생으로 받았던 영성의 훈련이라는 것을 모두 부정적으로 보지는 않지만, 어느 정도는 푸코의 말에 동의가 됩니다. 내가 하나님을 따르는 것인지, 담임목사나 신학교 교수, 교단의 체계를 따르는 것인지 헷갈리게 만들고, 또 타율적으로 시키는 것을 계속하다 보면 어느새 내가 정말 좋아해서는 하는 것처럼 '가스라이팅'을 당하게 됩니다.

[22] 미셸 푸코, 「비판이란 무엇인가? 자기 수양」, 오르트망·심세광·전혜리 옮김, 동녘, 2016, pp. 41~42.

영성 훈련이 종교 훈련을 빙자한 인간의 통치 기술이 되지 않으려면 어떻게 해야 할까요? 특히나, 공동체의 영성 훈련 차원에서는 이 질문에 대해 납득할 만한 답변을 준비하지 못한다면 그다음 스텝으로 나가기 어려울 것 같습니다. 제 생각에는 개인의 영성 훈련과 공동체 영성 훈련의 과정을 함께 해 나가는 게 하나의 해법일 수 있지 않을까 싶습니다. 개인의 자율성을 키워 나갈 수 있도록 공동체가 개인을 돕고, 또 공동체는 개인의 자율성을 훼손하지 않는 범위 안에서 '함께 할 수 있는 규칙'을 함께 만들어 가는 것입니다. 공동체 규칙은 반드시 민주적 방법으로 만들어야 하며, 그 규칙의 효과가 체감되지 않는다면 폐기 또는 수정될 수 있는 '생물성'을 가져야 합니다.

예를 들어서, 교회 공동체가 합의를 통해 8월에는 '환경문제'를 영성 차원에서 깊이 생각해 보기로 정했다고 합시다(이때, 목사의 독단적 결정이나, 교단 차원에서 내려오는 지시에 종속되면 공동체가 미시 권력에 종속될 수밖에 없습니다). 목사는 생태/환경과 관련하여 이야기 나눠 볼 수 있는 성경 해석을 준비해 볼 수 있습니다. 이때 설교를 통해, 교인들이 어떤 환경 운동에 가담하게 하거나, 어떤 정당을 선호하게 하거나, 어떤 시위에 나가게 한다거나 하는 것과 같은 '과도한 구체성을 띤 명령어'를 제시하면 안 될 것 같습니다. 환경문제의 해법은 다양한 층에서 접근할 수 있고, 구체적인 행동을 통해 개인 삶의 '습관'을 만드는 것은 개인이 자율적으로 정해야 하는 일입니다. 공동체가 함께 무언가를 하기로, 특히 반복적인 실천을 하기로 한다면, 그 과정은 반드시 민주적 절차를 거쳐서 토론을 통해 정해야 합니다. 그리고 참여하지 않는 개인의 권리와, 언제든 그 규칙을 무너뜨릴 수 있는 가능성을 열어 두어야만 개인의 자율성을 해치지 않을 수 있습니다.

기도 훈련을 한다고 할 때도 마찬가지입니다. 저는 '긷는 기도'를 좋아하고, 얕은 수준에서의 '관상 기도'를 자주 하는 것을 추천하지만, 이것은 제 개인 차원의 일이지 교인들에게 강요할 수 있는 것이 아닙니다. 하지만 교회에서 정기적으로 '기도'라는 주제로 이야기를 나누는 것은 교회가 해야 할 일입니다.

새벽기도회, 수요기도회, 금요기도회 등과 같은 특정 시간대에 나와서 특정한 방법으로 기도하라고 정해 놓고, 교인 아무도 그것을 바꿀 수 없는 절대적인 규칙으로 정해서 강제하는 습관화 작업을 만들면, 기도라는 선한 행위를 위한 목적이었다 할지라도 푸코의 입장에 따르면 이것은 '통치의 기술행위'일 수 있습니다. 그리고 교회에서 강제적인 틀로 받아 온 신앙 훈련에 오래 빠져 있던 개인은 스스로 신앙의 규칙을 만들어낼 수 있는 능력도, 그 규칙을 장기적으로 지켜서 자신만의 습관으로 만들 수 있는 주체성도 잃어버리게 됩니다. 그렇게 자신의 불가능성을 계속 마주하게 되면 다시 카리스마적인 목회자를 쫓을 수밖에 없습니다. 악순환이 반복되는 거겠죠.

영성 공동체로서의 교회라는 정체성을 만들어 가려면, 영성 훈련의 개인 규칙과 공동체 규칙 간의 조화를 어떻게 만들어낼 것인가 하는 고민을 먼저 해야 할 것 같습니다. 조금은 답답하더라도 안전한 길을 찾아야, 지속 가능한 영성 훈련을 개인도, 교회도 누릴 수 있지 않을까요?

5부

교회의 지속 가능성 1% 높이기

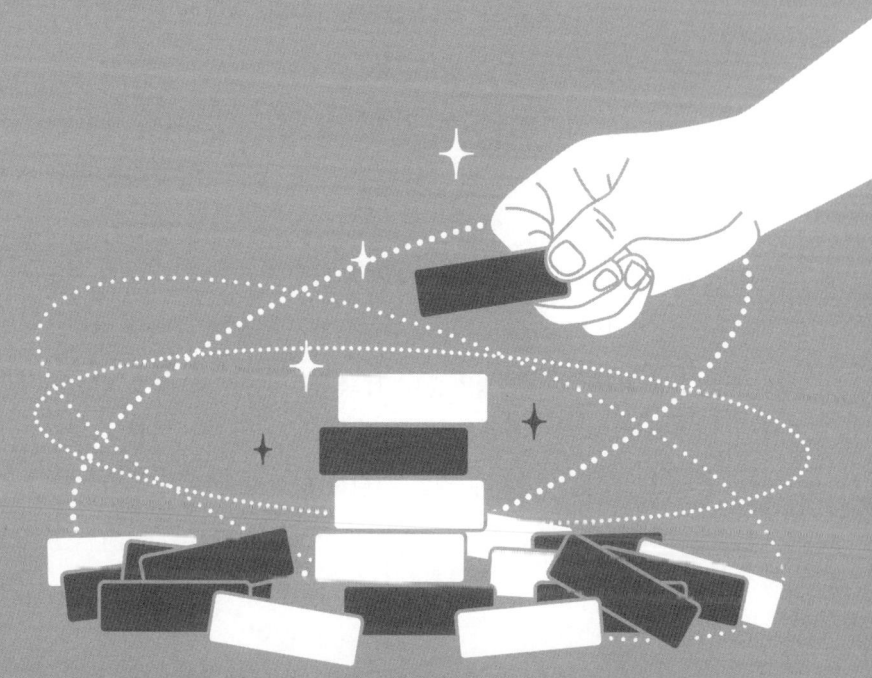

15
쓸모 있는 공동체는 사라지지 않는다

공동체는 개인의 신앙생활에 어떤 도움을 줄 수 있을까요?

저는 이론 인간입니다. 신학교 졸업하고도 신학책 붙잡는 사람들은 대체로 이론 인간일 확률이 높아 보입니다. 교회에 사람들이 왜 오는지, 왜 떠나는지, 무엇을 필요로 하는지를 주의 깊게 살펴보기 보다, 신학자들의 이론에 더 흥미를 느낀다면 이론 인간이라고 할 수 있겠습니다.

매주 등록하려는 분이 열 분 정도는 되는 교회에서 새 가족 담당 목사로 일한 적이 있는데요. 수백 명의 사람들을 만났는데 이름조차 잘 기억나지 않습니다. 얼마 전에는 그때 새 가족으로 잠시 만났던 분을 5년 만에 만났는데, 먼저 저를 알아보고 찾아와 인사를 해 주셔서 깜짝 놀랐습니다. 반면 예전에 몸담은 교회에서 정말 친했다고 생각한 분들은 제가 세상으로부터 왕따를 당하고 있어도 연락 한 번 없는 경우가 많았습니다. 목사로 살아가는 저도 인간관계가 참 어렵습니다. 관계성이 잘 만들어지는 것 같다가도 부질없는 것 같기도 하고, 어떻게 해야 사람들과 친해지는 건지 잘 모르겠습니다.

'이론'은 인간관계보다 쉽습니다. 그래서 이론 공부가 좋은가 봅니다. 개척교회를 하고 다양한 사람들을 만나면서 이론이 맞을 때도 있고, 틀릴 때도 있다는 것을 처음 알았습니다. 정말 좋은 이론인 것 같아서 설교를 했는데 많이 혼난 적도 있습니다. 이론과는 전혀 상관없는 다양한 이유로 사람들이 교회를 떠나는 모습을 계속 보면서, 이론에만 파묻혀 있지 말고, 현실적인 전략을 짜야 한다는 걸 알게 되었습니다(그럼에도 아직 이론파입니다).

'삼위일체 하나님은 공동체적인 분이시기에, 신앙인은 공동체를 만들어야 한다'와 같이 어떠한 신학적 이론을 통해 정리된 명제를 받아들이고 교회에 오는 분도 계십니다. 또는 '작은 교회의 가치'를 알고 계셔서 특별한 다짐을 하고 교회에 오는 분도 계십니다. 하지만 이론이나 가치보다는 어떤 효과 때문에 교회를 오는 확률이 높은 것 같습니다. 교회 공동체에 참여하는 것이 개인의 신앙생활에 도움이 되는지, 그 효과를 보고 교회에 나온다는 것입니다.

교회가 신뢰를 얻고, 사회에 좋은 영향을 미치고 있다면 교회의 구성원이 된다는 가치, 자부심, 소속감 자체가 주는 의미로 인해 교회에 나올 수도 있었을 것 같습니다. 하지만 지금은 다른 상황입니다. 이 상황에서도 교회를 다닌다는 것은, 세상 사람들에게 제정신이냐는 말을 들을 것을 감수하는 것입니다. 특히나 삶의 불확실성이 큰 20~30대 분들에게는 신학 이론이나 자부심이 교회를 다니는 원인이 되기 어렵습니다. 문자주의에 빠지지 않는 이상, 일요일에 교회 가는 게 의무는 아니라는 걸 알고 있기 때문입니다. 세상에 재밌는 것은 많고, 교회에 나가면 자신의 명예가 훼손되는 현실인데, 이론이나 의무, 가치관이 작동되기는 어렵습니다. 작은 교회에 대한 가치, 어떤 신념, 이론 때문에 교회를 오는 분은 소수입니다. 그런 분들을 저는 정말 '리스펙' 합니다.

    교회를 떠나는 데에도, 예배만 드리고 교회를 탈출하지 않는 데에도, 공동체를 찾아 나서는 데에도, 각각의 이유가 있을 것 같습니다. 개인의 신앙생활에 교회를 떠나는 게 도움이 된다고 생각하면 떠나는 것입니다. 예배만 드리고 빠른 후퇴를 해서 못 볼 걸 보지 말자는 전략이 신앙생활에 도움이 된다면 그렇게 하는 것이고, 공동체에 참여하는 게 도움이 된다고 하면 그렇게 하는 것입니다. 당연히 예외는 있겠지만, 저는 이런 마인드셋(mindset)이 교회 공동체를 이해하고 운영하는 데 도움이 된다고 생각합니다.

    어떤 사람이 교회에 방문했는데 공동체에 참여해야 할 것 같은 부담감을 바로 갖는 정도의 규모, 그런 규모의 모임이 작은 교회가 아닐까 생각합니다. 저는 옆에 예배 드리는 사람이 누군지 잘 모르는 규모의 교회에서 몇 년간 일했었는데요. 그런 교회의 예배는 부담이 없습니다. 공동체 참여를 강요받지 않기 때문입니다. 반면에 작은 교회에서는 약간 압박을 받습니다. 그래서 가벼운 마음으로 가기 힘듭니다. 길섶교회도 와 보겠다고 연락만 한 뒤 못 오시는 분들이 많습니다. 제가 문자 답변을 상당히 따뜻하게 했는데도, 부담이 되었나 봅니다. 작은 교회의 어쩔 수 없는 단점입니다.

    하지만 이런 '작음'의 부담이 작은 교회의 장점이기도 합니다. 교회의 참여자들이 장기적인 관계를 지향하기 때문입니다. 물론 짧게 짧게 만나기를 바라고, 그래서 빨리 떠나는 분들도 계십니다. 그것도 개인이 사람을 만나는 스타일이기에 당연히 존중해야 합니다. 하지만 교회는 기본적으로 장기적인 관계를 지향하는 특수한 모임이라고 생각합니다. 세상에도 어떤 목적을 달성하기 위한 좋은 모임들이 많지만, 교회처럼 장기 플랜으로 만나는 모임이 많지는 않습니다. 잘못하면 부활해서도 만날 수 있기 때문에(?) 조금 조심스럽긴 하지만, 이 공간에서의 만남이 쉽게 증발되는 관계들은 아니라는 안정감을 줍니다. 종교 공동체만이 가질 수 있는 특별함이라고 생각합니다.

교회에 등록하는 분에게 "한 번 등록하시면 영원히 다니셔야 합니다" 이러면 안 되겠죠. 한 번 나오고 당장 그만둘 수 있는 자유가 있어야 합니다. 교회의 참여자는 매번 자율적으로 참여를 선택하는 것입니다. 하지만 종교 공동체의 방향성은 하나님으로 인해 만나게 된 이 소중한 관계들이 오래 지속될 수 있도록 하는 데에 있어야 합니다. 그런 의미에서 교회는 삶을 공유합니다. 단지 1월을 어떻게 보냈는지를 공유하고 헤어지는 곳이 아니라, 개인의 인생들을 공유합니다. 함부로 다른 사람의 인생에 이래라 저래라 간섭하지 않으면서도, 응원하고 지혜를 모아서 각자의 삶을 구성해 나갈 수 있도록 돕는 공동체입니다.

신앙 공동체만이 줄 수 있는 친밀감도 있는 것 같습니다. 저는 사랑의 언어가 축구여서, 축구를 같이 하면 빠른 속도로 친해지지만 다른 방식으로는 조금 시간이 걸리는 편입니다. 저희 교회는 온라인 교회라 아쉽게도 축구라는 저의 사랑의 언어를 사용하기 어렵습니다. 지난겨울에는 풋살 모임으로 수련회를 해 봤는데, 또다시 진행하기는 어렵게 되었습니다. 민주주의를 지향하기 때문에 제 마음대로 할 수 없습니다.

교회의 멤버들이 바뀌고, 분위기가 좋아질 때면 항상 "이제는 좀 친해지자"는 이야기가 나옵니다. 그러면 멤버 중에 보통의 인간적인 감성을 가지신 분들이 몇 가지 아이디어를 제안해 주시고, 그분들이 하라는 대로 하면 공동체성이 만들어집니다. 종교 공동체의 운영자가 의도적으로 친밀감을 만들기보다는, 신앙의 성숙이라는 공통된 이유에 맞는 활동을 하다가 자연스럽게 신앙 공동체가 개인의 신앙생활에 더 도움이 될 수 있도록, 서로의 거리감을 재조정하는 과정을 필요할 때마다 만들고 있습니다.

저희 교회에 참여하는 어떤 분들은 이미 깊은 유대감을 가지고 있는 각자의 신앙 공동체가 있습니다. 오프라인에서 교회를 따로 다니고 계시거나, 가족이나 친구들과 신앙으로 연대하는 관계들이 있는 경우에는 교회 공동체에 참여하는 이유가 조금 달라집니다. 그분들에게는 교회에서 신앙생활을 위한 '좋은 정보, 지식'을 얻는 것, 또는 그런 좋은 지식을 토대로 대화와 토론에 참여해 새로운 생각을 하게 되는 효과가 중요할 수 있습니다. 참여하는 분들의 질문을 경청하고, 다양한 정보를 공유하면서 각자에게 의미 있는 이야기들을 찾아가는 과정을 교회 안에서 꾸준히 밟아 갈 수 있다면, 그런 이유로 참여하는 분들과도 지속적인 관계를 유지할 수 있습니다. 비록 하나도 안 친하더라도 말입니다.

목사는 교인들에게 참여의 긍정적인 효과가 잘 분배되도록 돕는 일을 하는 운영자입니다. 운영자로서의 전문성은 전체 모임과 참여자 개인 모두 윈윈(win-win)일 수 있는 구조를 만들어 내는가에 달려 있다고 생각합니다. 카리스마적인 목회자로서, 어떤 설교나 도덕적 행동 때문에 교회 모임에 오게 하는 건 저에게 불가능한 일입니다. 그런 실력, 윤리적인 감성도 없을뿐더러 부담감이 커져 직업 스트레스만 올라갈 것 같습니다. 저는 그냥 종교 모임의 운영자이고, 공동체를 위한 노동자입니다. 성직이니 뭐니 하는 논쟁에는 관심이 없습니다. 제가 봐도 종교적인 옷을 입고 활동하는 신부님이나 스님 같은 분들에게는 '성직'이라는 차별점이 있을 것 같은데요. 그런 분들은 그런 방식의 종교 활동을 하는 것이고, 저는 그냥 모임을 위한 노동자가 되고 싶습니다. 조금 더 안정적이고 전문성을 갖추기 위해 신학교 교육을 받은 것이고 자격증을 따기 위해 목사가 된 것입니다. 최소한의 절차는 필요하니까요.

성직자로서 차별성을 키우기 보다는 종교 모임이 갖는 특수성을 잘 이해하고 부작용을 줄이며, 참여자들이 자신만의 신앙생활을 즐겁게 영위할 수 있도록 돕는 모임 운영자로서의 정체성을 갖고 싶습니다. 공동체 참여 여부는 참여하는 개인이 신앙생활을 하는 데 무언가 도움이 되는 게 있다고 판단될 때, 자율적으로 선택하는 것입니다. 도움이 되는 게 없다면 다른 모임을 찾거나, 홀로 신앙생활을 하면 되겠지요. 저는 혼자서도 충분히 신앙생활을 잘 할 수 있다고 생각합니다. 그리고 목사들은 공동체 없이 홀로 신앙생활을 하는 분들을 위해서도 노동해야 한다고 생각합니다.

저희 교회에서 같이 신앙생활을 하지 않지만 저희를 후원해 주시는 분이 계셔서, 가끔 따로 만나 교제하곤 합니다. 예전에 알던 청년들 중에는 이미 교회 없이 살아가는 분도 많습니다. 제가 생각해도 저희 모임과는 가는 길이 딜라시 치미 오라고는 하지 못한 채, 연락이 닿으면 따로 만나는 분들도 있습니다. 혼자서 신앙생활하시다가 언젠가 공동체 생활을 하게 될 수도 있고, 그 반대일 수도 있겠지요. 그러니 공동체에 참여하는 것은 의무가 아니며, 개인에게 도움이 될 때에만 참여하면 될 것 같습니다.

멤버십: 적극적인 참여자가 늘어나려면?

저는 주중에 공유 사무실에서 일을 합니다. 사무실을 쓰기보다는 저렴한 공용 라운지를 이용하는데요. 월회비를 내고 공유 사무실에 나가는 이유는 일을 하고, 공부를 하는 저의 생산성을 끌어올리는 데 도움이 되기 때문입니다. 공유 사무실에서 창의적인 사업을 하는 분들이 회의하는 모습을 종종 보게 됩니다. 유리문을 통해 마케팅, 브랜딩, 고객 관리등에 관해 의논하는 모습을 보게 되는데요. 제가 회의에 참여하는 것도 아닌데 공간을 같이 쓰다 보니 영향을 받게 됩니다. 칠판에 마인드맵처럼 그림을 그리며 회의를 하고 프레젠테이션 자료를 보며 이야기하는 모습을 보다가 저도 설교에 그런 방법론을 가져왔습니다. 마인드맵으로 설교를 준비하기 시작한 것입니다. 처음에는 마인드맵을 보여 주며 설교하다가, 지금은 저만 마인드맵을 보면서 이야기를 합니다. 설교를 나중에 유튜브를 통해 오디오로만 듣는 분들도 계셔서 시각 자료를 덜 쓰는 게 그분들에게 도움이 되겠더라고요. 대신 원고를 쓰지 않다 보니 설교 준비 시간이 많이 단축되었습니다.

취업한 분들 이야기를 들어 보면, 요즘 회사에서도 이제 직급으로 서로를 부르지 않고, 닉네임이나 영어 이름으로 부르는 경우가 꽤 있다고 합니다. 길섶교회도 좋은 건 배워 보자 싶어서 호칭을 할 때 형제님, 자매님 대신 "○○님" 또는 "○○ 선생님" 혹은 당사자가 원하는 경우에는 닉네임을 사용합니다. 회장이란 직급도 없애고, 교회 운영을 먼저 고민하는 분들을 "운영위원회", "운영진"이라고 부르고 있습니다.

교회의 멤버십 운영에 대해서도 처음에는 아무 생각이 없었습니다. '그냥 오면 오는 거고, 모이면 모이는 거다'라고 간단히 생각했는데요. 구름같이 무수히 많은(!) 분들을 떠나보내고 나서야 '운영의 기술'이 부족했다는 생각을 했습니다. 교회는 하나님께서 돌보시는 곳이고, 교회를 위해 해야 할 가장 중요한 일은 기도이지만, 교회도 '사람의 모임'이기 때문에 멤버십 운영 전략이 꼭 필요한 것 같습니다. 역사 비평이라는 신학적 작업의 토대 위에서 성경을 공부하면서도 기도하며 나의 삶에 적용할 방법을 찾는 것처럼, 교회 운영을 하는 데에도 현실적인 전략과 하나님의 은혜를 구하는 기도가 병행되어야 하는 것 같습니다.

앞에서 말씀드렸듯이, 작은 교회에 참여하는 것은 신앙생활에 도움이 되는 선한 부담을 갖기 위해서라고 생각합니다. 작은 교회에서는 정기적인 예배와 소통을 통해 서로의 컨디션이 어떤지, 신앙생활은 어떻게 하는지를 공유합니다. 특별한 공동 실천을 많이 하지 않는다 할지라도, 정기적인 만남과 소통 자체가 신앙생활을 하도록 돕는 긴장, 자극, 부담을 줍니다. 이런 부담이 부정적인 효과를 내기보다는, 신앙생활의 열정을 갖게 하는 긍정적인 효과가 되도록 하는 것이 중요합니다. 서로 생생하게 좋은 자극을 주고받는 모임이 된다면, 작은 교회가 주는 불편함에도 불구하고 모임에 참여하는 동력이 될 수 있기 때문입니다.

토스(toss)라는 기업에서 하는 공개 강의를 들었는데, 토스가 제공하는 서비스에 적극적으로 참여하는 사람들을 액티브 멤버

(active member)라고 하더군요. 여러 용어들과 다양한 그래프를 그려 가며 회사 운영을 소개하고, 함께 일할 사람들을 찾으려는 강의였습니다. 액티브 멤버란 구체적인 데이터를 기준으로 회원을 분석한 후에, 특정 조건을 달성한 참여자를 부르는 고유 언어로 사용되는 것 같았습니다. 홈페이지나 어플에 몇 번 접속했고, 어디까지 들어왔을 때 어떠한 행동을 하게 되는지, 구체적인 데이터를 기준으로 분류를 하더라고요. 그리고 신규 가입자와 떠나는 가입자의 비율을 토대로 사업의 지속 가능성을 검토하며 상황에 맞게 대응하는 방법에 대한 고민들을 가볍게 구경할 수 있었습니다. 돈이 목적이 아닌 교회에, 그것도 작은 교회에 그런 개념을 똑같이 적용할 수는 없겠지만 기초적인 개념을 조금 수정해서 교회에 적용해 보면 얻을 수 있는 인사이트(insight)가 있겠다 싶습니다.

길섶교회에서는 교회의 방향에 동의하며, 2회 이상 모임에 참여하면 교인(멤버)이 될 수 있는데요. 헌금은 교인의 조건이 아닌 '책임'으로 두었습니다. 그러니까 교회의 재정 운영에 참여하는 게 의무는 아닌 것이죠. 하지만 몇 년 정도 교회 모임을 해 보니, 교회의 재정에 관심을 가지고 어떤 규모로든 참여를 하는 경우와 그렇지 않은 경우를 보았을 때, 후자의 경우가 교회를 떠나는 확률이 높았습니다. 물론 처음부터 교회에 마음이 없었으니까 헌금도 안 하고, 쉽게 떠나는 것 아니냐 할 수도 있겠는데요. 교회라는 종교 모임의 특성상 처음부터 '헌금'이 가입 조건이 되기는 어렵습니다.

헌금을 하느냐, 안 하느냐를 가지고 신앙이 좋으냐, 아니냐를 따지자는 것이 아닙니다. 교회의 재정에 어떤 방식으로든 관심을 가지고 참여를 하는 사람과 그렇지 않은 사람이 있다고 할 때, 후자의 경우가 교회를 떠나거나 교회에 소극적으로 참여할 확률이 높다는 것입니다. 교회의 재정 운영에 참여하고, 권리와 의무를 수행하는 멤버의 비율이 올라갈 때 교회의 안정성이 생겨납니다. 이것은 교회뿐만 아니라 모든 모임의 기본적인 규칙일 것입니다.

액티브 멤버라는 개념을 길섶교회에 적용해 보면 다음과 같습니다.

- 적극적인 참여자/교인(active member) : 1분기 1회 이상 참여(O) 그리고 재정 후원 참여(O)
- 소극적인 참여자/교인(passive member) : 1분기 1회 이상 참여(X) 또는 재정 후원 참여(X)

길섶교회는 교인을 공동의회 투표권이 있는 교인과 투표권이 없는 교인으로 나눕니다. 어떠한 것도 교인에게 먼저 요구하지 않습니다. 자유롭게 원할 때 참여할 수 있고, 헌금도 의무 사항이 아닙니다. 하지만 분기별로 한 번씩 교회의 방향을 정하는 중요한 결정을 하는 공동의회에는 교회에 진정성 있게 참여하는 분들만 투표할 수 있게 했습니다. 처음부터 이렇게 한 건 아닙니다. 교회 운영을 계속하다 보니, 민주주의적 운영의 약점을 보완하기 위해 이런 장치들이 필요하겠다고 느껴졌습니다.

온라인 교회라는 특성상, 오프라인으로는 지역 교회를 다니다가 시간이 될 때 길섶교회 모임에 참여하는 분들도 있어서, 적극적인 참여자(공동의회 투표권을 가진 교인)의 기준을 1분기(3개월)에 1회 이상 참여하고 헌금을 하는 분으로 잡았습니다. 헌금도 월 5천

원 이상, 자율(학생이나 경제활동을 하지 않는 분은 대상이 아님)입니다. 교회의 적극적인 참여자가 누구인지 구분하는 기준은 교회마다 달라질 수 있습니다. 길섶교회의 기준도 앞으로 모임을 해 가면서 조금씩 수정될 수 있습니다.

중요한 것은 소극적인 참여자가 적극적인 참여자가 될 수 있도록 돕는 것입니다. 참여자가 종교에 흥미가 없어서 현재 소극적이고, 앞으로도 영원히 교회를 대충 다니기로 결정한 경우는 어쩔 수 없겠습니다. 또는 교회에 분노가 너무 쌓여 있어서 길섶교회에 와서도 적극적으로 참여하기 어려운 경우도 있을 수 있습니다. 아니면 이미 다른 기독교 모임(교회든, 다른 모임이든)에 적극적으로 참여하고 있어서, 길섶교회는 가끔 가볍게 참여하고 싶은 경우도 있을 수 있습니다. 이런 경우를 제외하고는 교인들이 교회 생활의 적극적 참여자가 되도록 돕는 방법, 기술, 장치들을 만들어 내야 합니다. 교회의 목사가 소통을 시도하며 만나보는 방법도 있겠고, 소그룹을 활성화한다거나(길섶교회는 아직 소그룹을 활성화시키지는 못했습니다), 편하게 참여할 수 있는 이벤트들을 만드는 방법도 있겠습니다.

적극적 참여자가 교회를 떠난 경우도 있었는데 주로 '갈등을 해결하지 못해서' 였습니다. 갈등의 종류도 다양합니다. 신학, 정치, 사회 등의 주제에 서로 다른 생각을 존중하지 못해서 떠나는 경우도 있고요. 의사소통 방식에 차이가 있어서 갈등이 생긴 경우도 있습니다. 그래서 교회에 적극적 참여자의 숫자가 늘어나는 것도 중요하지만, 그에 앞서 적극적 참여자들이 갈등을 해결하는 경험을 해 보고, 또 다양한 사람을 포용할 수 있는 열린 자세를 가지려 노력하는 것도 중요합니다.

한편 현재의 공동체성, 거리감, 친밀감이 너무 부족하거나, 너무 과하다고 느껴져서 모임을 떠나는 적극적 참여자들도 있었습니다. 일주일에 한두 번 만나서 소통하는 정도가 아니라 더 많은 일상을 공유할 수 있는, 함께 살아가는 공동체를 찾아서 떠나는 경우가 있었던 반면, 작은 교회이기에 너무 거리감이 가까워 부담스럽다며 떠나는 경우도 있었습니다.

소극적인 참여자의 경우, 그야말로 점점 소극적으로 참여하다가 결국 카카오톡 채팅방에만 남아 있는 채로 헤어진 건지 아닌지 애매모호해졌던 분들이 많습니다. 점점 더 소극적이게 되거나, 교회를 떠나는 이유도 다양합니다. 직장생활이 바쁘거나, 연애나 결혼 이슈, 취업 준비 등으로 여유가 없는 경우도 많았고요. 교회에서 나누는 이야기가 어렵다거나, 일상을 솔직하게 나누는 시간이 부족하다고 느껴 떠나는 경우도 있었습니다. 그래서 근래에는 예배 후 30~40분 정도는 자유롭게 한 주간 어떻게 지냈는지 이야기를 나눕니다. 그렇게 시간을 좀 보내고 나서 신앙에 관한 주제로 넘어가는데요. 교회에서 나누는 대화의 주제를 일상과 신앙 이슈 비율이 반반 정도 되게 하는 게 좋지 않을까 생각하고 있습니다.

마지막으로 생각해 볼 것은 것은 적극적 참여자와 소극적 참여자의 비율입니다. 적극적인 참여자가 몇 퍼센트 이상이어야 활성화된(?) 그룹(active group)이라고 할 수 있을까요. 반대로 몇 퍼센트 이하이면 소극적인 그룹(passive group)이라고 할 수 있을까요? 비록 지금은 적극적인 참여자 비율이 적더라도, 적극적 참여자 수가 늘어나는 추세인지 여부도 모임 분위기를 만드는 데 고려할 중요한 변수입니다. 그리고 모든 모임에는 항상 소극적 참여자가 존재하기 마련입니다. 모두가 적극적 참여자일 수는 없기 때문에, 교회를 소극적으로 다니는 분들에게도 감사한 마음을 가져야 합니다.

교회의 운영진은 이러한 멤버십에 대한 고민, 모임의 활성화 정도를 살펴보며 함께 의논하고 대안을 제시할 수 있는 사람들입니다. 꼭 신앙이 좋거나 전문성을 가진 사람이 아니어도 됩니다. 다만 교회의 전반적인 상황을 함께 살펴보고, 교인분들이 조금 더 적극적인 참여자가 되도록 하려면 어떤 도움이 필요할지, 어떤 장애물을 해결해야 할지 함께 의논하고 기도하며 방법을 찾는 것이 운영진의 역할이겠습니다. 왜 적극적이지 않은지 개인에게서 이유를 찾고 정죄하는 분위기가 되지 않도록 조심해야 할 것 같습니다. 그보다는 교인분들이 교회에서 좋은 경험을 하고, 그래서 교회가 개개인의 교회 밖 신앙생활에도 긍정적인 영향을 미칠 수 있는 확률을 높이는 상태, 그런 상태를 만들 수 있는 조건을 형성하는 데 지혜를 모을 필요가 있습니다.

브랜딩: 공동체의 개성을 만들기 위한 질문들

브랜드(brand)는 가축에 낙인을 찍어서 주인이 누구인지 표시를 만드는 전통에서 유래한 단어라고 합니다. 오늘날에는 자신의 고유한 개성, 정체성, 가치 등을 표현하는 의미로 브랜드라는 말을 사용하지요. 브랜딩은 그러한 브랜드를 만드는 모든 활동, 과정이라고 할 수 있겠습니다.

브랜딩이 얼마나 중요한 과정인지는 직업에 따라 조금 다르게 느껴질 수 있겠습니다. 공무원처럼 특정한 기능을 수행하는 일에 전문성을 갖춰야 하는 경우에는 브랜딩이 그렇게 큰 이슈는 아닐 수 있습니다. 반면에 예술을 하는 창작자, 개인 사업을 시작하는 창업자의 경우에는 브랜딩을 할 수 있느냐 아니냐가 중요합니다. 직업 종교인의 경우에도 마찬가지입니다. 가톨릭교회나 정교회의 경우에는 브랜딩 작업이 개신교 교회만큼 큰 주제가 아닐 것 같습니다. 수천 년간 지켜온 전통과 틀을 계승해 나가는 것 자체가 일종의 브랜드입니다. 대체로 직업 공간에 유니폼이 있는 경우는 새로운 정체성을 만들어 가는 브랜딩보다는 전문적인 기능을 충실히 수행함으로 사회에서 인정받는 곳이 많은 것 같습니다.

반면에 개신교 교회는 상황이 조금 다릅니다. 교회의 전통에 목숨을 거는 몇몇 개신교 교회를 제외하고는 각각의 교회들은 자신의 개성, 브랜드를 어떻게 만드느냐에 교회의 지속 가능성이 달려 있습니다. 전통을 계승하는 것도 아니면서, 새로운 브랜딩 작업도 하지 않으면 크기 싸움 속으로 들어갈 수밖에 없기 때문입니다. 큰 건물, 많은 사람, 많은 자원을 통해 제공하는 서비스 등 규모 자체로 브랜딩 싸움을 해 버리면 교회는 '큰 교회'와 '작은 교회' 두 가지만 남게 됩니다. 큰 교회는 성공한 교회이고 작은 교회는 실패한 교회가 되는 것이죠. 어떠한 철학이나 가치가 없으면 돈을 많이 버는 사람은 성공한 사람, 돈을 많이 못 벌면 실패한 사람, 이렇게 구분하게 되는 것과 똑같습니다. 개신교 교회가 숫자는 많지만 거의 비슷한 콘텐츠를 공유하고 있고, 운영 방식도 비슷해지는 현상은 좋은 브랜딩에 대한 고민이 부족해서 생긴 현상이라고 생각합니다.

브랜딩을 고민하는 사람들은 무조건 돈 자체만을 목표로 하지 않습니다. 오히려 기업이나 개인이 세상에 어떤 도움을 줄 수 있는지, 어떤 독창성이 있는지 가치의 문제를 교회보다 더 고민합니다. 처음부터 크기의 문제에 집착하도록 안내하는 브랜딩 책이나 강의는 본 적이 없습니다. 교회가 모두 똑같아 보인다는 것은 그만큼 어떤 힘이 작동한다는 것입니다. 모든 개신교 목회자 지망생들이 목사가 되는 순간 '나는 창의성이나 개성은 버려야지' 이런 결단을 하지는 않습니다. 저도 새로운 교회에 부임했을 때 주변에서 '튀는 설교나 성경공부를 하면 안 된다', '너무 새로운 이야기를 하면 안 된다'와 같은 조언을 들었었는데요. 필요 이상의 열심과 창의성이 발현되면 잘릴 확률이 높아집니다. 신학교 다닐 때 만났던 전도사님들 중에 '저분이 나중에 어떻게 교회 일을 하실지 궁금하다'라고 기대감을 느꼈던 분들 중에는 해외로 떠나시거나 목회를 그만두신 분들이 많습니다.

새로운 교회가 만들어지기 어려운 이유가 여기에 있다고 생각합니다. 목사가 되어 가면서 개성을 만들어 가는 과정 자체를 포기할 수밖에 없는 구조입니다. 목사 자신의 퍼스널 브랜딩이 불가능합니다. 목사로서의 생존 확률을 높이려면 보지 말라는 신학책은 봐서는 안 되고, 항상 선배 목사의 스타일을 따라가야 합니다. 그렇게 몇 년 살다 보면 자신에게 맞지 않는 옷인데도 자기 정체성이라고 착각하게 되고, 창의성이라는 건 상상할 수 없게 됩니다. 나중에 개척을 하더라도, 이전에 경험하고 지켜본 교회의 모습을 그대로 재현하게 됩니다. 종교 지도자로서 한 단계 업그레이드 된다는 것은 항상 앞선 세대의 '목회자다움', 종교 지도자도로서의 '구루다움'을 더 잘 모방하게 되는 것과 같은 말입니다. 목소리 주파

수가 비슷해지고, 눈에 힘이 들어가고, 솔직히 하나도 안 평안한데 평안한 척하는 위선을 영성이라고 주장하게 됩니다. 똑같은 영성, 똑같은 설교는 조직의 구조적 안정성이 확보되지 않을 경우 항상 누군가를 죽여야만 살아남을 수 있는 무한경쟁을 야기합니다.

일반 사회에서도 '브랜딩'을 고민하는 것은 무한 경쟁의 중심에서 비켜나, 새로운 가능성을 찾으려는 노력입니다. 모든 개인과 공동체는 무수한 시행착오를 통해 '다른 사람에게도 도움이 되는 자기만의 것'을 찾고자 분투하며 살아갑니다. 새로운 교회를 생각하는 목사는 부흥강사와 같은 카리스마를 개발하려 하기보다는 자신만의 퍼스널 브랜딩을 시작해야 할 것 같습니다. 부흥강사 카리스마도 이전 세대 특정한 목회자의 모습을 카피하려는 것이니까요. 물론 그게 적성에 맞는 분은 그쪽으로 자기 계발을 해야겠지요. 불같은 기도를 하고, 성도들을 기도로 쓰러뜨리는(?) 카리스마를 원하는 고객분들도 계실 테니까요. '신실한 목사는 이래야 한다'라는 특정한 틀 안에 목사로 성장해 가는 분들을 가두지 말자는 것입니다. 개신교 교회 목사는 스스로 생존해 내야 하기 때문에, 퍼스널 브랜딩 과정을 통해 '자기만의 목사다움'을 형성하도록 자유를 허락해야 합니다. 다만 그 '자기다움'이 남에게 도움이 되는 자기다움이야 교회가 만들어지겠지요.

그런데 목사 개인이 퍼스널 브랜딩 작업을 한다고 해서, 그게 꼭 교회 공동체의 브랜딩과 같아야 하는 것은 아닙니다. 예를 들면 길섶교회의 경우 온라인 교회라는 게 하나의 공동체 브랜딩일 수 있습니다. 코로나19 때문에 강제적으로 온라인 교회가 되었지만 '가치'를 생각해 보자면 '에너지 소모를 줄이는 효율적인 소통이 가능한 교회'라고 브랜딩을 할 수도 있습니다. 유튜브 채널 '잘 잘법(잘 믿고 잘 사는 법)'에 나온 이정모 전 과천국립과학관장님이 이런 말씀을 하시더군요. 온라인 모임을 활성화시키는 게 환경문제에 직면했을 때 교회가 할 수 있는 하나의 대안이라고요. 그러니 이렇게 억지로(?) 브랜딩을 할 수도 있는 것이죠. 제가 온라인 활동을 좋아하거나 잘해서 이런 방향성이 만들어진 것은 아닙니다. 모임의 참여자들이 세계 곳곳에 있다면, 그분들이 공동체의 주인들이기 때문에 공동체 브랜딩을 해 나가는 것이죠. 저는 운영자로서 이러한 공동체 브랜딩에 참여하고 기능을 수행할 뿐입니다.

저도 제 스타일을 만들어 가고 있는 중입니다. 퍼스널 브랜딩은 과정 그 자체이니까요. 개인의 개성을 확인해 보고, 또 발전시켜 나가는 데는 '유튜브'가 도움이 되었습니다. 유튜브 채널을 운영해 보신 분들은 아시겠지만, 채널의 개성을 만들어 내지 못하면 구독자가 생기지 않습니다. 어떤 콘텐츠를 만들고 사람들의 반응을 살펴보는 과정 자체가 일종의 브랜딩 연습입니다. 앞으로 만들어 가고 싶은 퍼스널 브랜딩의 방향은 '신구약 정경과 정경이 아닌 다양한 고대 문헌들을 함께 살펴보고 신앙생활에 도움이 될 만한 해석과 질문들을 창의적으로 만들어 보자'입니다. 신앙에 대해 생각할 자료의 폭이 넓으면 넓을수록, 그리고 특정한 교리에 얽매이지 않을수록 창의적인 생각이 만들어질 확률은 높아지는 것 같습니다. 그리고 제가 전문 신학자로 활동할 게 아니라 신앙 모임을 위해 공부를 하는 것이기에 다양한 자료를 살펴보며 일상생활에 접목할 만한 재밌는 해석들, 질문들을 찾아내는 쪽으로 개성을 만들고 싶습니다.

마지막으로, 브랜딩 관련 책을 읽거나 강의를 들을 때 주로 나오는 공통적인 질문들을 모아 봤습니다. 전문적인 창업 회사에 쓸 만한 질문들을 모두 교회에 바로 적용하기는 어렵겠지만, 다음 질문들은 교회 공동체에도 충분히 적용해 볼 수 있을 것 같아서요. 교회를 시작하려는 분들, 또는 개척교회로 이미 모이고 있는 분들이라면 이 질문에 대한 답변을 함께 만들어 가면 좋을 것 같습니다.

공동체 브랜딩을 위한 질문
- OO교회의 존재 이유는? OO교회의 미션은?
- OO교회의 차별점/강점은?
- OO교회가 없다면, 아쉬움을 느낄 사람은?
- OO교회의 핵심 가치는?
- OO교회의 브랜딩을 위해 교회가 지속적으로 하고 있는 일은?
- OO교회의 참여자들이 경험하길 바라는 것은?
- OO교회만의 스토리가 있다면?
- OO교회만의 톤 앤 매너(Tone & Manner)[1]는?

---

[1] 톤 앤 매너는 그 회사만의 분위기, 어울리는 색감, 일관적인 태도, 개성의 표현 방법 등을 말합니다. OO교회를 갔을 때만 느낄 수 있는 특정한 분위기, 매너를 생각해 보셔도 좋을 것 같고, OO교회를 생각했을 때 떠오르는 컬러를 찾아보는 것도 도움이 될 것 같습니다

16
공동체의 진심은 운영에서 드러난다

교회의 러닝 퍼실리테이션: 서로에게 배움이 있는 공동체가 되려면?

목사는 일종의 종교 콘텐츠 개발자이자, 퍼실리테이터(facilitator, 촉진자)라고 생각합니다. 성경 해석을 토대로 설교라는 형식에 맞춘 이야기를 만들어 내고, 다양한 교회 모임에서 활용할 수 있는 내용을 만들어 낸다는 측면에서는 콘텐츠 개발자라고 할 수 있겠습니다. 퍼실리테이터는 모임의 과정, 프로세스에 관한 전문가를 말합니다. 퍼실리테이션을 "참석자 모두가 의견을 개진하고 의사결정 과정에 효과적으로 참여할 수 있도록 집단 의사소통 과정을 설계하고 진행하는 일"[2]이라고 한다면, 이 일을 하는 퍼실리테이터는 다음과 같이 소개할 수 있겠습니다.

> 퍼실리테이터는 토의 내용(Contents)에 대한 전문가가 아니라 토의 과정(Process)에 대한 전문가로서 참석자들이 솔직한 의견, 창

---

2 주현희, 「더 퍼실리테이션」, 플랜비디자인, 2020, p. 43.

의적인 아이디어를 효과적으로 내놓을 수 있도록 돕는 것이지, 직접 의견을 내지 않는다는 점을 잊지 말아야 합니다.[3]

전문 퍼실리테이터와의 차이점은 개신교 목사는 예배 안에서 설교라는 형식으로 어떤 콘텐츠를 공유하는 일을 먼저 한다는 점입니다. 교회 안에서 설교 내용에 함부로 반대하거나, 다른 의견을 말하거나 하는 비평을 할 수 없는 분위기라면, 이후의 대화 시간에 설교 내용은 방해가 되는 요소가 됩니다. 그런 분위기에서 교회의 참여자분들은 설교 내용을 건들기보다는 일상적인 이야기만 하다가 헤어지는 게 안전하다고 생각할 수도 있기 때문입니다.

하지만 설교 자체가 처음부터 대화를 위한 콘텐츠라고 합의를 보면 어떨까요? 목사는 다양한 성경 해석을 소개하면서 그중 하나로 자기 생각을 말하고, 그에 따른 간단한 챌린지를 하나쯤 소개하는 정도로 설교를 구성합니다. 이후 교제의 시간에서 설교 내용을 대화의 소재로 이용하는 것입니다. 다른 이야깃거리가 있다면 굳이 설교에 관한 이야기를 할 필요는 없겠습니다. 설교는 그날 모임의 대화가 지난번 모임과 똑같은 대화가 되어서 매너리즘에 빠지지 않도록, 신앙의 다양한 면을 생각할 수 있도록 돕는 장치가 되는 것이죠. 이와 같이 설교를 예배 후의 대화와 토론을 위한 소재라고 생각하고, 예배 후의 모임을 일종의 워크숍이라고 생각해 보면 어떨까요? 퍼실리테이션이란 개념이 적용되는 공간을 '워크숍'이라고 할 수 있겠는데요. 워크숍은 "각자의 견해와 지식을 공유하

---

3   주현희, 같은 책, p. 45.

고 전체의 결론과 지식으로 넓혀 나가는 과정, 모두가 참여하는 회의'[4]라고 정의할 수 있습니다.

물론 교회의 예배 후 모임을 100% 워크숍이라고 할 수는 없겠습니다. 교인분들의 일상을 나누고, 개인의 감정, 기분, 기도 제목, 신앙의 결단 등을 나누는 시간이 나눔의 시간이기 때문입니다. 하지만 각자의 이야기를 공유하며 신앙의 세계관을 넓혀 간다는 면에서는 워크숍과 같은 성격도 있다고 생각하는데요. 심플하게 일상 이야기와 신앙 이야기로 구분한다면, 삶 나눔/미팅 50%, 신앙에 대한 토론/워크숍 50% 정도로 구성해 볼 수 있겠습니다. 물론 교회마다 일상적인 이야기, 개인의 삶에 관한 이야기와 신앙의 이야기, 그날 설교가 던지는 여러 주제에 관한 이야기의 비율은 다 다를 것입니다. 신앙에 관한 이야기가 없이 일상 이야기만 한다면 교회 공동체라는 정체성을 유지하기 어려울 것 같고, 일상에 관한 이야기 없이 신앙에 관한 이야기만 한다면 연구 기관이 되어 버릴 수 있기 때문에 적절히 비율을 맞추어야 합니다. 설교는 예배 후 모임에서 신앙과 관련한 주제가 매주 중복되지 않고 다양하게 펼쳐지도록 돕는 촉매제 기능을 맡게 됩니다.

저는 설교 시간을 30분을 기준으로 맞추는데요. 가끔 10분 이상 넘기게 될 때가 있어서 구글 타이머를 준비했습니다. 설교자의 이야기를 30분 내외로 들어야 이후에 서로의 이야기를 듣는데 지치지 않을 수 있습니다. 30분 안에 성경 해석의 과정, 하나의 결론과 이후 함께 대화할 만한 내용을 얼마나 성공적으로 집약해

---

[4] 주현희, 같은 책, p. 56.

내는지에 따라 설교자의 전문성이 판가름 날 것 같습니다.

　예배 이후의 시간은 교인들의 시간이기 때문에 이미 말을 많이 한 설교자는 말을 줄이고, 모임을 돕는 퍼실리테이터의 역할을 수행합니다. 만약 예배 후 모임을 진행하는 분이 따로 있다면 보조적인 역할을 합니다. 목사뿐 아니라 교회의 운영진, 모임 진행자, 소그룹 인도자들은 퍼실리테이터로서의 역량을 키워 나가는 게 중요할 것 같습니다. 그렇게 진행자 역할을 나누어 할 수 있게 되면 특별히 관심이 있는 주제를 다루는 날에 진행을 맡지 않고 진행자의 제지(?)를 받으며 의견을 개진할 수도 있겠습니다.

　예배 후의 대화는 참여자들의 주체성을 훼손하지 않는 좀 더 활동적인 시간입니다. 일방적으로 이야기하는 설교보다도, 함께 나누는 대화를 통해 서로에게 더 많은 것을 배워 나갈 수 있는데요. 퍼실리테이션을 학습 과정에 적용한 모델을 '러닝 퍼실리테이션(Learnnig Facilitation, LFT)'이라고 합니다. 러닝 퍼실리테이션의 정의는 '학습자들이 동료 상호작용을 통해 문제 해결을 하는 과정에서 학습하는 교수법'입니다.[5] 이것을 교회에 적용해 보면, 교회의 러닝 퍼실리테이션을 '교회 구성원들이 상호작용을 통해 서로에게 배우며 신앙의 지경을 넓혀 가는 과정'이라고 생각해 볼 수 있겠습니다.

　이런 맥락에서 설교자의 역할은 선포자/지시자(Instructor)에서 상호 배움 촉진자(Learning Facilitator)로 바뀌게 됩니다. 교회가 '그리스도교 신앙과 신앙의 삶(영성)에 대해 서로에게 배우며 함께

---

[5] 정갑욱,「러닝퍼실리테이션」, 플랜비디자인, 2019, p. 41.

성장하는 공동체'가 되어 갈 수 있도록 새롭게 디자인하는 작업이 필요합니다. '모두에게 배울 점이 있다'라는 전제하에 학위나 경제 수준, 사회적 지위와 상관없이 '서로 배움'의 과정에 모두가 참여할 수 있는 장치를 만들어야 하기 때문입니다. 주일 모임의 주제가 미리 공유되었을 때는, 참여자(교인)들이 관련된 주제에 대해 추천하는 자료들이나 자신의 생각을 미리 공유할 수도 있습니다. 예배의 기도문을 만들어서 공유하는 것도 서로 배우는 장치가 될 수 있겠고, 예배 후 시간에 나눌 질문들을 미리 공유하는 것도 퍼실리테이션의 장치가 될 수 있습니다. 대화를 위한 질문을 설교자가 준비할 수도 있겠지만, 주제를 미리 아는 경우에는 참여자가 이야기 나누고 싶은 질문을 제안할 수도 있습니다.

퍼실리테이터가 질문을 준비할 때는 '이 내용을 어떻게 가르칠까?'에 포커스를 맞추기보다는, "무엇을 고민하게 할까?, 어떤 방식으로 답을 찾게 할까?, 어떤 질문이 흥미와 공감을 가져올까?, 각자 어떤 경험을 가지고 있을까?"[6]라는 질문이 먼저 있어야 합니다. 좋은 질문이 나오려면 자신이 던지려는 질문이 각자의 생각과 경험을 공유하는 데 도움이 될 수 있을지 분별하는 감성과 창의성이 필요할 텐데요. 설교의 내용보다 대화를 위한 질문이 더 중요할 수도 있습니다.

길섶교회에서는 수요 모임의 진행을 교회 구성원들이 맡아서 하고 있습니다. 지난 달을 돌아보는 시간을 갖거나, 책·유튜브 콘텐츠·영화·드라마 등을 보고 와서 대화를 나누기도 합니다. 직

---

6   정강욱, 같은 책, p. 81.

업 활동을 하면서 주중에 교회 모임을 고정적으로 맡아 운영하는 것은 쉽지 않습니다. 일상의 여러 주제들을 신앙과 연결시켜 생각할 거리를 만드는 일 또한 쉽지 않습니다. 바쁠 때는 쉬어 가고, 아이디어가 없을 때는 자유롭게 수다를 나누면서 편안한 분위기를 만들려고 하지만, 교인분들이 바쁘더라도 모임의 콘텐츠를 직접 만들어 볼 수 있는 공간을 마련하는 것 또한 러닝 퍼실리테이션의 적용점이라고 생각합니다. 저도 모임에 참여하는 과정에서 설교의 아이디어를 많이 얻게 됩니다. 구성원들이 어떤 고민을 하고 있는지, 어떤 이야기가 필요한지 감을 잡는 데 도움을 받기 때문입니다. '목사는 신앙의 내용을 일방적으로 가르치는 강사가 아닙니다'라는 말보다, 모임의 구성과 진행 방식을 '서로에게 배울 수 있는 구조'로 설계해 내는 것이 더 중요한 것 같습니다.

과정을 공유하기: 프로세스 이코노미

개척교회를 시작하면 필연적으로 부딪히는 어려움들이 있습니다. 이름이 알려지지 않은 작은 교회는 사이비 단체인지 의심을 받을 수밖에 없고, 또 사이비가 아니라는 걸 안다 할지라도, 방문하는 것 자체가 매우 부담스럽습니다. 제가 그토록 비판하는 초대형 교회는 가볍게 산책하듯 찾아가 예배도 드려 보고 편안히 다녀올 수 있는데요. 작은 교회는 방문하면 시선을 한몸에 받을 수밖에 없기 때문에 부담스러울 수 있습니다. 교회 홍보를 알아서 해내야 하는 것도 숙제이고, 교회를 편안히 방문할 수 있는 분위기를 만들어 내는 것도 숙제입니다.

작은 교회는 초대형 교회와 경쟁을 하고 싶은 마음이 전혀 없지만, 교회를 찾는 사람의 입장에서는 비교를 할 수밖에 없습니다. 교회의 규모가 커질수록 여러 구조적인 문제가 있다는 걸 알면서도 교회를 선택하는 사람 입장에서는 작은 교회를 선택하는 게 쉬운 일이 아니라는 것입니다. 이는 교회뿐 아니라 일반 사회에서도 똑같이 일어나는 현상입니다. 자본과 노동력이 많은 대기업이 중소기업보다 소비자들에게 선택되는 제품을 생산해 낼 확률이 높습니다. 중소기업이 창의적인 아이템을 먼저 내놓아도 대기업은 많은 자원을 토대로 제품 시장을 다시 점령할 수 있습니다. 규모의 논리로 따라갈 수 없는 독보적인 제품과 서비스를 계속 생산해 낼 수 있다면 작은 기업도 시장을 이끌어 갈 수 있지만, 결과물만 가지고 계속 승부를 보는 것은 쉬운 일이 아닙니다.

그래서 최종 생산된 제품의 질과 양으로만 승부를 보려는 '아웃풋 이코노미'가 아닌 '프로세스 이코노미'라는 개념이 생겨났습니다. 어떤 제품이나 서비스를 만들게 된 이유와 만들어 가는 과정을 소비자와 공유함으로 팬층을 확보하고 커뮤니티를 만들면서 결과물뿐만 아니라 그 과정을 판매하는 것이 프로세스 이코노미의 개념입니다.

오바라 가즈히로의 「프로세스 이코노미」(인플루엔셜)라는 책에서 이런 개념을 처음 접하게 되었는데요. 개척교회를 시작할 때 이 책을 읽었으면 더 도움이 되었겠다 싶었습니다. 5년간 많은 실패를 하면서 교회를 운영하는 방법을 계속 고민했는데요. 책에서 공감이 되는 내용을 소개하고, 제가 어떻게 했는지도 함께 말씀드려 보겠습니다.

「프로세스 이코노미」에 다음과 같은 내용이 나옵니다.

효과화 이론(Principles of Effectuation)은 예측이 어려운 상황에서 결정하는 법을 알려 준다. 자신이 가진 수단 안에서 출발하고, 실패를 감당할 수 있는 범위에서 목표를 설정하며, 사람들과의 상호작용 속에서 네트워크를 확장하고 약속을 통해 새로운 상품·시장·기업을 창출한다. 그 과정에서 뜻밖의 기회 혹은 약속으로 새로운 수단과 목표가 추가될 수도 있다.[7]

효과화 이론은 버지니아대학교 경영대학원 교수인 사라스바티(Saras D. Sarasvathy)가 제안한 이론입니다. 불확실성의 우연을 인정하고, 통제할 수 있는 부분에만 집중하며, 지금 가진 자원으로 시작하고, 실패했을 때의 손실을 계산하며 협력자를 늘려 나가자는 내용입니다.[8]

개척교회에 적용을 하면, 교회를 시작하는 목사가 자기가 가지고 있는 자원은 무엇인지, 교회를 위한 어떤 전략이 실패했을 때, 또는 교회 자체를 포기해야 할 때의 손실을 감당할 수 있는지, 도움을 받을 수 있는 사람과 네트워크는 무엇인지를 고려하는 것이 중요하다고 할 수 있겠습니다. 하나님께서 모든 개척교회를 소중히 여기고 돌보아 주시리라고 저도 믿지만, 현실적인 통계를 보았을 때 교회가 개척되면 몇 년을 지속하기 어려운 게 사실이니까요. 믿음의 문제로 보는 것이 아니라, 일단 실패 확률이 높다는 걸

---

[7] 오바라 가즈히로, 「프로세스 이코노미」, 이정미 옮김, 인플루엔셜, 2022, 전자책 : 3장 단 하나의 '정답'을 버리면 보이는 것들. https://product.kyobobook.co.kr/detail/S000001852534

[8] 오바라 가즈히로, 같은 책, 전자책 : 3장 단 하나의 '정답'을 버리면 보이는 것들. https://product.kyobobook.co.kr/detail/S000001852534

인정하고, 그랬을 때 어떤 대안이 있는지를 충분히 고려하고 개척을 시작하자는 것입니다.

저 같은 경우에는 교대를 졸업해서 교사 2급 자격증이 있습니다. 그래서 교회가 문을 닫게 되고, 제가 목사를 그만두게 되었을 때도 할 수 있는 일이 있는 상태였는데요. 이런 현실적인 탈출 전략이 있다 보니 조금 더 고민의 시간을 줄이고 개척교회를 시작할 수 있었습니다. 믿음이 좋아서 교회를 시작한 게 전혀 아니라는 것입니다. 그리고 교회일을 7년 정도 하다 보니 이미 교회를 떠났거나, 교회를 떠날 준비를 하고 있는 분들 중에 소통하고 있는 분들이 있었습니다. 그래서 저도 다른 교회를 시작해 볼까 고민을 하던 중에 몇몇 분들과 의논을 하면서 '스타팅 멤버'를 구축하게 되었는데요. 스타팅 멤버는 몇 명만 있어도 충분한 것 같습니다. 다만 스타팅 멤버들이 모두 가족분들이라면, 추후 교회를 방문하는 분들이 조금 부담을 느낄 수밖에 없다는 점을 감안해야 할 것 같습니다.

효과화 이론이나, 앞서 인용한 단락에서 말하듯이 일반적인 비즈니스에서도 불확실성은 항상 고려해야 하는 변수입니다. 「프로세스 이코노미」의 저자 오바라 가즈히로는 그래서 '재즈형 일하기 방식'을 추천하더군요. 어떠한 목표와 그 목표를 이룰 수 있는 방법에 너무 강박적으로 매달리지 말고, 그때그때 상황에 맞는 임기응변 대책을 마련하고 적합한 솔루션들을 찾아가자는 것입니다. 예를 들어, 새벽기도를 해야만 하나님이 은혜를 주시고 교회가 부흥할 거라고 생각하는 목사님이 계시다면, 전 세계 교회 중에 새벽기도를 그렇게 열심히 하는 교회는 한국인으로 이루어진 교회가 대부분(전부라고 말하고 싶지만 외국인 교회에도 있을 수 있으므로)이라는 것을 생각해 보자는 것입니다. 한국교회가 가장 빠른 속도로 쇠락하고 있고, 새벽기도로 부흥한 대형교회들에서는 온갖 이상한 일들이 벌어지고 있는 걸 보면, 새벽기도가 교회 부흥의 절대적인 솔루션은 아닌 것 같습니다. 새벽기도가 목사 개인의 퍼스널 브랜딩에 도움이 되고, 그것을 정체성으로 가져가고 싶다면 해도 되겠는데요. 적어도 그것이 좋은 신앙의 기준이 될 필요는 없을 것 같습니다.

그보다는 교회에 모이는 분들이 원하는 것들을 파악해 가며 교회가 어떤 활동을 해야 할지 새롭게 고민해 볼 수 있는, 재즈처럼 변주가 가능한 방식이면 좋겠습니다. 교회의 참여자들의 요구는 분명 다양할 것입니다. 그래서 합의점을 찾는 과정도 쉽지 않을 것이고, 몇몇은 만족하지 못하고 떠날 수도 있습니다. 교회의 컬러가 만들어지는 과정에서 누군가 떠나는 것은 눈물 나는 일이지만 당연한 과정임을 받아들일 필요가 있겠습니다. 저도 처음에는 누군가 교회를 떠날 때면 '내가 지금 왜 살고 있나' 싶을 정도였는데요. 지금은 며칠 정도만 마음고생을 하고 털어 버릴 수 있게 되었네요. 중요한 것은 현재 교회로 모인 사람들과 앞으로 오게 될 사람들의 요구사항을 함께 고려하며 교회가 에너지를 쏟아야 할 것들을 변칙적으로 찾아 가는 시행착오의 과정입니다. 그 과정 자체를 통해 교회의 컬러가 형성되는 것이고, 스토리가 만들어지는 것이고 브랜드가 되는 것이기 때문입니다.

오바라 가즈히로는 공유의 정신에 대해 이렇게 이야기합니다.

| 새로운 정보를 나만 알고 있겠다는 생각은 이미 틀렸다. 정보 자

체에는 더 이상 큰 가치가 없다. 오히려 내가 가진 정보를 공유하여 동료를 만들고, 프로세스를 아낌없이 공개하는 편이 결과적으로는 더 많은 핵심 정보를 모으는 데 유리하다.[9]

저는 이것이 개신교 교회의 영성과 비슷하다고 생각합니다. 500년 전 성경을 모국어로 읽을 수 있게 번역하는 데에서 종교개혁이 출발했다면, 오늘날에는 성경을 이해할 수 있는 다양한 해석을 공유하는 것이 개신교 정신이라고 생각합니다. 직업 종교인은 유일한 해석 능력을 가진 사람이 아니라, 다양한 해석을 공동체에 소개하고 피드백을 받는 과정을 전문적으로 해낼 수 있는 사람이어야 합니다.

요즘 시대에 종교 모임의 운영자에게 유튜브 운영은 필수라고 생각합니다. 모임에 참여할 만한 대상을 만나기에 가장 효과적인 공간이 유튜브이기 때문입니다. 페이스북은 이제 조금 어려워진 것 같고, 감성이 있으신 분은 인스타그램을 활용할 수도 있겠습니다. 저는 감성이 부족해 인스타그램은 안 될 것 같아, 유튜브를 통해서 사람들과 꾸준히 소통하고 있습니다.

제가 운영하는 유튜브 채널 '믿는 생각'에 매년 길섶교회의 근황과 제 개인적인 소감을 올리고 있습니다. 몇 달 후면 6년 차가 되는데요. 교회 모임에 직접 방문하신 분들을 보면 대체로 유튜브에 올린 이전 이야기부터 살펴보고 오시는 경우가 많았습니다. 〈뉴스앤조이〉 인터뷰 기사를 보고 나서 '믿는 생각' 채널을 알게 되었

---

[9] 오바라 가즈히로, 같은 책, 전자책 : 3장 단 하나의 '정답'을 버리면 보이는 것들. https://product.kyobobook.co.kr/detail/S000001852534

어도, 6개월~1년 정도 살펴보면서 제가 사이비나 나쁜 놈은 아닌지 검증의 과정을 거친 후에 연락을 주시는 분들도 계십니다. 그러니까 유튜브 채널이 크든 작든, 목사 개인과 교회에 모인 사람들이 이상하거나 나쁜 사람들이 아니라는 것을 입증받기 위해서라도 교회의 다양한 콘텐츠가 공개될 필요가 있습니다. 교회에서 주로 어떤 이야기를 나누고 있고, 어떤 고민을 하며, 어떤 계획이 있는지를 가능한 상세하게, 그리고 지속적으로 공유할수록 '이 교회가 만들어지는 과정에 나도 참여하고 싶다'는 생각을 가진 사람이 한 사람이라도 생길 확률이 높아질 것입니다.

물론 유튜브가 아니어도 좋습니다. 브런치스토리(www.brunch.co.kr) 같은 곳에 글을 꾸준히 올린다거나, 기독교 매체에 글이나 영상을 올리는 방법도 있겠습니다. 영상이든 글이든 에너지를 쏟는 만큼 그 이야기들이 누군가와 만나는 소통 지점이 되는지, 그 효과가 발생되는지를 체크해야 합니다. 아무 반응이 없는데도 똑같은 공간에, 똑같은 내용만 올리는 건 성실한 게 아니라 소통이 잘 안 되는 사람이라는 이미지만 줄 수 있습니다. 저도 솔직히 누가 보거나 말거나 제가 하고 싶은 말만 올릴 때도 많았는데요. 그러다 보면 다행히 교인분들에게 많은 비판을 받습니다. 제가 고집이 좀 있긴 하지만, 비판받는 것도 좋아해서 고집을 아주 오래 피우지는 않는 편입니다. 평소에 재즈 음악을 듣는 것도 도움이 될 수 있습니다. 찬양도 재즈 버전으로 들으면서 '재즈처럼 교회 일을 하자' 이렇게 생각해 보면 어떨까요?

교회가 돈에 지지 않으려면?

십일조 정신은 세상의 모든 것이 하나님께 속했다는 신앙고백에서 시작됩니다.

> 땅의 십분의 일 곧 땅에서 난 것의 십분의 일은, 밭에서 난 곡식이든지, 나무에 달린 열매이든지, 모두 주에게 속한 것으로서, 주에게 바쳐야 할 거룩한 것이다. (레 27:30, 새번역)

땅의 소산물이 하나님에게 필요한 것은 아니지만, 십일조를 한다는 것은 자신의 소유에 과도하게 몰입하지 않기 위한 개인 영성 차원의 훈련이기도 합니다. 개인들이 십일조 정신을 지켰을 때, 신앙 공동체를 위해 좀 더 많은 시간을 써서 일하는 사람들이 살아갈 수 있게 됩니다. 민수기 18장에는 제사장과 레위인들이 이러한 십일조의 일부로 살아가게 되는 운영 규칙이 나와 있습니다.

또한 십일조는 사회의 가난한 사람들을 도울 수 있는 사회구조를 만들어 내는 근본 정신이기도 합니다.

> "당신들은 매 삼 년 끝에 그 해에 난 소출의 십일조를 다 모아서 성 안에 저장하여 두었다가, 당신들이 사는 성 안에, 유산도 없고 차지할 몫도 없는 레위 사람이나 떠돌이나 고아나 과부들이 와서 배불리 먹게 하십시오. 그러면 주 당신들의 하나님은 당신들이 경영하는 모든 일에 복을 내려 주실 것입니다." (신 14:28~29, 새번역)

이다음 장인 신명기 15장에서는 7년 단위의 빚 면제 시스템이 등장하고, 레위기 25장에는 50년 단위로 모든 빚을 탕감해 주는 희년이 등장합니다. 급진적인 리셋(reset) 시스템인 희년에 대한 설명 중에는 '땅을 사고팔지 말라'(레 25:23)는 하나님의 말씀이 나옵니다. 오늘날의 언어로 해석하자면, 사람들이 살아갈 최소한의 공간과 기초생활 자원은 그 누구도 빼앗아서는 안 된다는, 사람의 기본권을 지키라는 메시지로 이해해 볼 수 있지 않을까요?

신약성경에 보면 예수님께서 다음과 같이 말씀하셨습니다.

> "아무도 두 주인을 섬기지 못한다. 한쪽을 미워하고 다른 쪽을 사랑하거나, 한쪽을 중히 여기고 다른 쪽을 업신여길 것이다. 너희는 하나님과 재물을 아울러 섬길 수 없다." (마 6:24, 새번역)

돈을 하나님처럼 섬긴다는 것은 구약성경에 나와있는 십계명의 정신, 그 정신이 개인과 공동체와 사회구조를 변화시키는 실천이 이루어지지 않고 있는 상태라고 해석해 볼 수 있겠습니다.

예수님을 따르는 신앙 공동체가 지중해권의 다양한 지역에서 만들어질 때도, 십일조 정신과 유사한 실천들이 생겨났습니다. 사도행전 2장, 4장에서는 공동체 구성원들이 서로의 소유를 나누어 쓰는 모습이 나옵니다. 바울은 새롭게 생겨나는 여러 신앙 공동체를 순회하면서 예루살렘 공동체의 어려움을 위해 헌금해 줄 것을 부탁했습니다.

> "성도들을 도우려고 모으는 헌금에 대하여 말합니다. 내가 갈라디아 여러 교회에 지시한 것과 같이, 여러분도 그대로 하십시오.

매주 첫날에, 여러분은 저마다 수입에 따라 얼마씩을 따로 저축해 두십시오. 그래서 내가 갈 때에, 그제야 헌금하는 일이 없어야 할 것입니다." (고전 16:1~2, 새번역)

위기에 처한 공동체를 다른 지역의 공동체들이 돕기 위해 매주 첫날에 저축을 하자는 것입니다. 계좌이체가 없는 시절이라 바울이 고생을 할 수 밖에 없었을 텐데요. 오늘날과 같이 정경 66권, 예배의 순서, 직제 조직 등 같은 교회라고 여길 수 있는 공통점이 매우 부족했을 텐데도 구약성경을 종교의 글로 인정하고, 하나님과 예수님, 하나님의 영(성령)을 따르는 믿음으로 공동체들이 서로 연대했습니다.

도움이 필요한 단체를 돕기 위해 저축을 하는 정신은 구약의 십일조를 액면 그대로 실천하는 것은 아니지만, 십일조 정신의 발현이라고 생각할 수 있겠습니다. 사도행전 2장, 4장의 공동체도 십일조 정신을 문자적으로 구현한 것은 아니지요. 십분의 일을 내놓은 것이 아니라 자신의 집과 땅을 팔아 서로의 필요를 채웠기 때문입니다. 우리가 사도행전에 나오는 대로 따라하자는 말이 아닙니다. 소유의 1/10을 문자적으로 헌금하는 게 중요한 것이 아니라, 십일조 정신을 현실 속에서 얼마나 창의적으로 구현해 내느냐가 중요한 문제라는 것입니다.

바울은 N잡 목회에 대한 고민을 다음과 같이 털어놓습니다.

"성전에서 일하는 사람은 성전에서 나는 것을 먹고, 제단을 맡아보는 사람은 제단 제물을 나누어 가진다는 것을, 여러분은 알지 못합니까? 이와 같이 주님께서도, 복음을 전하는 사람들에게는 복음을 전하는 일로 살아가라고 지시하셨습니다. 그러나 나는 이런 권리를 조금도 행사하지 아니하였습니다. 또 나에게 그렇게 하여 달라고 이 말을 쓰는 것도 아닙니다. 그렇게 하느니, 차라리 내가 죽는 편이 낫겠습니다. 아무도 나의 이 자랑거리를 헛되게 하지 못할 것입니다." (고전 9:13~15, 새번역)

바울이 '성전 근로자나 복음 전도자는 성직이고, 천막 만드는 일은 비성직이다' 이런 생각을 했을까요? 저는 그냥 '삶'의 문제라고 생각합니다. 성전을 위해 풀타임으로 일하는 사람, 복음을 전하기 위해 풀타임으로 일하는 사람은 살아가기 위한 자원을 신앙 공동체를 통해 받는 것이 당연한 권리라는 것입니다. 제도권 교회의 목사라는 식입 종교인은 성경에서 직접 도출된 개념이 아닙니다. 오늘날의 목사가 구약성경의 성전 근로자나, 신약성경의 집사·감독과 같은 개념은 아니기 때문입니다. 하지만 하루의 일정한 시간을 종교 공동체를 위해 일하는 사람에게, 그 사람이 전문성을 가지고 그 일을 해 나가며 굶어 죽지 않을 수 있도록 지원하는 것은 십일조 정신으로 살아가는 신앙인들에게 당연한 일이었을 것입니다.

바울이 예수님의 직제자가 아니어서 그랬는지, 혹은 이 교회 저 교회를 다니며 헌금을 유도해서 그랬던 것인지 본문에 정확한 이유가 기록되지는 않았지만, 그는 많은 비판을 받고 있었습니다 (고전 9:3). 그래서 바울은 스스로 일을 하며 복음을 전하는 N잡 목회를 하면서 여러 비판을 반박하려 했습니다. 1세기 교회에서는 다른 사도들처럼 자신이 살아갈 방법을 전적으로 신앙 공동체에게 의존하는 방법도 가능한 방법이었고, 바울처럼 N잡 목회도 가능한 방법이었습니다. 바울은 평생 N잡 목회를 했을까요? 감옥에 갇혀서 일을 할 수 없었을 때나, 또는 삶의 마지막 시기에는 바울도 후원으로만 살아갔을 가능성이 있습니다. 신약학자 스캇 맥나이트는 「거꾸로 읽는 로마서」(비아토르)에서 다음과 같은 이야기를 합니다.

> 바울이 사도로서 사역하려면 기도할 시간과 성경 연구할 시간이 필요했고, 목양하고 만나며 이야기하고 토론할 시간도 필요했을 뿐 아니라, 여행을 계속하면서 새 교회들을 세우는 데 더 많은 시간이 필요했다. 여기에 바울이 감옥에 있던 시간도 더해 보자. 바울이 갇혔을 때 (감옥 제도와 세금이 아니라) 친구들의 부양을 받았다. 이 모든 일을 해내기 위해, 바울에게는 후원자들이 필요했으며, 뵈뵈가 그중 하나이다. 바울은 뵈뵈가 '여러 사람'에게 후원자였다고 덧붙인다.[10]

로마서 16장 1~2절에 등장하는 뵈뵈는 로마의 교회 공동체에 바울의 편지를 전해 주고 해석해 준 1세기 교회의 리더로 보입니다. 스캇 맥나이트는 뵈뵈가 로마서 편지글의 글자를 읽어 주고 해석해 주는 지식인이자, 여러 사람을 후원해 주는 후원자였을 것으로 추론합니다. 바울은 필요할 때는 스스로 일했을 것이고, 필요할 때는 후원으로 살았을 것입니다.

---

[10] 스캇 맥나이트, 「거꾸로 읽는 로마서」, 정동현 옮김, 2022, 전자책 : 1. 뵈뵈, 로마서의 얼굴(16:1~2). https://ebook-product.kyobobook.co.kr/dig/epd/ebook/E000002993740

'목사는 교회에서 풀타임으로 일해야 한다' 혹은 '목사는 N잡을 해야 한다' 이렇게 확정적으로 규칙을 정할 필요는 없습니다. 신앙 공동체가 시작된 1세기에도 이미 다양한 방법으로 신앙인들의 모임이 만들어졌기 때문입니다. 2천 년이 지나면서 우리는 교회의 다양한 시행착오를 지켜봤기 때문에, 특정한 고정관념에 빠지지 말고 새로운 창의성을 가지고 모임을 시작할 수 있어야 합니다.

저는 처음에는 사례비를 전혀 받지 않고, 생계를 위한 일을 따로 하려 했습니다. '작은 모임이니 일요일에 설교 한 번 하는 정도면 되겠지?' 하는 가벼운 마음으로 교회를 시작했기 때문입니다. 하지만 사람을 만나고, 상담하고, 예배를 기획하고, 설교를 준비하는 일에 생각보다 에너지가 많이 들었습니다. 그렇다고 해서 주 5일 근무하는 것처럼 할 일이 아주 많은 것은 또 아니었습니다. 처음 시작할 때 멤버가 10명 정도였기 때문입니다. 물론 처음부터 어느 정도 인원이 모인 상태로 교회를 시작하는 경우에는 바로 풀타임 목회를 생각할 수 있을 것입니다. 하지만 저처럼 몇몇 분들과 모임을 시작한 경우에는 아주 애매한 상태가 됩니다. 풀타임 노동을 할 만큼 할 일이 많지는 않지만, 그렇다고 평생 무보수로 일하는 것도 좀 이상한 상태 말입니다. 몇 달이 지나 5만 원을 받았고, 1~2년이 지나면서 60만 원을 받았습니다. 그리고 지금은 개인 후원도 받게 되었는데요. 이것은 제가 목사이고, 성직자이고, 하나님께 부름을 받은 사람이기 때문에 받는 것이 아닙니다. 그냥 교회 공동체 노동자이기 때문에 받는 것이죠.

목사들에게 엄청나게 열 받으신 분들에게는 목사가 없는 교회를 만드는 것도 하나의 방법입니다. 교회에 목사가 없다 할지라도, 사람이 모이면 그 모임을 위해 항상 일정한 시간을 노동해야 하는 사람이 생길 수 있습니다. 물론 아무도 노동하지 않아도 될 만큼 가볍게 모이는 모임으로 세팅할 수는 있지만, 교회가 지속성을 가지려면 고정적인 노동자가 있는 게 유리할 것입니다. 그럴 경우에는 그 노동자가 목사가 아니더라도 보수를 줄 수 있어야 한다고 생각합니다. 거룩하고 특별한 일을 해서 사례를 하라는 게 아니라, 노동을 한다면 그 가치를 인정해 주고 그에 맞는 자본으로 보상을 해 주어야 한다는 것입니다.

진보적인 교회나 기독교 단체가 소속 노동자에게는 노동의 대가를 충분히 반영해 주지 않으면서 노동문제를 이야기하고, 사회정의를 외치는 경우를 많이 보았습니다. 저는 이것도 가식이고 위선이라고 생각합니다. 자본주의를 악마화하며 자기도취에 빠지게 되면, 멋있어 보이긴 하지만 아무것도 이뤄낼 수 없다고 생각합니다. 예수님은 돈과 하나님을 동시에 섬길 수 없다고 했지, 돈이 악마라고 하지 않으셨습니다. 예수님 이후, 2천 년이 지난 오늘의 자본주의 시스템은 가치를 화폐와 숫자로 교환하는 경제 시스템일 뿐입니다. 모든 시대의 경제 시스템은 빛과 어둠이 있고, 당연히 현대 자본주의에도 문제가 많습니다. 하지만 우리는 아직은 자본주의의 대안을 내놓을 만큼 똑똑하지 않습니다. 코뮤니스트(communist)라고 하는 철학적 공산주의자나 정치경제학 쪽의 마르크스주의자들의 이야기에 설득이 되는 사람도 일부 있지만, 대체로는 설득이 되지 않습니다. 그리고 그것은 기독교 신앙과 같은 것도 아닙니다. 기독교 신앙과의 유사점을 찾을 수는 있겠지만, 경제

이론과 종교를 하나로 합치려는 환원주의는 경계해야 한다고 생각합니다. 반면 현실 속에서 '함께 사는 길'을 찾아가는 사회적 경제 활동들은 자본주의를 고쳐 쓰는 현실적인 이론과 정책을 내놓고 유효한 효과를 만들어 내기에, 기독교 신앙과의 접촉점을 많이 찾을 수 있다고 생각합니다.

기독교 신앙은 매 시대의 경제 시스템 안에서 살아가는 신앙인들이 돈과 싸우며 어떻게 십일조 정신을 실천할 수 있을지 상상력과 행동력을 부여해 줍니다. 매 시대의 경제 시스템을 무너뜨리는 것 자체가 신앙은 아니라는 것입니다. 특별히 그런 메시지에 감명받는 20~30대 청년 그리스도인들은 자본주의 안에서의 적응력만 잃어버릴 수 있습니다. 돈을 신으로 섬기지 않는 구체적인 방법, 돈에 지지 않는 현실적인 대안을 찾지 못하면 교회는 시작될 수 없습니다. 십일조 정신을 말로만 외친다고 해서 교회에 자본이 모이는 것은 아니기 때문입니다. 비판만 하고 재정적 참여는 하지 않는 멤버만 많으면 교회는 지속 가능성을 확보할 수 없습니다. 교회가 극단적으로 돈에 미쳐서도 안될 것이고, 극단적으로 돈을 혐오해서 돈 없이도 살아갈 수 있는 지구 바깥 세상을 상상하는 극단에 빠져서도 안 됩니다.

지난 5년간 길섶교회를 응원해 주시는 많은 분들을 만났습니다. 말로 해 주신 응원도 정말 감사하지만, 물질로 후원해 주시는 분들에게는 더 특별한 감사를 느낍니다. 그중에는 제가 성소수자 이슈에 대해 꺼내는 이야기에 불편함을 느끼지만, 그럼에도 후원을 해 주시는 분들이 있습니다. 십일조 정신을 발휘해서 소유의 일정 부분을 이곳저곳에 흘려보내시는 분입니다. 자신이 100% 동의

하지 않는데도 일정 부분 동의하기 때문에 길섶교회를 후원하신다는 그 마인드에 많은 도전을 받았습니다. 그래서 저 또한 저와 생각이 똑같지 않은 사람과도 언제든 연대할 수 있고 서로 도울 수 있다는 감각이 생긴 것 같습니다.

십일조 정신을 실천하는 분들이 교회로 모이면 교회의 재정 운영에 안정감이 생길 수 있습니다. 그러니 십일조를 해야 한다는 것이 아니라, 신앙적인 이유로 자기 소유의 일정 부분을 다양하게 흘려보내는 개인들이 모였을 때 자연스럽게 교회의 재정 운영에 관심이 모이게 된다는 것입니다. 그리고 그런 분들이 모이기 시작할 때, 재정 운영에 대한 구체적 계획들을 짜 보고 함께 결론을 도출하는 과정을 연습해야 할 것입니다. 지금 현재 단계에서, 목사는 일주일에 평균 몇 시간 정도의 노동을 해야 할지, 현재 재정 상황에서 사례비는 어느 정도로 책정해야 할지, 그리고 목사의 노동 시간과 사례비는 어떤 단계로 변화해야 할지, 교회의 자산은 무엇을 위해, 어느 정도로 준비해야 할지, 기타 운영비는 어느 정도로 들어가고, 따라서 구성원들에게 재정 참여도를 어느 정도 요구하는 게 합리적일지 등 논의할 것이 많습니다. 아무리 작은 교회여도 교회의 자산은 목사 개인의 것이 아니기에, 어떤 방법으로 자산을 운영해 나갈지 모두가 납득할 수 있는 합리적인 방법을 찾아내야 합니다.

그리고 교회 안에서 돈에 관한 이야기를 꺼내지 않으면 오히려 문제가 생길 확률이 높은 것 같습니다. 적절히 토론하고, 구성원 중에 재정 운영에 관심을 가지고 참여하는 멤버의 비율이 높아질수록, 좋은 해결책을 찾을 확률도 높아질 것입니다. 새로운 교회에 대한 비전도 있고, 참여할 만한 사람들도 있는데 돈이 없어서 교회가 시작될 수 없다면 조금 슬픈 일이겠습니다. 길섶교회는 0원으로 시작했으니, 마음만 있다면 일단 돈이 없어도 교회를 시작할 수 있다고 말씀드리고 싶네요. 다만 교회의 지속 가능성을 확보하려면 교인분들과 솔직하고, 합리적인 토론을 많이 해야 할 것 같습니다.

나가는 말

자유로우면서도 고립되지 않는 교회 만들기

사도신경에는 "거룩한 공교회(sanctam ecclesiam catholicam)를 믿습니다"라는 표현이 있습니다. 하나님께서 교회를 어떠한 방향으로 이끌어 주실지 신뢰하는 마음으로, '교회를 믿는다'라는 다소 생소한 표현을 사용한 게 아닌가 싶습니다. 사도신경에 담겨 있는 교회의 두 가지 방향성 '거룩성(sanctus)'과 '보편성(catholicus)'을 어떻게 해석해야 할까요?

작은 개척교회들도 이러한 '공교회'라는 말을 고민하게 됩니다. '이게 교회냐'라는 비판을 종종 받게 되기 때문입니다. 교회의 규모 문제 때문일 수도 있고, 공간이나 건물이 없거나, 예전이 자유롭거나, 특정한 교파의 전통과 교리를 고수하지 않는다면 '교회가 맞나요?'라는 질문을 피할 수 없게 됩니다.

'공교회'가 된다는 것은 특정한 제도권 교단에 정식으로 등록되었다는 것을 말하는 걸까요? 교회가 제도권 교단의 방향성에 동의해 가입한다고 할 때에는 장단점이 뒤따릅니다. 정식으로 등록된 교회라는 인정을 받을 수 있어서 안정감을 가질 수 있습니다. 그리고 대부분의 교단들은 수백 년 이상 지켜온 소중한 약속들이 있기 때문에, 그 전통 자체가 브랜드이고, 사람들에게 신뢰를 얻는 힘이 있습니다. 하지만 필연적으로 교단에 소속된 교회는 교단의 전통과 규율을 따라야 하기 때문에 자유가 제한됩니다.

사도신경의 '거룩한 공교회'라는 개념에 대해 13세기의 교부 토마스 아퀴나스는 다음과 같이 설명합니다.

> 거룩한 교회란 신자들의 회중과 같은 것입니다. 그리고 어떤 그리스도인이든지 교회의 지체와 같습니다. 이에 대해 집회서 51장 31절에서 말합니다. "너희 무지한 자들아, 내게로 다가오라. 배움의 집에 모여라." 그런데 이 거룩한 교회는 네 가지 조건을 가집니다. 그것은 하나라는 것, 거룩하다는 것, 카톨리카 곧 보편적이라는 것, 그리고 강하고 견고하다는 것입니다. 교회의 첫 번째 조건(단일성)과 관계해서는 다음의 사실을 알아야 합니다. 비록 다수의 이단들이 다양한 종파를 발명했지만, 그것들은 부분들로 나뉘어 있기 때문에 교회에 속하지 않는다는 것입니다. 하지만 교회는 하나입니다.[1]

보편교회, 공교회라는 표현을 중세 교회에서는 하나의 가톨릭 교회를 지칭하는 언어로 사용했다는 것을 알 수 있습니다. 300년 뒤 종교개혁이 일어난 후에, '가톨릭'이란 표현은 개신교회에 대비

---

1 토마스 아퀴나스, 「토마스 아퀴나스 사도신경 강해설교」, 손은실 옮김, 새물결플러스, 2015, pp. 207~208.

되는 전통교회를 부르는 언어로 강조됩니다. 사도신경을 고백하는 교회가 우리만 진짜 '공교회'라고 주장하는 순간, '공교회'라는 단어는 어쩔 수 없는 배타적인 단어가 됩니다. '우리는 이단이 아니야'라는 표현을 내포하는 단어가 될 수 있기 때문입니다.

보편성(catholicus)이라는 뜻을 지닌 공교회라는 단어에 잠재된 폭력성은 초기 교회의 정경 및 정경 외 문헌의 전문가인 일레인 페이절스의 글에 잘 담겨 있습니다.

> 서기 200년경에 상황이 변했다. 기독교는 주교(bishop), 사제(priest), 부제(deacon)의 3단계 계급 구조를 정점으로 하는 조직체가 되었으며, 이들은 자신들을 오직 유일한 '참된 믿음'의 수호자라고 생각 했다. 그리하여 로마에 있는 교회의 지도적 역할 아래, 대다수 교회들은 다른 모든 견해를 이단으로 배척했다. 초기 교회 운동의 다양함을 한탄하면서, 주교 이레네우스와 그의 추종자들은 오직 하나의 교회만이 있을 수 있다고 강조하였으며, 그 이외의 교회에는 '구원이 없다'고 선언하였다. 이 교회의 구성원들만이 정통파(orthodox)기독교 교인들이다. 그리고 그는 이 교회가 반드시 가톨릭(catholic), 곧 보편적(universal)이어야만 한다고 주장했다. 다른 형태의 기독교 가르침에 동조하여 이러한 합의(consensus)에 도전하면 그 사람은 누구든 간에 이단으로 지정되어 추방되었다.[2]

---

2 일레인 페이절스, 「성서 밖의 예수」, 방건웅 외 옮김, 정신세계사, 1989, p. 27,

하지만 20세기에 들어와서는 세계의 여러 교회들이 서로 다름을 존중하려는 에큐메니칼적인 열린 태도를 갖게 되었습니다. 아직도 자신들만이 진정한 전통(orthodox) 교회라고 주장하는 곳들이 있지만, 예전과 교리, 직제의 차이가 있어도 여전히 교회라고 존중할 수 있다는 현대적인 감각이 생겨나고 있습니다. 이런 맥락에서 우리는 사도신경의 '공교회'를, 특정 전통과 교단이 옳고 나머지는 이단 교회라고 주장하는 언어로 사용하는 게 아니라 다양성을 존중하면서도 교회라고 말할 수 있는 새로운 기준, 가치를 부여하는 언어로 재구성할 필요가 있다고 생각합니다.

개신교 조직신학자 판넨베르크는 공교회에 대해 다음과 같이 이야기합니다.

> 교회 일치에는 교회의 보편성, 즉 카톨리시티가 아주 밀접하게 연관되어 있다. 카톨리시티라는 그리스어는 유니버살리티(universality)를 의미 한다. 교회의 유니버살리티를 프로테스탄트 교회도 역시 고백할 수 있어야만 한다. 교회는 사회에서 사회의 다른 조직과 구별되어 끊임 없이 개체적이고 특별한 기구로 자리매김하고 있으며, 또한 그들 조직체와 더불어 인류의 한 부분임을 주장한다. 실제로 특별하게 꾸려진 교회 조직에서 중요한 점은 그 생명 영역의 다원성 가운데서 전체 인간의 운명과 위기에 대해서 개방적이라는 사실이다. 교회의 유니버살리티는 현재의 교회로 하여금 교회다움의 협소한 틀과 국가, 종족, 계급의 틀을 뛰어넘어 인류 전체를 바라보도록, 또한 전체 인류의 평화와 정

의를 위해 살아가도록 압박한다.³

판넨베르크의 제안은, 교회의 '거룩성(sanctus)'을 사회의 다른 조직과 구별된다는 의미로, '보편성(catholicus)'은 교회가 어느 한 국가나 민족의 이데올로기에 종속되지 않고, 모든 인류의 정의와 평화를 지향한다는 의미로 재구성해 보면 어떻겠느냐는 것입니다. 그리스도교 신앙은 인류의 공동선을 위한 것이고, 그 신앙 때문에 모인 모임이기에 거룩하고 공공성을 갖는다고 해석해 볼 수도 있겠습니다.

또 다른 독일의 개신교 조직신학자 카를 바르트 또한, 민족 교회이든 국가 교회이든 자유 교회이든 교회의 형태는 이차적인 문제이며, 그리스도가 교회를 다스리시는지, 성도의 교제가 있는지, 하나님 나라를 교회 안에 가두지 않고 한계를 인정하는지와 같은 지표들을 통해 공교회성을 분별할 수 있다고 제안합니다.⁴ 하나님의 나라(통치, 활동, 질서)를 교회와 동일시하지 않는다는 것은 하나님이 일하시는 곳을 교회만으로 제한할 수 없다는 말입니다. 동시에 그 어떤 형태의 가시적 교회이든 하나님이 진정 원하시는 단 하나의 교회일 수는 없다는 말도 됩니다. 카를 바르트처럼 교회를 예수 그리스도 중심의 성도의 교제라고 이해하는 것 또한, 판넨베르크가 말하는 인류의 공동선과 연결 지어 볼 수 있습니다. 그리스도의 삶과 죽음, 부활은 특정 민족, 특정 국가, 특정

3 판넨베르크, 「사도신경 해설」, 정용섭 옮김, 한들출판사, 2000, p. 186.
4 카를 바르트, 「사도신경 해설」, 신경수 옮김, CH북스, 1997, pp. 140~150.

교단, 특정 교회만을 위한 것이 아니기 때문입니다. 모든 존재를 위한 사랑이라는 보편성은 예수님의 말과 행동에서 찾아볼 수 있는 신앙의 중심 개념입니다.

현대 성서학자인 데일 마틴은 교회를 '그리스도의 몸'으로 소개하며, 다음과 같은 이야기를 했습니다.

> 어떤 기독교인 사회 집단도 단독으로 '교회'라고 주장할 수 없습니다. 따라서 우리는 로마가톨릭교회만 '교회'로 식별하여 자신을 기독교인이라고 밝히면서, 로마가톨릭이 아닌 다른 모든 사람들을 어떻게든 교회의 아웃사이드로 밀어내는 유혹에 저항해야 합니다. 우리는 특정 정교회 국가나 민족 교회만 '교회'로 만들고 다른 모든 교회는 단지 '교파' 또는 분리된 '형제 자매' 또는 아류로 만들고자 하는 유혹을 물리쳐야 합니다. 신비로운 그리스도의 몸에는 사회적·물리적·경험적 기관도 포함되지만, 하나님만이 그리스도의 몸의 지체로서 알고 계시는 과거, 현재, 미래의 모든 신자들도 포함됩니다.[5]

예수 그리스도의 몸 된 교회를 지향하는 공동체에는 과거, 현재, 미래의 모든 신앙인이 포함된다는 말에는 교회의 '보편성(catholicus)'을 새롭게 생각할 수 있는 힌트가 담겨 있습니다. 1세기의 데살로니가 공동체도, 로마 공동체도, 이후의 가톨릭, 정교회, 개신교, 재세례파 등 수많은 공동체들이 모두 그리스도의 몸을 지

---

5 Dale B. Martin, 「*Biblical Truths*」, Yale University press, 2017, 7. Church, 저자 사역. https://tinyurl.com/2oyevr45

향하기 때문에 '교회'라는 것입니다. 이것은 앞으로 새롭게 만들어질 모임들에도 똑같이 적용될 수 있습니다. 교회의 과거를 존중하며, 현재에 새롭게 적응하고, 또 다른 형태의 그리스도의 몸을 만들어 가는 과정 가운데 생겨나는 다양한 형태의 공동체들은 모두 교회로 존중받아야 합니다.

물론 그리스도의 몸의 거룩성을 해치는 행위가 의도적으로 반복되는 공동체를 교회라고 할 수는 없을 것입니다. 재정 횡령, 성범죄, 다양한 물리적·정신적 폭력이 발생하는데도 아무런 조치를 하지 않는 모임은 그리스도의 정신에 합당한 모임이라고 할 수 없습니다. 새롭게 생겨나는 교회의 연대는 교회의 자율성을 해치지 않는 범위에서, 각 교회들이 그리스도의 몸을 자해하는 범죄 가능성을 낮출 수 있는 방법을 찾아내야 합니다.

대한예수교장로회 통합 교단에서 교단이 자정 능력을 상실했다고 판단하는 몇몇 목사님들이 모여서 한국예수교회연대라는 모임을 만들었습니다. 교단을 사랑하기 때문에, 교단 안에서의 변화를 위해 노력하는 분들도 많이 계시고, 저처럼 그냥 다른 대안을 만들어 보려는 분들도 계십니다. 직업 종교인이 아닌 분들도 많이 참여하십니다. 2023년 7월 기준, 80명 정도 모였습니다. 한국예수교회연대에는 특정한 교리를 강조하기보다는 공동선을 추구하는 교회를 꿈꾸는 분들이 모여 있습니다. 그래서 순례 영성, 생명 존중, 고난받는 분들과의 연대, 민주주의, 인권(성소수자, 장애인, 난민 등), 환경 보전, 성평등 등 몇 가지 지향점을 정하고 소속 교단과 상관없이 자유롭게 회원을 받고 있습니다. 교단에 소속된 교회, 또는 교단 없이 자유롭게 운영하는 교회도 단체로서 연대할 수 있는 방법을 의논 중에 있는데요. 기존의 제도권 교단과 같은 기능을 수행한다기보다는 공동선을 추구하는 자유로운 교회들이 지속 가능성을 확보할 수 있는 확률을 높여줄 수 있는 작은 교회들의 울타리가 되어 보면 어떨까 의논하고 있습니다.

길섶교회는 센트라는 기관에도 소속되어 있는데요. 다양한 일을 하며 목회를 하는 경우에 센트와 같은 단체에 문의를 해 보는 것도 도움이 될 수 있습니다. 센트는 초교파를 지향하며, 개신교 정신으로 지속 가능한 목회와 선교를 꿈꾸는 개인과 단체들이 사회의 법적 보호를 받을 수 있도록 돕는 단체입니다. 길섶교회도 센트를 통해 국세청에서 '법인으로 보는 종교단체' 지위를 얻었습니다. 그래서 국세청에 직접 후원금 내역을 보고하고, 교인들에게 기부금 영수증을 발행할 수 있게 되었습니다. 교회의 공공성을 확보할 수 있는 하나의 방법이라고 생각합니다.

제도권 신학교를 나온 목사의 경우 교회를 제도권에 소속시키는 게 가장 안전한 길이고 신뢰를 얻는 방법임에는 분명합니다. 하지만 초교파적인 가치를 지향하거나, 여러 일을 하면서 목회를 하고 싶다거나, 특정 교리나 틀에 얽매이고 싶지 않다면 다른 방법을 찾는 것도 좋겠습니다. 작은 교회 연대 단체들을 알아보면서 서로 뜻이 통할 것 같다면 연대하고 소속감을 가져 보거나, 아니면 교회 연대 단체를 작게라도 새롭게 만들어 볼 수도 있겠습니다.

다양한 기독교 단체들과 소통하고, 피드백을 받으면서 관계망을 만들어 가는 것도 교회가 새롭게 신뢰를 얻을 수 있는 방법이라고 생각합니다. 이제는 예전처럼 교단 소속이 되었다고 해서, '그 교회는 안전한 교회다'라고 확신을 줄 수 있는 것도 아닙니다. 그렇기 때문에 교회의 운영자인 목사와 교회 공동체가 스스로 움직이고 소통하면서 작은 신뢰 관계를 만들어 가야 합니다.

"거룩한 공교회를 믿습니다."

저는 이 고백이 '특정 전통에 있는 교회만 교회입니다'라는 뜻을 담고 있다고 생각하지 않습니다. 교회의 조직과 운영을 예수님이 보여 주신 사랑의 정신에 따라 항상 재구성하려고 노력할 때, '거룩함(sanctus)'이 발생한다고 생각합니다. 공교회로서의 '보편성'(catholicus)은 교회가 사회에서 요구하는 최소 기준에 부합하는 공공성을 확보하고, 어느 지역이나 민족, 국가를 우상화하지 않고 인류 전체를 위한 공동선을 지향하는 모임이 되도록 노력할 때 조금씩 생겨나는 것이 아닐까 싶습니다. 마찬가지로 '공교회를 믿는다'고 고백하는 것은 내가 소속된 교회가 '보편교회'라고 자랑하는 것이 아니라, 교회 공동체가 자기중심적인 공동체가 되지 않고, 이웃 교회와 세상을 위한 교회가 되어 가도록 교회의 적극적인 참여자가 되어 보겠다는 의미라고 해석해 보는 건 어떨까요?

저는 길섶교회가 이런 의미에서의 거룩한 공교회가 되었으면 좋겠습니다. 그래서 교회에서 이야기되는 내용을 최대한 많이 공개해서 글과 영상으로 여러 사람들과 공유하려고 노력합니다. 당연히 비판을 많이 받고 있고, 받아야 한다고 생각합니다. 인신공격이 아닌 한, 모든 비판을 성실하게 살펴볼수록, 교회에 참여하는 분들에게 교회가 도움을 줄 수 있는 확률이 높아질 것이기 때문입니다. 이러한 교회의 개방성 때문에 부담감을 느끼고 교회에 소극적으로 참여하는 분도 있을 수 있습니다. 교회의 모임에서는 불특정 다수와 공유하고 싶지 않은, 모임 현장에서만 나누고 싶은 이야기도 많이 나누게 되기 때문입니다. 서로를 신뢰하며 다양한 이야기를 나눌 수 있는 안정성을 확보하는 것도 개방성을 확보하는 것 이상으로 중요한 일입니다. 공개해야 할 것은 최대한 공개해서 공적 비판을 받을 가능성을 열어 두되, 교회 구성원들끼리만 이야기 나누고, 함께 기도해야 하는 일들은 하나님과 교회 구성원만 알 수 있도록 해야 합니다. 이러한 균형을 맞추는 게 쉽지는 않습니다. 교인분들의 피드백을 받으면서 방법을 계속 찾아보려고 노력하고 있습니다.

지금까지 글을 통해 교회를 운영하며 느낀 점을 최대한 솔직하게 나누어 보려고 노력했습니다. 이것도 공교회를 믿는다는 고백의 실천이라고 생각합니다. 지금까지 제가 나눈 이야기들이 제도권 교단 안에서 변화를 추구하는 교회에게도, 또한 어떠한 틀에 구속받지 않는 자유로운 교회에게도 작은 도움이 되었으면 좋겠습니다. 서로 다름을 존중하며, 자기만의 길을 걸어가는 모든 교회 공동체와 신앙인들을 응원합니다.

부록

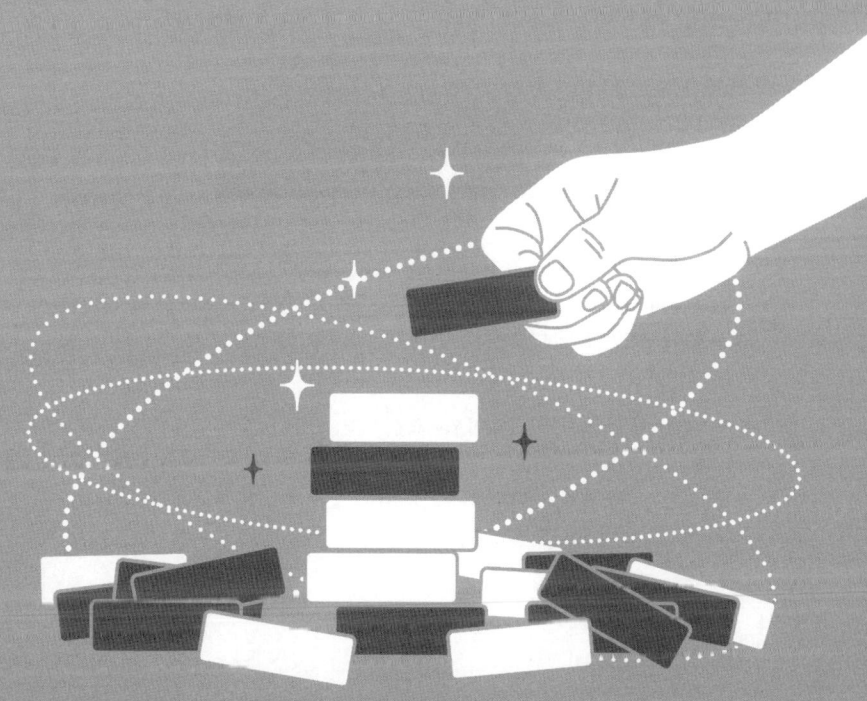

[1]
길섶교회 교인들 이야기

대안적인 교회를 찾거나, 만들어 가는 분들의 생각이 궁금하신 분들에게 도움이 될 듯하여 길섶교회 교인 분들에게 몇가지 질문을 드려서 답변을 모았습니다. 2023년 7월에 실시한 설문 조사이고, 스물여섯 분 중에 열여섯 분의 답변을 모았습니다. 대체로 20~30대가 많고, 50대 이상은 3명입니다.

1. 길섶교회에 참여하게 된 계기는 어떻게 되나요? (26명 중 16명 참여)

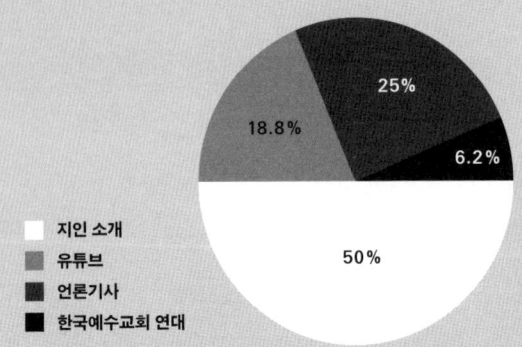

2. 길섶교회를 다니며 달라진 점이 있나요?
- 교회에서 조금은 편하게 내 의견을 말할 수 있게 되었다.
- 토의와 토론을 자연스럽게 받아들이게 됐다.

- 새로운 공동체를 배우는 시간이다.
- 종교관·신앙관·세계관이 달라졌다. 성경과 설교에 대한 인식도 달라졌다. 기성 교회에서 일반적으로 이야기되는 성경 이야기가 아닌 새로운 관점의 해석과 설교로 인해 시야가 넓어졌다. 다양성과 불확실성을 포용하는 수용력이 넓어졌고, 나의 생각과 관점을 세우며 그것을 거리낌 없이 말할 수 있게 되었다. 어떤 사건을 볼 때 비판적인 관점과 새로운 생각을 하는 습관이 생겼다.
- 매주 가장 좋은 옷을 차려 입고 1시간 30분씩 걸리는 교회까지 가야 한다는 강박을 조금씩 내려놓게 되었다. 주일에 종일 교회에 있지 않고, 좀 더 개인적인 시간을 쓸 수 있게 되었다(전에는 교회 모임이 일찍 끝나면 뭘 해야 할지 몰라 불안했고, 주말을 즐겨 본 적이 별로 없었음).
- 교회에서 일상적으로 하던 요식행위에 대해 본질적으로 다시 생각해 보게 되었다. 불필요한 죄책감과 자기검열에서 자유로워지면서 오히려 치열한 제 2의 신앙생활을 시작한 느낌이다.
- 내 생각을 다른 사람들과 나눌 수 있게 되면서 인생이 조금 덜 갑갑해졌다.
- 이전에는 설교 시간에 차별금지법 반대 등의 이야기가 나올 때마다 한 귀로 듣고 한 귀로 흘리느라 설교에 집중하지 않을 때가 많았는데, 길섶교회에 출석하면서 설교 시간과 말씀 나눔 시간이 기다려질 정도로 좋아졌다.
- 교회 안에서 질문을 하는 것이 자연스러워졌다.
- 일단 가장 큰 변화는 자유를 얻은 것이다. 이전에 다니던 교회는 형식에 갇혀 거기에 맞추지 않는 사람을 문제아나 신앙심이 좋지 않은 사람으로 취급했다. 교회에 매주 출석하고 지각하지 않기, 찬양 시간에 서서 큰 소리로 찬양하기, 기도 시간에 경건하게 손 모으고 기도하기 같은 것들…. 이런 암묵적인 규칙을 지키지 못했을 때 뒤따르는 죄책감이 너무 심했다. 그런데 길섶교회에서는 그런 규칙들로 나를 평가하거나 나무라는 사람이 없었다. 그런 것들로부터 자유로워지니 오히려 예배에 더 편한 마음으로 참여하고 교제할 수 있게 되었다. 성경을 읽는 태도도 바뀌었다. 전에는 어떤 설교를 들으면 그것이 진리라고 생각하고 맹목적으로 믿었던 반면, 길섶교회에서는 목사님께서 한 본문을 놓고도 여러 관점을 제시해 주시니 스스로 생각하는 시간이 늘어났다.
- 다양한 성경 해석에 보다 더 유연하게 대응하게 되었다.
- 쉽게 답을 구하려 하지 않게 되었다.
- 마음 편하게 신앙생활을 하게 됐다. 하고 싶은 말을 다 할 수 있다!
- 신앙 관련 본인의 의견을 상대적으로 자유롭게 개진하고, 토론에 더 참여하게 됐다.
- 대수롭지 않게 지나쳤던 생각들을 다시 유심히 보게 됐다.

3. 이전에 다니던 교회를 그만 나가게 된 이유는 무엇인가요?

- 기존에 다니던 교회는 문자주의적 성경 해석에 치중하고, 형식적인 것과 영적인 것을 중시하는 분위기였다. 교회를 다닐수록 무언가 깊어지는 것 같기는 한데 넓어지지는 않았고, 바른 방향으로 깊어지고 있는지도 모르겠는 상태였다. 내 인생관은 넓고 다양한 세계를 알고 깨닫는 것인데 교회 생활이 그렇게 느껴지다 보니 인생관과 충돌하는 것 같았다. 특히 성소수자 관련 이슈가 크게 터졌을 때, 딱히 의견을 밝히지 않던 목사님이 적극적으로 차별금지법 반대를 위한 기관을 세우고, 책자를 만들어 교인들에게 나누어 주어서 그곳을 떠나 길섶으로 오게 됐다.
- 친한 교역자, 구성원들이 흩어지게 되었고, 새로 온 교역자와도 잘 맞지 않아서 떠나게 됐다. 교회 전체적으로 문제가 있었고 교인들이 분열됐다.
- 갑갑한 신앙관을 가진 청년부 목사님과 믿음에 대해 고민하지 않는 청년부 청년들 때문에 그만 다니게 됐다.
- 차별금지법 반대 등의 이슈에서 교회가 혐오에 앞장서고, 바람직한 방향으로 사회 변화를 주도하는 것이 아니라 사회의 반동 세력이 되어 버린 것에 대한 회의가 생겼다. 보수적인 교회에 계속 다니면 교회 안에 분란을 일으키지 않기 위해서 내 신념과 맞지 않은 언행을 자주 할 수밖에 없을 것 같았다. 그래서 진보적인 교회를 찾다가 길섶교회에 정착하게 되었다.
- 기존에 다니던 교회를 계속 다니고 있지만, 길섶교회 수요 모임에 종종 참석하고 있다. 일요일 예배에도 가끔 참여한다.
- 차별금지법에 반대하는 서명 운동을 하고, 청년부 목사님이 주일에 출석하지 않는 청년들에게 저주받을 거라는 등의 발언을 하고, 담임목사님 말에는 꼼짝 못했다. 담임목사님 설교는 주로 세상적 성공에 관한 이야기이고, 담임목사님은 거의 신적 존재로 대접받았다. 교회가 잘 사는 동네에 있어 다들 형편이 넉넉한데 지역사회를 돕기 보다는 자기들끼리 어떻게 더 재밌게 놀까 궁리하고, 교회를 증축하는 데에 돈을 썼다. 그 밖에도 신앙 공동체라고 하기 어려울 만큼 세속적인 이야기만 하는 등 여러 이유들이 마음에 쌓여 가다가 코로나19를 핑계로 빠져나왔다.
- 목사님의 성경 해석이 한쪽으로 치우쳐서 사회적 약자들에 대한 편견을 강화시키는 듯했다.
- 신앙생활이 아닌 교회 생활에 더 치우치게 되는 것 같아서 떠났다.
- 나의 신앙 색깔을 드러내기 어려웠다.
- 교회가 신앙의 본질적 문제 및 현실의 고통 문제에 대해 침묵했다. 목사 및 소수가 마이크를 독점하고, 맹신과 맹종을 강요하는 분위기였다. 제자 양성의 의지는 보이지 않고 말 잘 듣는 적당한 성도를 원하는 것 같았다. 목사의 성경 해석에 대한 반론

이나 추가 토론 기회가 부재했다.
- 교회가 부패하는 것을 더 참고 볼 수 없었다.
- 학교 때문에 이사를 하게 되어 교회를 옮기게 됐다.

4. 길섶교회의 장점은 무엇인가요?
- 자신의 신앙 모습에 대해 솔직할 수 있다.
- 민주적인 소통 문화, 교회 구조적인 면에서 자유로운 점.
- 모든 삶에 대한 고민을 공동체적으로 함께할 수 있다.
- 다양한 관점이 담긴 설교를 접할 수 있다. 목사님이 교우들의 의견을 반영해서, 시의성 있는 설교를 해 주신다. 설교 후 설교 주제에 관한 대화와 토론이 가능하다. 교우들이 다양한 사회 분야에 관심이 많고, 그것들을 깊이 있게 나눈다. 공간을 초월해서 소통할 수 있다.
- 민주적이고 수평적인 소통 방식. 서로 나이에 연연해하지 않고, 이름 뒤에 '님'자를 붙여 호칭을 통일하는 것도 좋다. 설교나 교회 운영에 대한 피드백이 있을 때, 반영(적용)을 빨리 해 주신다. 그만큼 교인들 의견에 귀기울여 주는 느낌이다. 세계 곳곳에 있는 분들과도 모임이 가능하다(물론 인터넷이 되는 곳이어야 하지만). 재정 내역이 투명하게 공개된다.
- 서로를 존중하는 분위기에서 의견을 자유롭게 나눌 수 있다. 수평적인 시스템으로 운영된다. 서로 정죄하지 않으려고 노력한다. 열린 사고를 할 수 있게 도와준다. 나의 신앙을 다시 놀아볼 수 있는 다양한 신앙 색깔이 공존한다.
- 최신 신학을 접할 수 있다. 교리에 얽매이지 않는 자유로운 신앙생활이 가능하다. 상식과 매너가 있으며, 민주적이다.
- 건설적인 대화를 위해서는 대화를 통해 내 생각을 바꿀 수도 있다는 열린 마음과 상대방의 의견을 경청하는 태도가 필수적이다. 그런데 실제로는 대화를 상대방을 굴복시키기 위한 대결의 장 혹은 잘잘못을 가리는 심판의 장 정도로 생각하는 경우가 많다. 특히 교회에서는 '하나님의 뜻'이라는 명목 아래에 자신의 권위를 내세우며 상대방의 의견을 묵살하는 경우를 흔히 볼 수 있다. 길섶교회에서는 대화할 때 내 생각과 다르더라도 상대방을 존중하며 경청하는 태도가 깔려 있다. 이러한 열린 마음과 경청하는 태도가 있었기에 지금과 같이 다양한 신앙 색깔을 가진 사람들이 한데 모일 수 있었을 것이다.
- 다양한 생각이 존재하고 수용되며, 깊이 있는 대화가 이루어진다. 수요 모임에도 편하게 참여할 수 있다(온라인).
- 다양한 생각들이 존중받으며 이야기될 수 있다는 것이 가장 큰 장점 같다. 다양한

연령대·성별·사회적 위치에 속하고, 다양한 신앙관·정치적 성향을 지닌 사람들이 함께하고 있는데, 그 누구의 생각도 가볍거나 하찮게 여기지 않는다. 위계 없이 모두가 평등한 위치에서 자신의 이야기를 꺼낼 수 있는 게 정말 좋다. 20대 초반에 길섶교회에 왔는데, 50대인 교인분과도 전혀 위화감 없이 대화할 수 있다는 게 신기했다. 또 이전까지는 담임목사님에게 친근함을 느낀 적이 없었는데, 길섶교회에서는 목사님이 먼저 평등한 문화를 만들어 가려 노력하시니까 편하게 소통할 수 있는 것 같다. 분기별로 공동의회를 열어 의견을 수렴할 때, 나의 작은 의견이 교회 전체에 영향을 미치게 되는 경험들은 아주 짜릿했다. MBTI에서 극 I에 속하는 사람이라 교회 나눔 모임이나 단톡방에서 말을 꺼내는 게 참 쉽지 않은데, 어렵사리 의견을 제시했을 때 적극적으로 문제를 해결하려고 노력해 주셔서 감동받은 경험도 있다. 전에 다니던 교회에서는 불편한 게 있어도 말할 곳이 없었고 그 큰 교회가 변할 거라는 기대가 없었는데, 길섶교회는 적극적으로 소수자의 의견을 반영하는 교회라는 게 큰 장점인 것 같다.

- 성경 해석의 다양성을 인정하며, 신앙의 다양한 형태에 대해 상호 존중함으로써 각자의 신앙을 더욱 심화시키는 것이 가능하다.
- 토론과 합의가 동반된 민주적 절차와 자유로운 토론 분위기.
- 다름을 인정하는 교회! 목사의 설교나 획일적 의견에 고개를 끄덕이거나 들러리 서는 교인이 아니라 자유롭게 의견을 말하며 참여하는 구조다. 기존 교회가 회피하고 침묵하는 신앙 문제들에 대해 답을 고민하며 찾아가는 시도가 좋다.
- 교회의 민주주의를 잘 보여 준다.
- 자신을 있는 그대로 드러낼 수 있다는 점.

5. 길섶교회에서 온라인 교회를 경험해 본 소감은 어떤가요?

- 편리하지만 집중력이 떨어진다.
- 자유로워서 좋은데, 때론 너무 자유로워진다.
- 삶 속에서 신앙으로 살아 내려는 몸부림을 배웠다.
- 공간을 초월한 교회의 운영 방식이 다양한 분들을 만나게 해 주어 좋다.
- 이전 교회 다닐 때에 비해 몸은 좀더 편해진 것 같다. 하지만 그 자율성 안에서 스스로의 기준을 만들어 지키지 않으면 신앙생활이 무너질 것 같은 압박감도 조금 느꼈다. 다양한 문화권에서 다양한 직업을 갖고 다양한 생각을 하며 살고 있는 분들을 만나게 되어서 좋았다(지역 기반 오프라인 교회에서는 경험하기 힘듦).
- 물리적 거리에서 자유로워 편리하긴 하지만, 대면으로 만나고 교제하는 것과는 질적인 차이가 있었다.

- 온라인으로도 충분히 이어져 있다는 느낌을 받았다. 그래도 가끔 오프라인 모임에 나가면 더 좋다.
- 프랑스, 캐나다, 스리랑카 등 오프라인 교회였다면 만나지 못할 지역의 사람들과 교제를 나눈다는 점이 좋다. 하지만 오프라인에 구심점이 있기 때문에 온라인 교회에서도 소속감과 책임감을 쉽게 느낄 수 있는 것이라는 생각이 든다.
- 편하게 어느 장소에서나 참여할 수 있어서 좋았습니다. 다른 교회의 온라인 예배는 예배도중 자칫 딴짓을 하기 쉬운데. 길섶교회 온라인 예배는 적극적으로 참여하는 느낌도 들고 분위기도 좋아서 잘 집중할 수 있게 됩니다.
- 제주도에 살고 있는데 장소에 구애받지 않고 좋은 모임에 참여할 수 있다는 게 너무 좋다.
- 몇 가지 기술적인 문제(인터넷 스피드, 통화 및 비디오 품질)만 해결되면 교회의 사명을 다하는 데 전혀 손색이 없을 듯하다. 그러나 온라인과 오프라인을 병행하여 선택지를 열어 두는 것이 온라인 교회의 장점을 더 극대화하는 것일 듯하다.
- 자유롭고 부담없이 참여할 수 있음.
- 너무 좋다! 자유롭다.
- 왕복 이동 시간을 줄일 수 있어 좋다. 다만 대면으로 만나야 좀 더 편하게 소통할 수 있는 경우도 있으니 대면과 비대면 모임을 조화롭게 운용해 가면 좋겠다.
- 먼 거리에서도 교인들과 소통할 수 있어서 편리하다.

6. 목시는 어떤 일에 '전문성'이 있어야 한다고 생각하시나요?

- 목회와 교회에 대한 비전과 철학을 가지고 그것을 전례와 설교에 녹여 낼 수 있어야 한다.
- 성경 해석 및 사람들과의 소통 능력.
- 성경, 인간, 자연에 대한 이해.
- 새로운 시대 흐름을 읽고 성도들의 삶에 필요한 설교를 준비하는 일. 접근성이 어려운 신학 정보를 대중의 언어로 쉽게 풀고 생각을 나누는 일. 성도의 일에 관심을 갖고 함께 고민하고 아파하며 기뻐하는 등 공감하는 일에 전문성이 있어야 한다고 생각한다.
- 성경을 해석하고 그것을 교인들에게 전달하는 일.
- 올바른 성경 해석과 지식을 바탕으로, 성도들에게 신앙의 방향성을 제시하는 일. 두 가지 전문성이 밸런스를 갖춰야 성도들에게 건강하면서도 실질적인 영향을 줄 수 있을 것 같다.
- 현대의 문제에 적용할 수 있는 신학적 전문성을 갖추기 위해 계속 공부하고 고민해

야 한다고 생각한다.
- 설교와 교회 운영 능력. 더 좋은 설교를 하기 위해서 끊임없이 연구하고 세상을 경험해야 하며, 교회가 지속적으로 유지되고 발전할 수 있도록 적절하게 운영해야 한다.
- 성경 해석과 인간 관계, 대화와 글쓰기.
- 신학과 성경을 가르치는 일.
- 하나님의 메시지를 똑바로, 잘 전달하는 일. 성도들의 일상생활의 고민과 고통에 공감하여 같이 기도하고 위로하는 일.
- 말씀.
- 성서!
- 말씀 해석 및 전달 / 형제에 대한 참사랑 / 섣부른 확신보다 늘 고민하며 공부하는 자세.
- 성서 해석과 공감 능력.

7. 목사가 N잡을 하는 것에 대해 어떻게 생각하시나요?
- 현재 한국교회의 현실을 생각할 때 불가피하다고 생각한다. 어떤 면에서 목회자가 다른 노동을 할 경우 교인들이 살아가는 세상과 동떨어지지 않는 장점이 있기도 하다.
- 다양한 직업이 권장되면 좋겠다.
- 여건에 따라 찬성.
- 불가피할 것 같고 긍정적인 방향으로 발전시키면 좋을 것 같다.
- 필요하다고 생각한다. 보통 대형교회에 있는 목사님들의 경우 회사를 다녀보지 않거나 경험해 본 직업 자체가 너무 없어서 교인들로부터 '사회생활 안 해봐서 그렇다' 등의 질타를 듣는데, 목사님들도 (교회 이외의) 사회생활을 해 보아야 교인들이 어떤 고민을 갖고 교회에 나오는지, 사회에 어떤 문제가 있는지 등을 알 수 있지 않을까 싶다. 물론 경제적으로도 필요하다고 본다 목사가 경제적으로 독립된 상태여야만 교회에서 독립적인 목소리를 낼 수 있을 것 같다.
- 전임, N잡 형태 모두 가능하지만 장단점이 분명한 것 같다. 전임은 성도들에게 더 큰 책임감을 갖되 재정적으로 휘둘리거나 사회 흐름과 성도들의 삶을 이해하는 데에 무딜 수 있고, N잡은 서로를 자유롭게 하지만 성도들이 목사에게 무언가 더 요구하기 미안한 분위기가 있다. 하지만 어떤 영역에서든 다양성이 증가하는 것은 사회에 좋은 영향을 준다고 생각하기에 목사님들도 더 다양해졌으면 한다.
- N잡을 하면서까지 목사를 할 의지가 있다는 뜻이니, 대단하다고 생각한다.
- N잡을 꼭 할 필요는 없지만 N잡을 통해 다양한 사회를 경험한다는 점은 긍정적이

다. 모두가 그런 것은 아니지만 사회 경험이 부족한 교역자는 교인의 상황 및 처지에 대한 이해가 떨어지기도 한다.
- 아무 상관이 없다. 목사가 어떻게 하든 자연스럽게 받아들여지는 교회 분위기가 되었으면 좋겠다.
- 후원을 더 할 수 없어서 안타까운 마음 뿐이다. N잡을 해서라도 공동체를 지켜주는 목사님께 너무 감사하다. 목사님이 N잡을 하기 때문에 교회에 소홀하다고 느껴본 적이 한 번도 없다. 교회에서 목사님 월급을 충분히 감당할 여건이 되지 않는다면 교단 차원에서도 N잡의 길을 열어줬으면 하는 바람이다.
- 만약 능력이 있고 여유가 있다면 권장할 만한 일이다. 생계를 위해 어쩔 수 없이 해야 하는 N잡이라면 이렇게 과중한 일 부담을 만들어 내는 구조적인 문제를 해결하도록 교회와 공동체가 함께 노력해야 한다.
- 현실적으로 필요하기도 하고, 적어도 목회가 생계를 위한 직업이 되지 않게 할 가능성을 준다는 점에서 긍정적이라고 생각한다.
- 좋아요!
- 크게 찬성한다. 의식주가 독립되어야 본인 신념대로 목회를 할 수 있다. 하나님 이름으로 각종 헌금을 회수하는 폐단이 감소된다. 저출산과 노령층 빈곤의 사회적 현상이 더욱 가속화될 것이기에 교회가 목회자 생계를 감당하는 것은 현실적으로 더 어려워질 것이다.
- 먹고 살려면 해야 한다.

8. 당신에게 교회가 필요한 이유는 무엇인가요?
- 믿음의 본질은 신과의 관계 뿐 아니라 공동체 구성원끼리의 관계도 포함한다고 생각한다.
- 공동체로 성장하기 위해.
- 의존적인 존재이기에 교회를 통해서 도움을 받는다.
- 혼자서는 신앙생활을 할 수 없기 때문에 함께 의지하며 신앙을 유지하고 발전시킬 공동체가 중요하다.
- 같은 신을 믿는 공동체가 필요하니까. 이 종교가 좋다는 것을 서로 확인하기 위한 수단일 수도 있겠다는 생각이 들었다. 자기 생각에만 매몰되지 않기 위해서도 필요하다.
- 나와 하나님, 나와 타자의 건강한 관계를 일상에서 형성하고, 사회 속에서 그리스도인의 역할을 다하는 삶을 꾸려 가기 위해서는 교회가 필요하다. 혼자 할 때 부족한 부분을 공동체를 통해 보완해 나갈 수 있다.

- 이 세상이 구원받을 것이라는 믿음이 없으면 내가 살아갈 수가 없기 때문.
- 교회는 내가 개인주의에 함몰되지 않게 하고 공동체의 소중함을 일깨워 준다.
- 삶의 방향을 점검할 수 있다. 공동체를 통해 얻는 유익이 있다.
- 캠퍼스 선교단체의 간사로 일을 하고 있는데 주중에 사람도 많이 만나고 나눔도 충분히 해서 공동체의 필요성을 다른 분들 만큼 많이 느끼고 있지는 않은 것 같다. 그래서 나에게 교회는 배우는 곳이라는 정체성이 가장 크다. 설교를 통해 신학적 견해를 넓히고 다양한 사람들의 의견을 듣다 보면 자연스럽게 성경과 세상을 보는 시야가 넓어지는 것 같다. 그래서 캠퍼스에 있는 학생들에게도 내 생각에만 갇혀 있지 않은 더 좋은 이야기를 전해줄 수 있지 않을까 생각한다.
- 하나님 그리고 개인과의 영적 교통을 가능케 하는 많은 환경 중의 하나다. 그러나 가장 중요한 환경 중의 하나다.
- 그리스도인으로 살아가는 훈련의 장으로서 필요하다.
- 적어도 일주일에 한 번 예수의 길을 상기할 수 있는 시간과 공간이다.
- 신앙 성장 및 참사랑 공동체를 일구는 장이다. 서로 말씀에 대해 고민하며 배워갈 수 있는 동역자들이 있다.
- 부정부패를 저질러도 아직 교회에 희망이 있다고 생각한다. 사마리아인처럼 강도 만난 자의 이웃이 되어 주는 사람들의 모임이 있다.
- 위로와 휴식을 주는 곳이다.

9. 길섶교회가 앞으로 보완했으면 하는 점은 무엇인가요?

- 전례에 구성원의 다양성이 반영될 수 있는 방법을 고민해 보면 좋겠다.
- 이웃 섬김의 실천.
- 다양한 신앙과 의견을 조율하는 방법.
- 지금처럼 유지하되, 논의하는 이야기들을 조금씩 함께 실천해 갈 수 있는 운동력이 있으면 좋겠다.
- 소그룹 모임의 활성화.
- 서로의 의견을 존중하고 생각을 바꾸려고 하지 않고, 서로의 삶에 함부로 개입하거나 침범하지 않으려 하다 보니 친밀한 사랑의 관계까지 발전하는 것에는 한계가 있음을 느낀다. 그리고 나눔 시간에 결론이나 의견 합치가 잘 되지 않고, 공동의 결론을 목적으로 하지 않다 보니 서로 다른 생각을 확인만 하고 끝나는 느낌도 든다. 불평과 문제의식을 갖는 것에 머무르지 않고 건설적으로 우리의 신앙 울타리를 만들어 가야 한다. 사고가 개방적인 구성원들이지만, 개방되어 있지 않은 기성 교회 성도를 포용하기에는 힘든 분위기인 것 같다.

- 아직까지는 없으나 교인이 늘어나면 생길 것 같다. 보완점은 아니지만 길섶교회가 오래 지속되어서 구성원의 연령대가 다양해졌으면 좋겠다. 지금은 20~30대를 중심으로 교회가 운영되는데 이들이 자연스럽게 교회와 함께 늙어 가고, 새로운 세대가 교회에 들어오고 해서 궁극적으로는 영유아부터 노년까지 다양한 연령대가 공존하는 교회가 되었으면 한다. 이를 위해 지속 가능한 교회 공동체를 세우는 데 관심을 가져야 할 것이다.
- 온·오프라인으로 병행하는 교회다 보니 온라인으로만 참여할 수 있는 사람들에게는 깊은 교제를 하지 못하는 아쉬움이 마음 한 편에 있는 것 같다. 그리고 새로운 사람을 온라인 교회로 초대하기가 살짝 머쓱하다. 현장에 가서 예배드리지 않으면 마음이 약해질 것 같고, 오래 못 다닐 것 같다는 이야기를 초대한 분들로부터 듣곤 했다. 앞으로 새로운 교인들의 정착을 어떻게 도울 수 있을지 얘기해 보면 좋겠다.
- 목회자의 생활임금 보장하기, 다양한 의견을 보다 더 활달하게 개진할 수 있는 환경 만들기.
- 튼튼한 재정?
- 시행착오를 두려워하지 않으며 더욱더 새로운 시도를 해 보는 것. 평신도들도 일정 부분 설교 또는 발표에 참여하는 것.
- 감성의 회복, 찬양과 기도, 공동체성 강화

[2]
길섶교회 정관

교회를 찾는 분들 중에 의외로 정관을 꼼꼼하게 보는 분들이 계십니다. 그래서 정관을 교회의 개성이 잘 드러나도록 만드는 것도 중요한 일 같습니다. 교회를 법인으로 보는 임의단체(종교)로 등록하려면 세무서에 정관을 제출하고 확인을 받아야 합니다. 회원의 가입, 탈퇴 여부와 재산 운영 등은 세무서에서 중요하게 보는 항목입니다. 길섶교회의 정관이 참고 자료가 될 수 있을 듯하여 공유합니다.

"길섶교회" 정관(23.6.18)

제1장 총칙

1조 (명칭)
본 교회는 길섶교회라 칭한다.

2조 (소속)
본 교회는 '사단법인 셋트'에 속한다.

3조 (위치)
3-1   길섶교회의 예배처소는 서울특별시 마포구 홍익로5길 43 2층이다.
3-2   길섶교회의 예배 및 예배 후 모임은 온라인, 오프라인으로 동시에 진행한다.

3-3 예배 및 예배 후 모임시간에 온라인으로, 또는 오프라인으로 참석할지의 여부는 교인이 스스로 결정한다.

4조 (목적 및 사명)
4-1 길섶교회는 개신교 신앙 공동체이다.
4-2 길섶교회는 차별과 혐오없이 모든 이웃을 환대한다.
4-3 길섶교회는 교인들의 다양한 생각을 존중하고, 신학의 다양성을 인정한다.
4-4 길섶교회는 세상 속에서 그리스도의 사랑을 실천하는 삶을 지향한다.

제2장 교회 운영원칙

5조 (교회의 주권)
길섶교회의 머리는 예수 그리스도이다. 따라서 교회 운영의 모든 결정의 최종 권위는 예수 그리스도를 주로 고백하는 교회의 구성원에 있다.

6조 (민주주의적 결정)
길섶교회의 교인들은 모두 동등한 권리를 가지고 있다. 교회의 모든 의사결정과정은 합리적인 토론과 대화를 통해 결정하도록 한다.

7조 (분별의 원칙)
예수 그리스도가 머리인 교회의 운영의 원칙은 사랑이다. 교회가 결정하고자 하는 모든 일의 내용과 절차의 적합성은 그리스도가 보여 주신 사랑에 부합하는지에 따라 판단한다.

제3장 교인

8조 (자격)
8-1 길섶교회의 사명과 운영에 동의 후, 2회 이상 출석한 자는 교인이 될 수 있다.
8-2 특별한 사유 없이 3개월 이상 출석하지 않은 자는 교인의 자격을 정지한다.
8-3 8-2조의 이유로 자격이 정지된 교인은 예배 모임에 2회 참석 후 다시 교인이 될 수 있다.
8-4 1분기에 1회 이상, 교회의 공식모임에 참여하고 월정 헌금을 내는 교인은 '공동의회 투표권이 있는 교인'으로 간주되며, 공동의회의 개회는 공동의회 투표권이 있는 교인 수의 1/2로 계수한다.

9조 (책임)

9-1   교인은 주일 예배에 참여한다.

9-2   월정헌금을 내어 교회의 운영을 돕는다. 월정헌금은 매월 5천 원 이상, 교인의 형편에 따라 자율적으로 조정한다.

10조 (권리)

10-1   교인은 예배의 순서에 참여하여, 예배를 함께 만들어갈 수 있다.

10-2   교인은 공동체에 다양한 모임을 제안할 수 있고, 진행 및 참여할 수 있다.

10-3   교인은 교회의 공동의회에 참석하여 교회의 정책을 함께 결정할 수 있다.

10-4   교인은 목사에게 신앙과 관련한 주제에 관하여 상담을 요청할 수 있다.

제4장 운영위원

11조 (역할 및 자격)

11-1   운영위원은 교인을 대표한다.

11-2   운영위원은 목사와 함께 운영위원회를 조직하여 교회가 나아가야 할 방향을 정한다.

12조 (인원 및 임기)

12-1   길섶교회의 운영위원은 3명 이상이어야 한다.

12-2   운영위원의 임기는 1년이다.

12-3   운영위원 중 1인이 회계를 담당할 수 있다.

12-4   운영위원은 매 해 4분기 정기 공동의회때 선출하여, 다음 해 4분기 정기 공동의회까지 섬긴다.

12-5   운영위원은 3년 연속으로 임명될 수 없다.

13조 (임명)

13-1   교인은 운영위원 후보를 한 명 추천할 수 있다.

13-2   교인 3명 이상의 추천을 받은 자는 운영위원 후보가 될 수 있다.

13-3   자원하는 자는 운영위원 후보가 될 수 있다.

13-4   운영위원 후보로 지정된 자가 참석자의 2/3 이상 찬성을 받을 경우 운영위원이 될 수 있다.

제5장 목사

14조 (직분)
길섶교회는 목사 직분을 둔다.

15조 (사역)
목사는 설교, 교육, 심방, 예배 인도 및 성례 집전 등 목회 활동을 담당한다.

16조 (청빙)
목사는 교회가 인정하는 자격(M.Div 이상의 학위, 목사 안수, 1개월 이상의 평신도로 교회 출석)을 얻은 자로 운영위원회의 판단을 거친 후 공동의회 투표자 3분의 2 이상의 찬성으로 초빙 및 연임을 할 수 있다.

17조 (임기 및 정년)
17-1 목사의 정년은 만 65세이다.
17-2 목사의 임기는 3년이며, 3년 연임시 연말 공동의회의 3분의 2 이상 동의를 얻어 재신임한다.

18조 (사임)
18-1 목사가 사직서를 제출하고 공동의회 투표자 과반수가 동의하는 경우 그 직을 면할 수 있다.
18-2 목사가 정상적으로 목회를 수행할 수 없는 중대한 사안이 발생한 경우 공동의회 투표자 3분의 2 이상의 결정으로 그 직을 면한다.

제6장 의사결정과 운영

19조 (공동의회)
19-1 공동의회의 의장은 목사이다.
19-2 공동의회의 진행은 운영위원이 한다.
19-3 공동의회에는 교인이 아닌 자도 참석할 수 있으나 투표권은 '공동의회 투표권을 가진 교인'에게만 있다.
19-4 공동의회는 1월, 3월, 6월, 9월, 12월 정기회로 모인다.
19-5 정기회 외에 의장 혹은 운영위원회의 요청으로 소집될 수 있다. 정기회가 아닌

경우 미리 1주 전에 안건과 일시, 장소를 공지해야 한다.
19-6 목사는 교인이 아니므로, 참석 인원으로 개수하지 않으며, 공동의회 안건에 대한 투표권을 행사할 수 없다.
19-7 공동의회는 공동의회 교인 2분의 1 이상이 참석한 경우 개회한다.
19-8 공동의회 당일에 참석하지 못하지만 개회에 동의하는 경우, 참석자로 개수한다. 또한 미리 공지된 투표 안건에 대하여서는 미리 투표의사를 밝힐 수 있으며, 해당 안건의 투표 진행시 적용한다.
19-9 운영위원회에서 올라온 안건의 결정은 회의 참석자의 3분의 2 이상(사전 투표자 포함) 찬성시에만 유효하다.
19-10 공동의회의 회외록은 교인 모두에게 공개되어야 한다.
19-11 공동의회의 역할은 다음과 같다.
- 각종 예산과 결산
- 교회 정관 및 시행세칙의 재정과 개정
- 교인의 권징
- 기타 안건

20조 (운영위원회)
20-1 운영위원회는 목사와 운영위원으로 모인다.
20-2 운영위원회는 공동의회가 논의해야 할 사안들을 사전에 정리하고 전달하며, 결정된 사항을 실행한다.
20-3 운영위원회는 매 공동의회 1주 전에 진행하며, 업무가 필요할 시 임시로 모일 수 있다.
20-4 공동의회에 올릴 안건을 정하기 위한 운영위원회는 목사를 제외한 운영위원 3분의 2 이상 참석한 경우에만 진행되며, 이를 충족하지 못할 시 해산한다.
20-5 공동의회에 올릴 안건을 정하기 위한 운영위원회에 참석 인원이 3분의 2 이상 충족이 안되었지만 회의가 필요한 경우, 참석하지 못하는 운영위원의 동의를 구한 후 회의를 진행할 수 있다.
20-6 운영위원회의 결정은 참석 인원의 3분의 2 이상 찬성시에만 유효하다.

제7장 재정

21조 (재정 원칙)
21-1 투명성 : 교회의 재정은 교인 모두에게 공개한다.

21-2　공동성 : 한 개인의 결정으로 예산이 조정되지 않도록 한다.
21-3　적절성 : 예수 그리스도의 정신에 따라 예산을 적절히 기획하고 지출한다.

22조 (예결산)
22-1　예-결산 : 운영위원회에서 예-결산 초안을 제안하고, 공동의회에서 확정한다.
22-2　결산 시기 : 4분기 정기 공동의회에서 예-결산 논의를 확정한다.

23조 (헌금)
23-1　월정헌금은 교인의 의무이다.
23-2　손님의 헌금은 자유로한다.
23-3　월정헌금의 금액은 월 5,000원 이상을 기준으로 교인 스스로 정한다.
23-4　교인은 회계와 운영위원회에게 요청하여 언제든 교회 계좌 및 회계 내역을 보고 받을 수 있다.[1]

24조 (급여)
목사에게 지급하는 급여는 교회의 예결산 계획에 따라 운영위원회, 공동의회를 거쳐 합리적으로 정하도록 한다.

25조 (재정 지출)
25-1　30만원 이하의 재정지출은 운영위원회의 결정에 따라 지출할 수 있다.
25-2　30만원 초과된 재정지출은 운영위원회의 제안에 따라 공동의회에서 결정한다.

26조 (회계 관리)
(운영위원 중) 회계를 맡은 이가 정기 공동의회 때 회계보고를 한다.

27조 (회계연도)
길섶교회의 회계연도는 매년 1월 1일부터 12월 31일까지이다.

---

[1]　2023년 초에 길섶교회가 '법인으로 보는 단체(비영리임의단체)'로 승인되어서 교회계좌를 따로 운영하게 되었습니다. 그 전 단계에서는 회계 투명성을 지키기 위해 목사가 카카오뱅크 모임 통장을 만들고 교인들 중에 원하는 분들을 카카오뱅크 모임 통장에 초대를 했는데요. 그러면 실시간으로 수입/지출이 공유되는 시스템이었습니다. 그래서 2022년도 까지는 23-4 항목이 다음과 같은 내용이었습니다. "23-4 교인은 카카오 모임 통장을 통해 매월 교회 재정의 수입·지출 현황과 교회 자산을 확인할 수 있다."

28조 (재산)

28-1 길섶교회의 재산은 구성원의 집합적 소유이므로 어느 개인도 이에 대한 독점적 권리 주장을 할 수 없다.

28-2 교회가 해산할 시 재산은 운영위원회가 제안하는 방법으로 공동의회에서 결정한다.

제8장 권징

29조 (권징 과정)

29-1 교인 중에 반성경적 행위로 그리스도의 뜻을 훼방하는 자가 있을 경우 운영위원회에서 수차 심방하고, 권면해야 한다.

29-2 본인이 끝내 돌이키지 않는 점이 확인될 때 운영위원회는 교인의 권징안을 공동의회에 보고하고 의결을 거쳐 권징을 확정한다.

30조 (권징 종류)

30-1 근신 : 구성원으로서의 권리에 대한 일시적 정지

30-2 해직 : 각종 직임자와 직분자의 경우, 해당 직임과 직분에서의 면직

30-3 출교 : 길섶교회 구성원 자격을 박탈

제9장 교회의 해산

31조 (교회 해산)

공동의회의 3분의 2 이상의 찬성을 얻을 경우 해산한다.

뉴스앤조이는 교회 권력을 감시하고 소외된 목소리에 귀 기울이며 건강한 신앙을 돕는
개신교 독립언론입니다. 그리스도인들의 신앙 성숙을 돕는 출판 콘텐츠를 제작하기도 합니다.
홈페이지 www.newsnjoy.or.kr

그래도 교회를 시작합니다
: 새로운 교회를 세워 가는 이들을 위한 개척 6년 차 목사의 생산적 말 걸기

초판 발행   2023년 10월 4일
지은이   김동환

펴낸이   강도현
펴낸 곳   뉴스앤조이
등록번호   제2016-000072호
주소   서울 중구 퇴계로36가길 97 1층
전화   (02) 744-4116
이메일   task@newsnjoy.or.kr

디자인   소장각

ISBN   978-89-90928-57-3 (03230)

ⓒ김동환, 2023
본 책은 저작자의 지적 재산으로서 무단 전재와 복제를 금합니다.
책값은 뒤표지에 있습니다.
잘못 만들어진 책은 바꿔드립니다.